日本の既婚女性の氏についての研究

魏世萍

Nihon no kikonjosei no shi nitsuite no kenkyuu

Shih-Ping Wey

@ Copyright 2010 Airiti Press Inc.

All rights reserved, this work is copyright and may not be translated or copied in whole or part without the written permission of the publisher (Airiti Press Inc.). Use in connection with any form or by means of electronic or mechanical, including photocopying, recording or any information storage and retrieval system now known or to be invented is forbidden.

目次

はじめに 5
第1章　従来の研究および関連用語 7
　第1節　既婚女性の氏における従来の研究 7
　第2節　「氏」の関連用語について 15

第2章　既婚女性の氏における史的概観 25
　第1節　古代　―律令と既婚女性の氏― 25
　第2節　中世　―律令の解体と既婚女性の氏― 37
　第3節　近世　―武家の隆盛と既婚女性の氏― 47
　第4節　近代　―明治民法と既婚女性の氏― 59

第3章　現代においての既婚女性の氏 73
　第1節　現行民法と既婚女性の氏 73
　第2節　近年の新聞に見る夫婦別姓をめぐる論争 89
　第2節―1　「報道」に見る夫婦別姓をめぐる論争 97
　第2節―2　「主張」に見る夫婦別姓をめぐる論争 119
　第3節　近年の世論調査に見る「夫婦別姓問題」の行方 143
　第3節―1　選択的夫婦別姓制度に対する態度 155
　第3節―2　夫婦別姓に賛成する理由と夫婦別姓に
　　　　　　反対する理由 153
　第3節―3　婚姻による姓の変更に対する意識 165
　第3節―4　家族の一体感への影響について 175
　第3節―5　その他の設問について 181

第4章　既婚女性の氏における通時的考察 185
終わりに 201
付表一覧 205
主要参考文献 261

はじめに

　女性の社会進出が盛んになりつつある昨今、日本民法に従い同じ「姓」を称えている夫婦、特に結婚後改姓の義務を負わされている女性達が日常生活だけでなく、仕事の場でも不便を感じたり、不利益を蒙ったりしていると訴えている。実際には、これは「夫婦同姓」の現行法によって惹起した問題であるが、一般的には「夫婦別姓問題」と言われている。

　70年代から女性弁護士や女性学者が先頭に立ち、現行法、すなわち「夫婦同姓制」の弊害を指摘し、民法修正の必要性を鼓吹しているのは、「夫婦別姓」運動の嚆矢である。近年、夫婦別姓問題に対する賛否両論の論争が激しく交わされている。夫婦別姓問題は、すでに日本国内で物議を醸しており、日本社会全体の注目を浴びている。

　本書は、「日本の既婚女性の氏についての研究」をテーマに、はじめにと四章および終わりに、付表、参考文献から構成されおり、夫婦別姓問題、特にその中核を占めている「既婚女性の氏」という課題について考察したものである。

　まず、「はじめに」では、研究目的と論文の枠組みを解説する。第1章「従来の研究および関連用語」では、本テーマにおける従来の研究を吟味し、「氏」・「姓」・「名字」・「苗字」など本研究に深く関わっている諸用語を調べ、それらの定義を明らかにする。第2章「既婚女性の氏における史的概観」では、史料を参考に古代・中世・近世・近代というように時代を追って「既婚女性の氏」における史的考察をする。第3章「現代においての既婚

◆ 日本の既婚女性の氏についての研究

女性の氏」では、現行法・新聞・メディア・世論調査を手掛かりに、日本社会は現行の「夫婦同姓制」についてどのように考え、「夫婦別姓制」の法制化に対しどのような期待を抱いているかに目を向ける。第4章では「既婚女性の氏についての通時的考察」を取り上げ、第2章、第3章の調査結果に基づき、通時的（diachronic）な比較研究をし、古代から今日に至るまで、「既婚女性の氏」がどのように政治の影響を受けつつ移り変わってきたかという点に焦点を当てて論理を展開する。最後に「終わりに」では、本編を通し結論を下し、今後の研究課題についても言及する。

　なお、本書では、日本社会の「夫婦別姓」問題に対する通説を中心に考察を進めながら、古来、「既婚女性の氏」がどのような道筋を辿って変遷してきたか、すなわち「既婚女性の氏」における史的背景についても考察している。

第 1 章　従来の研究および関連用語

　第 1 章では既婚女性の氏における従来の研究、そして本研究に深く関わっている語彙―「氏」とその関連用語について考察することにしたい。
　まず、第 1 節「既婚女性の氏における従来の研究」では、今日までの既婚女性の氏」について、学界で行われた論述をまとめながら、それぞれの持味を吟味する。第 2 節のなかでは、今日ほとんど同義語として使われている「氏」・「姓」・「苗字」・「名字」等の諸語について、歴史的・分類的な視点から調べ、それぞれの語意を明確にし、本研究において、関連諸語をどのように使い分け、論理を進めていくかについても論及しておきたい。

第 1 節　既婚女性の氏における従来の研究

　この節では、日本の既婚女性の氏というテーマにおける重要な論著が発行された年代順で分野別に整理し、本テーマの変遷を見てみよう。
　本研究では、資料を収集する際に、主観的な判断を最小限に抑え、徹底的に調べ、「氏」・「姓」・「夫婦別姓」・「夫婦同姓」などをキーワードとして取り上げ、データベース「NACSIS Webcat」[1]と国立国会図書館の発行した「雑誌記事索引 CD-

---

[1]「総合目録データベース WWW 検索サービス」とも言われ、アドレスは http://webcat.nii.ac.jp/ である。

ROM」で検索し、関連著書や論文を入手したことを予め説明しておきたい。

1. 姓氏通論について
・丹羽基二『姓氏』秋田書店 1970 年。
・豊田武『苗字の歴史』中央公論社 1971 年。
・能坂利雄『姓氏の知識一〇〇』新人物往来社 1977 年。
・丹羽基二『姓氏の語源』角川書店 1981 年。

2. 民法について
・高梨公之『日本婚姻法史論』有斐閣 1976 年。
・川井健『講座 現代家族 第 2 巻』日本評論社 1991 年。
・川井健『講座 現代家族 第 3 巻』日本評論社 1992 年。
・唄孝一『氏の変更』日本評論社 1992 年。
・唄孝一『戦後改革と家族法』日本評論社 1992 年。
・榊原富士子『女性と戸籍 夫婦別姓時代に向けて』明石書店 1992 年。
・榊原富士子「夫婦別姓と戸籍」『ジュリスト 1004』1992 年 pp.66 〜 70。
・井戸田博史『家族の法と歴史 ―氏・戸籍・祖先祭祀―』世界思想社 1993 年。
・犬伏由子「夫婦別姓」『民商法雑誌』111（4・5）1995 年 pp.34 〜 35。
・富岡恵美子「どうなっている民法改正」『歴史地理教育』570 巻 1997 年 pp.20 〜 25。

- 星野澄子「戸籍と家」『歴史地理教育』570 巻 1997 年 pp.26 〜 27。
- 井戸田博史「家族と氏（1）座談会・家族と氏」『時の法令』1552 巻 1997 年 pp.40 〜 50。
- 井戸田博史「家族と氏（2）妻は異姓の人」『時の法令』1553 巻 1997 年 pp.53 〜 59。
- 井戸田博史「家族と氏（3）夫婦別氏か夫婦別姓か」『時の法令』1554 巻 1997 年 pp.51 〜 60。
- 井戸田博史『家族と氏（4）戦前の「家」制度と夫婦の氏』『時の法令』1555 巻 1997 年 pp.59 〜 67。
- 井戸田博史「家族と氏（5）戦後の民法改正と夫婦の氏」『時の法令』1557 巻 1997 年 pp.41 〜 49。
- 久武綾子「家族と氏（6）古代の戸籍（1）中国・日本の戸籍の変遷」『時の法令』1559 巻 1997 年 pp.74 〜 83。
- 久武綾子「家族と氏（7）古代の戸籍（2）古代における氏・姓・家（付同姓不婚の習俗）」『時の法令』1560 巻 1997 年 pp.57 〜 65。
- 久武綾子「家族と氏（8）中世・近世における家と家族と名字」『時の法令』1561 巻 1998 年 pp.57 〜 65。
- 増本敏子「家族と氏（10）家族と氏をめぐる法と現実」『時の法令』1564 巻 1998 年 pp.42 〜 49。

3. 比較民法について
- 柳下み咲・山田敏之「各国の夫婦の姓についての法」『外国の立法』31（4）1992 年 pp.95 〜 119。

- 南塚信吾「世界の名前①東ヨーロッパ」『歴史地理教育』570巻 1997年 pp.30 〜 31。
- 瀬地山角「世界の名前②東アジア」『歴史地理教育』570巻 1997年 pp.32 〜 33。
- 岡真理「世界の名前③アラブ世界」『歴史地理教育』570巻 1997年 pp.34 〜 35。
- 富田哲『夫婦別姓の法的変遷―ドイツにおける立法化―』八朔社 1998年。
- 久武綾子『氏と戸籍の女性史―わが国における変遷と諸外国との比較―』世界思想社 1988年。
- 久武綾子「家族と氏 (9) 外国法における夫婦の氏」『時の法令』1562巻 1998年 pp.34 〜 46。
- 増本敏子「家族と子どもの姓―諸外国にみる実情―」『時の法令』1567巻 1998年 pp.62 〜 73。

4. 夫婦別姓問題について
- 井上治代『女の「姓」を返して』創元社 1986年。
- 星野澄子『夫婦別姓時代』青木書房 1987年。
- 松浦千誉「夫婦別姓をめぐって」『ジュリスト』1987.6 pp.199 〜 205。
- 福島瑞穂『楽しくやろう夫婦別姓 これからの結婚必携』明石書店 1989年。
- 東京弁護士会『これからの選択 夫婦別姓』日本評論社 1990年。
- 一海真紀「変容の未来（姓の未来図）」『思想の科学』7（132）1990年 pp.11 〜 17。

- 林田良雄「姓と家族のアイデンティティ（姓の未来図）」『思想の科学』7（132）1990 年 pp.44 〜 47。
- 百々雅子「平等論としての別姓（姓の未来図）」『思想の科学』7（132）1990 年 pp.87 〜 91。
- 中村桃子『婚姻改姓 夫婦別姓のおとし穴』勁草社 1992 年。
- 高橋菊江『夫婦別姓への招待』有斐閣 1993 年。
- 総理府「選択的夫婦別姓制度導入に関する世論調査（資料）」『労政時報』3201 巻 1995 年 pp.77 〜 79。
- 八木秀次『夫婦別姓大論破』洋泉社 1996 年。
- 福島瑞穂『どうなる夫婦別姓』自由国民社 1996 年。
- 八代秀次「夫婦別姓は社会を破壊する」『諸君』28（3）1996 年 pp.214 〜 222。
- 加地伸行「夫婦別姓こそ前世紀の遺物」『諸君』28（7）1996 年 pp.124 〜 135。
- 近代文芸社『私が夫婦別姓にこだわる理由』近代文芸社 1997 年。
- 日本の教育を考える母親の会『ちょっとまって夫婦別姓』日本教育新聞社 1997 年。
- 中川八洋『夫婦別姓論者の「下心」』『諸君』29（10）1997 年 pp.152 〜 161。
- 吉池俊子『名前は自分のあかし―「夫婦別姓問題」は難しい―』『歴史地理教育』570 巻 1997 年 pp.8 〜 13。
- 折井美耶子『「夫婦別姓」を歴史的に考える』『歴史地理教育』570 巻 1997 年 pp.14 〜 18。
- 増本敏子「家族と氏（11）家族の視点から見る夫婦の氏」『時

の法令』1565 巻 1998 年 pp.64 〜 75。
・久武綾子「家族と氏（13）戦後の氏、特に別氏制度に関する年表や文献〔和文〕」『時の法令』1569 巻 1998 年 pp.67 〜 73。

5. 家族・そのほかについて
・黒木三郎『家の名・族の名・人の名 ―氏―』三省堂 1988 年。
・神原文子『現代家族シリーズ1 現代の婚姻と夫婦関係』培風館 1991 年。
・横田恵美「Q＆A 夫婦別姓に女性がこだわる理由」『エコノミスト』72（38）1994 年 pp.72 〜 76。
・坂田聡『日本中世の氏・家・村』校倉書房 1997 年。
・増本敏子「家族と氏（14）戸籍のなかの家族と氏」『時の法令』1573 巻 1998 年 pp.67 〜 78。

　以上、既婚女性の氏に関連している論著を整理した。各年度に発行された著作の数から本テーマは新しい研究領域であることが窺われる。1992 年以降、「夫婦別姓」を題材に出版された著作が次第に多くなり、1997、98 年には、最盛期を迎える。
　また、学術的な側面から見れば、法学の観点から夫婦の姓を研鑽した著作は少ないが、「夫婦別姓制」を実現しようと鼓吹したり、実生活において、女性が如何に自らの力で「夫婦別姓」を実現させる方策を読者に訴えるといった著作は、圧倒的な量を占めている。これらの著作は、ほとんど女性弁護士、女性学者の手に

よって作られたものである。福島瑞穂氏[2]、増本敏子氏[3]、星野澄子氏[4]の著は、この類いの典型例である。彼らは著作のなかで、法学知識をよりどころとし、実例で女性が現制度─「夫婦同姓制」で蒙る不利益を縷述し、如何に現行法をすりぬけ家庭内で夫婦別姓を実行する方法を講じている。また、彼女達は「夫婦別姓制」を早期実現させるために、「夫婦別姓運動」の先頭に立ち、関連団体を結成し政府機関や国会に圧力をかけ、旗手の役目を果たしている。

　一方、「夫婦別姓運動」の進展は、明治以来、浸透した夫婦同姓制に重大な衝撃を与えているため、現制度擁護者と改革者の間で、論戦が勃発したのも必然の結果である。両陣営の代表的な者を列挙すれば、次のとおりである。先述した福島瑞穂、増本敏子、星野澄子諸氏のほか、中村桃子氏[5]、井上治代氏[6]、高橋菊江氏[7]、百々雅子氏[8]は、「夫婦別姓運動」の推進者として世間に知られ

---

2 『楽しくやろう夫婦別姓 これからの結婚必携』明石書店 1989 年、『どうなる夫婦別姓』自由国民社 1996 年。
3 「家族と氏（10）家族と氏をめぐる法と現実」『時の法令』1564 巻 1998 年 pp.42〜49、「家族と子どもの姓─諸外国にみる実情─」『時の法令』1567 巻 1998 年 pp.62〜73、「家族と氏（11）家族の視点から見る夫婦の氏」『時の法令』1565 巻 1998 年 pp.64〜75、「家族と氏（14）戸籍のなかの家族と氏」『時の法令』1573 巻 1998 年 pp.67〜78。
4 『夫婦別姓時代』青木書房 1987 年。
5 『婚姻改姓 夫婦別姓のおとし穴』勁草社 1992 年。
6 『女の「姓」を返して』創元社 1986 年。
7 『夫婦別姓への招待』有斐閣 1993 年。
8 「平等論としての別姓（姓の未来図）」『思想の科学』7（132）1990 年 pp.87〜91。

ている。これに対し、八代秀次氏[9]、中川八洋氏[10]、加地伸行氏[11]は、現行法の擁護派として挙げられる。彼らの著作のテーマだけを見ても理解できるように、両陣営は、夫婦別姓制に対し、賛否両論の応酬を繰り返し、しのぎを削っている。

各時代において既婚女性の氏がどのような様相を呈しているかを考察した著作[12]はないわけでもないが、既婚女性の氏が各時代の社会文化にどのようにかかわって今日に至ったか、既婚女性の氏について、古代から現代まで通時的な考察を通じて、その変遷を把握し、特徴を浮き彫りにしようとする論述は皆無である。この側面から見れば、本分野には未開発の部分がまだ多く残っていると言わざるをえない。

---

[9] 『夫婦別姓大論破』洋泉社 1996 年、「夫婦別姓は社会を破壊する」『諸君』28（3）1996 年 pp.214 〜 222。

[10] 「夫婦別姓論者の『下心』」『諸君』29（10）1997 年 pp.152 〜 161。

[11] 「夫婦別姓こそ前世紀の遺物」『諸君』28（7）1996 年 pp.124 〜 135。

[12] 久武綾子「家族と氏（7）古代の戸籍（2）古代における氏・姓・家（付同姓不婚の習俗）」、久武綾子「家族と氏（8）中世・近世における家と家族と名字」、折井美耶子『「夫婦別姓」を歴史的に考える』などは例である。

第1章　従来の研究および関連用語 ❖

第2節　「氏」の関連用語について

　「氏」、「姓」、「苗字」、「名字」諸語は、今日ほとんど同義語として使われているが、実は歴史的には、それぞれ起源を異にし、別々の意味を持つ用語として使い分けてきた。既婚女性の氏における実証研究に入る前に、この節を設け、今日、日常会話で用いられている「苗字」とか「姓氏」という語に近い意味を持っている「氏（ウジ）」、「氏（シ）」、「姓（セイ）」、「姓（カバネ）」、「名字」諸語を考察し、それぞれの用語における歴史的、分野別的な役割分担を明確にしておきたい。

　大和朝廷は、日本を統一し、天皇家中心による中央集権国家を築くことを目指していたが、それを実現するためには、当然、中央だけでなく地方の豪族をも支配体制に組み入れる必要がある。そこで、大和朝廷が導入したのは「氏姓制度」である。

　まず、「氏」という字を「ウジ」と読む場合の意味を見てみよう。

　「姓（カバネ）」に対して「氏（ウジ）」という言葉がよく使われる。今日、一般的には「姓氏」という言い方であるが、古代においては「氏姓」と逆に読んだこともあった。歴史的には、氏（ウジ）は姓（カバネ）と併存して使用され、三世紀から六世紀頃の日本社会で重要な役割を占めていた。これがいわゆる「氏姓制度」である。

　氏はもともと共通の祖先をもつ血縁関係にある人たちの集団であるが、「氏姓制度」においては、血縁関係のない被征服者も氏の構成員に含まれるようになった。氏の構成要員は大体次のよう

である。氏という集団の頂点に立って、全構成員を統率している人は「氏上（ウジノカミ）」と呼ばれていた。その下に位置しているメンバーは「氏人（ウジビト）」と言い、基本的には氏上と血縁的なつながりのある人たちである。そのほか、氏は血縁関係のない労働集団—「部曲（カキベ）」も持っていた。このように、氏上は氏人を統率して氏の祖先である氏神を祭祀し、集団内部の紛争を仲裁し、世襲的な形で朝廷に仕え、賦役や軍役を果たしていた。

次は姓（カバネ）についてである。

多くの学者は、考古学、語源学的な考察で、「姓（カバネ）」が新羅の「骨品制」とか、新羅の「骨」と言う語に深く関連していると推定している[1]。語源はいずれにせよ、「姓（カバネ）」は最初、職業名や地名に「公」、「彦」、「連」などの名称を付けて職業団体の長、その地のリーダーを表わしたりするものもあれば、居住地の地名に因んでその地の長を示すものも数多くある。『古事記』、『日本書紀』では、このような事例が数え切れないほど多いが、よく目に触れるものを代表例として挙げれば、次の如くである。

職業名や地名に「公」、「連」、「彦」などの名称を付けるものに「海部公」、「網引公」、「綾公」、「膳部伴公」、「玉作連」、「矢作連」、「掃部連」、「鏡作連」、「服部連」、「藍連」、「土師連」、「馬飼連」、「磯城彦」、「登美毘古」など

---

[1] 考古学者の江上波夫、言語学者の宮崎道三郎や中田薫二諸氏は、この説を唱えている代表者である。

第1章　従来の研究および関連用語 ❖

がある。そして、地名を姓（カバネ）としているものに「讃岐」、「尾張」、「蘇我」、「津」、「対馬」、「能登」、「紀伊」、「藤原」、「石川」、「日向」、「筑紫」、「出雲」、「大分」、「大津」、「加茂」、「吉備」、「高志」などが見られる。

　丹羽基二氏は、その著のなかで、政治が如何に自然に発生した姓（カバネ）に介入し、すなわち姓と朝廷の関わりについて、次のように述べている。

　　（前略）こうして自然に発生した姓は、のちに朝廷から授けることになり、官職の性格をおびてきた。ただ、姓はその家族全部に授けられるために、官職とはいいがたいが、官職に任命されるとともに、相当の姓が付随して授けられるので、姓を贈ったことから官職に任命されたことが知られる。四世紀の中頃には、連、臣、造、公、直、首、我孫等の姓があった。しかしこの制度が定着したのは五世紀の允恭天皇のころで、大和の広場で盟神探湯をやった（天皇の四年、四一五）のがこれ。のち、天武天皇の十二年（六八四）「八色の姓」の制度がきめられた。これをいま三種に分類してみると次の如くである。
　　（一）初期のころの姓、公、彦（我彦または阿毘古）、梟師（建または猛）、戸畔、倉下、祝、積、使主、長、勝（村主）、吉士、王。
　　（二）制定された姓、君、臣、連、造、直、首（以上は允恭天皇のとき）、真人、朝臣、宿禰、忌寸、道師、臣、連、稲置（以上は天武天皇のとき）、公、伊美吉。
　　（三）官職的な性格の姓、国、造、県主、稲置、別、神主、

17

❖ 日本の既婚女性の氏についての研究

　　　画師、薬師、曰作、史。[2]

　このように、本来、職業名や地名を使ったり、居住地の地名に因んだりしていた姓は、単純な識別機能しか果たさなかったが、朝廷の介入によって、政治的な色彩が次第に濃厚になった。
　次に、同音異義語の「苗字」と「名字」を見てみよう。
　日常、「みょうじ」という言葉は、漢字で表記すれば、「苗字」と「名字」の二通りがあるため、やや紛らわしい。もともと中世に入ってから登場した「名字」と言う語は、武士たちが封土を授けられ、その封土の地名をその家の名称にしたものであるが、その一族が封地を離れた後もその名称を持ち続けることになる。丹羽基二氏は『姓氏の語源』のなかで、「名字」の起源について、次のように語っている。

　　（前略）日本のアザナは中国流のアザナではなく、通称、俗称、幼名、童名など名称のすべてをアザナと呼んでいたことがわかる。
　　その中でもっとも多用されていた型は、「地名に出生順の輩行の付いたもの」である。（中略）土地に結びつけての呼称は、ごく自然であり、おぼえやすく、いろいろ便宜もある。しかし、平安中期にアザナに多く地名を使ったのは、便宜というよりも、その土地が生活の本拠になり、自己の権力の中心地だからだ。一所懸命ということばが当時起こったのは、「その一所に命を

2　丹羽基二『姓氏』秋田書店 1970 年 p.25。

掛ける」という意味である。これらは多く地を占有または支配する武士のことばである。自己の権利地の地名を字としたのは、その土地と一体であることのしるしなのである。[3]

　近世になって、「名字」と同じ内容の「苗字」が発生した。能坂利夫氏は「苗字」という表記は「名字」が音読の転訛から出来たものであると主張している[4]。江戸時代は「苗字」の方が一般的で、幕府が公布した御触書、法令などは主として苗字と書き表し、「苗字帯刀御免」とは書いても、「名字帯刀御免」とは書かなかった。

　漢和辞典を引いてみると、「苗」という文字は、会意文字で、艸（くさ）と田とからなり、田に生える艸（くさ）を表す[5]。特に稲の苗を意味しているということである。これが転じて「苗裔」のように遠い子孫という意味を持っているとされる。苗字の「苗」はこの意味で、「血筋」を表している。先述したように「名字」というのは、中世に封土との関係で称えられたものなので、現代において、単なる家の呼称として用いる場合には、普通、「苗字」という語で表記する。

　次に、今日、それぞれ法律専門語と日常用語として用いられている「氏」、「姓」二つの言葉を見てみよう。

　江戸時代の影響を受け、明治初期では「苗字」が多用されてい

3　丹羽基二『姓氏の語源』角川書店 1981 年 pp.21 〜 22。
4　能坂利夫『姓氏の知識一〇〇』新人物往来社 1977 年 pp.67 〜 68。
5　貝塚茂樹『角川漢和中辞典』角川書店 1959 年 p.927。

たが[6]、石井良助氏の調査によるところでは、明治 8 年（1875）頃から同 11 年（1878）にかけて、「苗字」、「苗氏」、「氏」、「姓」諸語が混用されていた。別に関連法令が出されたわけではないが、一般的には、明治 12 年（1879）頃から、その以前の法令を引用するような場合を除いて、「氏」または「姓」が使われ、旧民法を経て明治民法以降は、法律上「氏」に統一された[7]。今日、「氏」は主に法的に使い、「姓」は日常の中で、慣用的に用いることが普通であろう[8]。

　この氏と姓の混用状態は、昭和 21 年 7 月 20 日の「民法改正要綱案」に起因したと考えられる。当時、「民法改正要綱案」では、明治民法上の「家」を廃止するため、「家」と根強い関連性を持っている語─「氏」を回避し、その代わりに「姓」という語彙で表記していた[9]。しかし、司法法制審議会第二回総会決議では、

6　明治 3 年（1870）の「平民苗字許容令」、明治 8 年（1875）の「平民苗字必称令」が例として挙げられる。

7　石井良助「苗字」『法学セミナー』三一号 1958 年 p.63。また、井戸田博史氏は、『明治前期家族法資料』（外岡茂十郎編）をもとに、明治元年から同三一年にかけての間、太政官布告をはじめとする各種の布告・布達について統計調査をし、石井説を裏付けている。詳しいデータについては、井戸田氏の著─「家族と氏-3-夫婦別氏か夫婦別姓か」（『時の法令』1554 巻 1997 年 9 月 30 日 pp.57 〜 58）を参照。

8　例えば、今日、一般的に「夫婦別姓」と言い習わしているが、法律条文では、「夫婦は、婚姻の際に定めるところに従い、夫又は妻の氏を称する」（民法第 750 条）のように、氏を用い表記している。また、婚姻届や出生届などには「氏名」欄があるが、話し言葉の場合、「姓名を書いて下さい」とも言われる。

9　第二次案では、「氏」の代わりに「姓」という語を持って表記する例として、「第七、妻は夫の姓を称すること。但し当事者の意思に依り夫が妻の姓を称するを妨げざるものとすること」、「第一七、子は父の姓を称し、父の知れざる子は母の姓を称するものとすること」、「第二四、養子は養親の姓を称するものとすること」など諸条項が挙げられる。

第1章　従来の研究および関連用語

その配慮は「大した意味がない」との意見が提出され、「どうも氏というのは家族制度的な意味があるから姓にしてみようというのでやってみたが、その必要もなかろうというので、また氏に戻った」[10]という結果になった。

井戸田博史氏は著のなかで、「氏」、「姓」、「苗字」諸語、そして「夫婦別姓」と「夫婦別氏」の使い分けについて、次のように語っている。

> （前略）「家」制度を廃止した以上、「家」制度と深くかかわりがあった氏を使うべきでないと主張されるのである。この立場からは、夫婦別姓が望ましいことになる。
> しかし他方では、氏にせよ姓にせよ、また苗字にせよ、これらはいずれもかつての身分制度と関係していた。またそれらは歴史的にそれぞれ起源と意味を異にしていたが、現在ではその差異はなくなり、ほぼ同義に用いられている。特に反社会的で不都合があれば別であるが、そうでなければあえて氏か姓かという用語にこだわる必要はなく、法律用語である氏を使ってよいとする見解がある。この考えに立てば、夫婦別氏でよいことになる。[11]

そして、井戸田氏は次のような姿勢を取り、「氏」、「姓」、「苗字」諸語を使い分けて論を展開してくる。

10　我妻栄『戦後における民法改正の経過』日本評論新社 1956年 p.95。
11　井戸田博史「家族と氏-3- 夫婦別氏か夫婦別姓か」『時の法令』1554巻 1997年9月30日 p.60。

> （前略）基本的には氏・姓・苗字を同じ意味で用いるが、明治民法前の説明では苗字を、明治民法以降の法制の場面では氏を、主として使用している。なお、立法政策の次元では、姓を原則として使用する。[12]

　この井戸田氏の観点を踏まえて整理すれば、現代において言葉の意味上では大した差異のない「氏」、「姓」、「苗字」諸語の役割分担について、原文・原典尊重と習慣尊重二つの原則が成り立つと言えよう。そして、この二つの原則は、後者の習慣尊重ということに帰着する。つまり、文献が作成された時点の言語習慣に従い、これらの諸語を使い分けるのが無難だと考える。

　以上のように、姓、氏、苗字、名字諸語は、本来、それぞれ違う意義を持ちながら、変遷を辿って今日に至った。そのため、今日、法律用語として使われている「氏」に関連している諸用語を無理に統一させることより、寧ろ各時代、各研究分野、日常生活の慣習に従い、相応しい言葉で表記し、論を進めていく方が自然だと思われる。

　従って、本書では、文献を引用する場合には原典で用いられている用語をそのまま援用し、現行法を引用したりその是非を論じたりする際には、主に法律用語として使われている語——「氏」（シ）で表わし論を展開していく。そして一般の場合には、原則として主に「氏」と言う語を用い記すが、一方、現代日本社会の言語習慣に従い、「氏」と「姓」を明確に区分せず、今日、多用

12　井戸田博史同上文 p.60。

第 1 章　従来の研究および関連用語 ❖

されている「夫婦別姓」、「夫婦の氏」という言葉のように、「氏」、「姓」二語を混ぜて使うのも本書の各所に散見していることを予め説明しておきたい。

❖ 日本の既婚女性の氏についての研究

第 2 章　既婚女性の氏における史的概観

　既婚女性の氏が各時代においてどのような様相を呈し、どのように変遷してきたかを把捉するために、この章では、古代、中世、近世、近代と順を追い、既婚女性の氏における史的考察をする。特に歴史上、重大な転換が起きた節目に、社会、経済、政治の変化が既婚女性の氏にどんな影響を与えたかという点に重点を置き探究したい。

第 1 節　古代　―律令と既婚女性の氏―

　七世紀頃、中国の唐から導入された律令制によって戸籍が編製されるようになった。周知のごとく、「日本の律令」は「唐令（唐律）」を手本にして制定されたものとはいえ、両者の相違は少なくない。女性の経済力と深く結びついている日本の律令の「班田制」だけを取り上げ唐令の「均田制」と比較しても両者の異なりは顕然とし容易に把握される[1]。しかし、この両者についての比較研究は本書の重点ではない。ただ律令の施行が如何に当時の政治制度、経済体制に影響を与え、既婚女性の氏に波紋を投げかけたかという点について考察を進めたい。

---

[1] それらの主な相違を挙げれば、日本の班田制では、唐の均田制における口分田と永業田の二重構造をそのまま援用せず、口分田の規制だけを採用した。また、唐令では寡妻妾に班田を授与する特典があるのに対し、日本令では女性に男性の三分の二の口分田を授けたなどである。

❖ 日本の既婚女性の氏についての研究

　まず、律令が施行される前に氏（ウジ）[2]がどのような様相を呈していたかについて簡単に述べておく。

　氏（ウジ）の起源[3]と実体を突き止めるのは、至難の業である。特に氏（ウジ）の内容については、多くの仮説が出され、それをめぐる論争が繰り返されてきた。そのなかには、氏「ウジ」は「血」で、クランに類似した社会組織であるという意見もあれば、そうではなく、氏（ウジ）は政治団体であるという学説もある。前者は、氏は血族であり、すなわち古代における自然発生的な血縁集団であると規定される[4]。これに対し、後者は、氏は血縁的同族組織ではなく、大和政権の官職を世襲する有力豪族によってつくられた政治組織であると主張し説を展開している[5]。近年、後者の方が有力で、主導的な地位に据えられ、定説化した傾向が見られる。

　次に、その代表的な学説―津田説を裏付ける諸研究と関連史料を手掛かりに氏（ウジ）の中身と淵源を概観しよう。

　『日本書紀』には、「…奉仕卿大夫。臣連。伴造。氏氏人等。咸可聽聞。今以汝等使仕狀者。改去舊職新設百官及著位階。以官位叙。…」[6]（…奉仕る卿大夫・臣連・伴造・氏氏の人等、咸に

❖

2　氏（ウジ）とは、現行の法律用語としては氏（シ）にあたる語をさすが、日常会話のかなでは「名字」あるいは「苗字」と使われるのが普通である。
3　義江明子（『日本古代の氏の構造』吉川弘文館 1986 年 p.6）によれば、氏は五世紀後半から七世紀なかばに形成された。
4　代表的な人物は国学者の本居宣長である。
5　歴史家の津田左右吉はこの説の旗手である。詳しくは同氏の『日本上代史の研究』（岩波書店 1947 年）を参照。
6　『日本書紀』孝徳天皇大化二年八月条（黒板勝美 国史大系編集会『日本書紀 後篇』吉川弘文館 1988 年 pp.238 〜 239）。

聴聞るべし。今、汝等を以て使仕ふべき状は、旧の職を改去てて、新に百官を設け、位階を著して、官位を以て叙けたまはむ。…）という文がある。これから判断すれば、「氏氏」は官位を有する者で構成された統治集団であることが分かる。

　瀬野精一郎は『日本における「氏」の残滓』のなかで、氏という集団について次のように述べている。

　　これらの「氏」は氏集団の首長である「氏上」に率いられ、「氏上」は「氏」の代表として大和政権の政治に参与した。（中略）「氏」には血縁者や非血縁者によって構成される「氏人」がおり、このほかに隷属民である奴婢、部民がいた。このような制度を氏姓制度と称した。（後略）[7]

つまり、「氏姓制度」によって成立された「氏」（ウジ）には血族だけではなく、それ以外の者をも含み、そして集団の支配者に当る者—「氏上」は、氏の代表者として大和政権に参与した。

　支配層の「氏」という集団に対し、当時の平民はどのような状態であったかというと、明石一紀氏の研究[8]によれば、氏に当たる統治集団以外の一般民衆は、流動的な小家族を形成したが、明確な族組織は持っていなかった。この点について、瀬野精一郎氏も明石説と大体同じ内容の意見を述べているが[9]、久武綾子氏は

---

[7] 黒木三郎他編『シリーズ家族史3 家の名・族の名・人の名 —氏—』三省堂 1988年 p.287.
[8] 明石一紀「日本古代家族研究序説」『歴史評論』三四七 1979年
[9] 黒木三郎前掲書 p.287.

◆ 日本の既婚女性の氏についての研究

「家族と氏 古代の戸籍（2）古代における氏・姓・戸・家（附・同姓不婚の習俗）」[10]のなかで、「一般民衆も血縁的に濃くない氏の組織をもっていたようだ」と述べ、より広汎的な見解を打ち出している。つまり、「氏」は、組織化された非血縁的な政治集団であり、支配層の独占物であるが、当時は、一般の平民も組織化されていないながら血縁団体を持っていた。

このように政治的な力によって結集された非血縁的なグループ—「氏」は、外力によって成立したのも当然の理であろう。義江明子氏はその著「古代の氏と出自 —氏名の成立と展開—」[11]のなかで、『日本書紀』、『新撰姓氏録』などの文献に基づき氏の由来についてまとめ、次のような見解を述べている。

　　（前略）、古代の氏名は族組織の外部から（あるいは族組織の実体のないところに）与えられ、変更されるものであり、その賜与の主体たる天皇の一族は氏名をもたない。氏名は、ここでは、自律的集団相互の社会的名称ではないのである。[12]

いわゆる「他律的」[13]な氏の具体例として義江明子氏が例に挙

10　『時の法令』1560巻 1997年12月30日 p.66。
11　黒木三郎前掲書所収 pp.41〜62。
12　黒木三郎前掲書 p.46。
13　義江明子の造語である。簡単に言えば、血縁的な力によって造られたグループは「自立的集団」で、政治的、つまり天皇への求心力で構成されたのは「他律的集団」である。詳しくは、黒木三郎前掲書所収の「古代の氏と出自 —氏名の成立と展開—」（黒木三郎他編『シリーズ家族史3 家の名・族の名・人の名 —氏—』三省堂 1988年 pp.59〜60）を参照。

げたのは、『日本書紀』「顕宗天皇元年四月丁未条」[14]と『新撰姓氏録』「右京皇別下」[15]の文である。前者は小楯が功績で所属部名にちなむ従来の氏—「来目部」を職掌名—「山部連」に、そして後者は逆に「和珥部」の職掌名を居住地名による氏—「真野臣」にそれぞれ氏を改めたものである。そのいずれも「他律的」、すなわち天皇の賜与によって氏を改めた事例である。

そのほか、「賜姓」に関する事例は『日本書紀』の中に散在し、枚挙に暇がないほど多いが、二三例をあげると次のようである。例一、垂仁天皇廿三年十一月条「…由是以敦賞湯河板擧。則賜姓而曰鳥取造。…」[16]、例二、欽明天皇卅年四月条「…果成田戸。天皇嘉膽津定籍之功。賜姓為白猪史…」[17]、例三、敏達天皇三年十月条「…詔。船史王辰爾弟牛賜姓為津史。」[18]、例四、雄略天皇十六年十月条「詔聚漢部。定其伴造者。賜姓曰直。」[19]などがそれである。

総じて言えば、氏が政治的、非血縁的な力で結成した統治団体であるという性格が非常に強いため、律令制が施行される前に、氏は支配層の標識であり、平民には無縁の存在であった。

---

14 「…来目部小楯。求迎擧朕。厥功茂焉。…乃拜山官。改賜姓山部連氏。」（黒板勝美 国史大系編集会『日本書紀 前篇』吉川弘文館 1989年 p.408）（来目部小楯、求め迎へて朕を挙ぐ。その功茂し。…すなはち山官に拝して、改めて姓を山部連の氏と賜ふ）。
15 佐久命九世孫和珥部臣鳥、務大肆忍勝等、近江国志賀郡真野村に居住し、庚寅年に真野臣の姓を負ふなり。
16 前掲『日本書紀 前篇』p.184。
17 前掲『日本書紀 後篇』p.96。
18 前掲『日本書紀 後篇』p.105。
19 前掲『日本書紀 前篇』p.386。

❖ 日本の既婚女性の氏についての研究

　次に、律令制の下で、氏、特に本書の中心課題にあたる既婚女性の氏は、どのような様相を呈していたかを見てみよう。
　律令制の土台である租税徴収を遂行させるためには、賦課の単位に呼称を付け、それを書面に登録し確実に掌握しなければならない。徴税単位は「戸」で、その呼称は「姓」で、それを記す書面は「籍帳」ということである。平田耿二氏の研究によれば、「家」は血縁的な生活共同体であるのに対し、「戸」は行政区分上の単位である[20]。丹羽基二氏は、その著『姓氏の語源』のなかで「戸」と「家」の構成員や組織について、次のように語っている。

　　　家は、①八世紀のはじめごろは戸といっていた。これはカマドすなわちヘッツイ（竈）から来ているらしい。家はヤといった。もちろん音読もされていた。②その長は戸主で、③配偶者、④戸主直系親族、⑤傍系親族、⑥戸主および家族の姻戚、⑦寄口または寄人（ヨリコウまたはヨリクともよんだらしい。個人または家族をもっていた未分籍の遠い親族または姻戚であろう）。⑧奴婢（古代の奴隷で、男のほうをヤッコ、女のほうをメヤッコとよんだ。外国の例にみる奴隷よりもはるかに扱いはゆるく、良民になることもできた）などで構成された。

　　しかし、すべて包含する一戸はたいへんな人数になる。戸籍、計帳等では百人を超えるものもあった。これでは一家内に収容

---

[20] 平田耿二「古代の戸籍（二七）」『戸籍時報』三九二号 日本加除出版 1990年 pp.54～59。

第 2 章　既婚女性の氏における史的概観 ❖

しきれないので、数家屋に分住した。これを房口という。これに対し戸主を有する戸を郷戸という。（後略）[21]

　文中の「家」、「房口」、「郷戸」などの専門用語は、平田説の「家」、「戸」という語に対照すれば、「房口」と「郷戸」は、それぞれ血縁的な生活共同体—「家」と行政区分上の単位—「戸」に相当する。丹羽基二氏の述べた「家」は、「房口」や「郷戸」のような専門用語ではなく、一般用語として使われた語彙であろう。

　言葉表現の相違はともあれ、両氏の研究を通して、律令制の基盤である租税徴収を遂行するため、当時、血縁的な生活共同体—「家」の上に、行政単位—「戸」が設けられ、人口と財政を管理していたことが分かる。戸の呼び名は「姓」（セイ）であり、それを登録する公文書は「籍帳」と称する。

　周知のように、「姓」という漢字には、「セイ」と「カバネ」の二通りの読み方がある。有賀喜左衛門氏によれば、大化の改新の前には、一つの「氏の上」が他の氏（ウジ）を侵略し統治下に治めると、その民は支配集団の「氏の上」の氏（ウジ）に変更させられたが、改新後は、すべての民が天皇の臣民に属することになり、氏（ウジ）が姓（セイ）として定着し始め、後世の苗字に近い意味の姓（セイ）として認められるようになった[22]。

　姓（カバネ）とは、簡単に言えば、氏に対する尊称である。藤

❖─────────────────────────

21 丹羽基二『姓氏の語源』角川書店 1981 年 p.19。
22 有賀喜左衛門『日本の家族』至文堂 1965 年 p.182。

❖ 日本の既婚女性の氏についての研究

原朝臣不比等の場合は、藤原氏が朝臣という姓（カバネ）を持っていたということである。丹羽基二氏はその著『姓氏の語源』のなかで、当時の姓（セイ）を整理し「氏（ウジ）に姓（カバネ）がついた型」、「氏（ウジ）に部がついた型」、「氏（ウジ）に人がついた型」、「氏（ウジ）に族がついた型」と４種類に分けている[23]。

律令制の施行によって、全ての姓（セイ）が、以前の母系制や父母双系制から、父系出自原則に変更された。その法的な根拠は、大化元年（645）に公布された「男女之法」である。それによると、「良男良女共所生子配其父。」[24]（良男良女ともに生めらむところの子は、其の父に配けよ。）とある。つまり、良民同士の間に生れた子女は、父親に属すると決められていたわけである。

次に、当時の政府が租税徴収を確実に遂行するために、作成した「籍帳」という史料を通して古代において姓（セイ）がどのような状態を呈しているかを見てみよう。

「籍帳」とは、簡単に言えば、租税制度に抜け落ちがないように徴収単位にあたる「戸」の全員を登録し管理する台帳である。年代によって、このような公文書には「戸籍」（ヘノフムタ）[25]、

---

23 丹羽基二前掲書 pp.12 〜 13。
24 『日本書紀』孝徳天皇大化元年八月条（前掲『日本書紀 後篇』p.221）。
25 『日本書紀』欽明天皇元年八月条「…漢人等諸蕃投化者。安置國郡。編貫戸籍。…」（前掲『日本書紀 後篇』p.51）、孝徳天皇元年八月条「…大小所領人衆。汝等之任。皆作戸籍。…」（前掲『日本書紀 後篇』p.219）。

第 2 章　既婚女性の氏における史的概観 ❖

「丁籍」（ヨホロノナフムタ）[26]、「籍」（ナフムタ）[27]、「籍帳」（ヘノフムタ）[28]、「名籍」（ナノフムタ）[29] 等など多種多様な表記と読み方がある。本書では、現在、学界で比較的通用している呼称―「籍帳」[30] という名称で表記し、論を進めていくことを予め説明しておきたい。

　律令制が導入される以前、「籍帳」は、主に「丁」（ヨホロ）、すなわち農耕に従事している男性を管理の対象とし作成したものであるが[31]、改新後、律令国家の経済基盤を確保するために、「班田収授之法」を全面的に実施し、成年男性だけでなく、男女貴賎の別なく、人民一人ひとりに「口分田」を班給した[32]。従って、戸の全構成員を掌握する「籍帳」が用いられ、戸籍制度が確立し

❖─────────────────────────────

26　『日本書紀』欽明天皇卅年正月条「…詔曰。量置田部其來尚矣。年甫十餘脱籍免課者衆。宜遣膽津檢定白猪田部丁籍。」（前掲『日本書紀 後篇』p.96）。
27　『日本書紀』欽明天皇卅年四月条「…膽津檢閲白猪田部丁者。依詔定籍。…」（前掲『日本書紀 後篇』p.96）
28　『日本書紀』顕宗天皇元年五月条、「…天皇不忍加戮。充陵戸兼守山。削除籍帳。…」（前掲『日本書紀 前篇』p.409）。
29　『日本書紀』敏達天皇三年十月条、「…遣蘇我馬子大臣於吉備國増益白猪屯倉與田部。即以田部名籍授于白猪史膽津。」（前掲『日本書紀 後篇』p.105）。
30　平田耿二『日本古代籍帳制度論』吉川弘文館 1986 年、岸俊男『日本古代籍帳の研究』塙書房 1973 年、高島正人「古代籍帳からみた氏と家族」『家族史研究 2』大月書店 1980 年、布村一夫『正倉院籍帳の研究』刀水書房 1994 年、久武綾子「古代籍帳にみられる夫婦の姓」『氏と戸籍の女性史 ―わが国における変遷と諸外国との比較―』等などは例である。高島正人（前掲書 pp.25-26）によれば、日本古代の家族を研究する際、「籍」は、大宝二年以降の戸籍を指すが、「帳」は計帳を指す場合と、計帳のほか戸口損益帳などの諸帳を含む場合があるが、後者を取るのが一般的である。
31　前掲『日本書紀』欽明天皇卅年正月条の「丁籍」は例である。
32　詳しくは『班田収授法の研究』（虎尾俊哉 吉川弘文館 1961）を参照。

❖ 日本の既婚女性の氏についての研究

た[33]。
　「籍帳」の史料価値、つまり「籍帳」がどの程度まで当時の家族の実態を反映しているかについては、学界では「実態説」[34]と「法的擬制説」[35]に大別されているが、未だに諸説をまとめ定説を発表することができない。本書では、この面について深く触れない。なぜならば、「実態説」であれ、「法的擬制説」であれ、そのいずれも「籍帳」のなかに記載している「戸」が当時の家族構成、特にその規模を如実に反映しているか否かというところに争点をおき、「籍帳」を手掛りに「律令と婦女の氏」を正確に把握しようとする本研究の目的に何ら差し支えないからである。
　久武綾子氏の名著『氏と戸籍の女性史 ―わが国における変遷と諸外国との比較―』[36]は「籍帳」をもとに、当時の婚姻状態や既婚女性の氏について調査した研究例である。そのなかで、久武氏が活字化した「籍帳」の残簡に基づき、律令時代における夫婦の氏について詳細に集計したところ、当時、①同姓婚の比率が高い、②夫婦別姓同姓併行という結論に辿りついた。

❖─────────────────────────────

33　前掲『日本書紀 後篇』p.225。「…初造戸籍。計帳。班田収授之法。凡五十戸為里。毎里置長一人。掌按撿戸口。課殖農桑。禁察非違。…」。
34　籍帳に記している家族は、ほぼ如実に当時の状態を映し出し、年代、地域を異にする籍帳の間に見られる記載内容の相違は、生活共同体の発展過程を物語る。詳しくは舟尾好正の「奈良朝の国家と農民」（『日本史を学ぶ1』有斐閣 1975 年 所収）を参照。
35　この説は、「五〇戸一里制」が成立当初は戸籍面の家族構成は、実態に近い状態を表わしていたが、年代が経つにつれて遠い親族を戸内に含めることになり、記載内容は段々実態に乖離すると主張する。詳しくは舟尾同上文を参照。
36　久武綾子『氏と戸籍の女性史 ―わが国における変遷と諸外国との比較―』世界思想社 1988 年。

第 2 章　既婚女性の氏における史的概観 ❖

　久武氏は「同姓婚の比率が高い」について、まず法制史における従来の学説[37]を整理しながらその歴史的背景を説明し、それからデータを以って諸説を裏付け、次のように述べている。

> 　（前略）同姓とは、現行法の民法七五〇条の婚姻の効力として夫婦が夫又は妻の氏を称するという夫婦同氏の規定ではなくて、妻が自己と同じ姓をもった男と婚姻した場合、すなわち同姓婚のことである。わが律令（養老令）の戸令では現行法の民法七五〇条に相当する規定はない。
> 　法制史によると、妻は婚姻によって姓を変更せず、婚姻後も実家の氏姓を称したとしている。これは古代中国家族法にみられ、女性は未婚であれば父家の姓を称し、他家に嫁した後も実家の姓を用いたという中国法をわが律令が継受したのである。
> 　（中略）以上の同姓婚率の高い半布里と大嶋郷を除いた美濃国栗本西太と春部および西海道の川辺里と丁里における平均同姓婚率は、三四％で、別姓婚率は六六％であった。[38]

　つまり、律令およびそれに基づいて制定した戸令には、現行

37　同姓婚の比率が高いという説については、久武氏は井上光貞（『日本思想大系 3 律令』岩波書店 1976 年）、石井良助（『日本法制史概説』創文社 1948 年）、尾形勇（『中国古代の家と国家』岩波書店 1979 年）などに依拠したところが多い。
38　久武前掲書 pp.16-20。紙幅の都合で、諸表の転載を略させて頂き、詳しい数値は久武前掲書 pp.17-20 に掲載している表 1―（1）、表 1―（2）、表 1―（3）、表 1―（4）、表 1―（5）、表 1―（6）、表 2 などを参照。

民法七五〇条[39]に相当する条文がないため、夫婦双方とも生涯を通して同じ姓を称したとしている。久武氏の研究で明かになったところによると、古代においては、「夫婦同姓」が相当高い比率を占めていたが、これは同姓同士の婚姻、すなわち「同姓婚」によって起きた社会現象であり、結婚の際、生家の姓を配偶者の姓に変更すると規定している現行民法七五〇条とは同日の論ではない。

　以上、古代の氏姓—氏（ウジ）と姓（カバネ）、そして、当時の政府が租税制度を確実に実施するため、作成した「籍帳」の中身、律令制が既婚女性の氏に与えた影響について見てきた。今日の言葉で古代における既婚女性の氏を包括して表現すれば、古代は「夫婦別姓制」を取っていた時代だと言えるものの、全体から見れば、当時、法律面では政府がかなり緩やかに既婚女性の氏を扱っていた。「班田収授之法」の施行で、成年男女とも生産力の一員として政府から「口分田」を受領し、氏名を「籍帳」に登録、管理されていた。しかし、既婚女性の氏に関する法律条文が制定されていなくて、夫婦とも婚姻前の氏名で一生を通した。従って、律令制が政治と既婚女性の氏における最初の接点であるが、「班田収授之法」の施行を機に、政治が既婚女性の氏に介入したとは言い難い。

---

[39] 民法七五〇条は「夫婦は、結婚の際に定めるところに従い、夫又は妻の氏を称する」とする。

第2節　中世 ―律令の解体と既婚女性の氏―

　律令制の崩壊が中世の社会、文化、政治、経済など各方面に計り知れないほど深い影響を与えた。既婚女性の氏も例外ではなく、この打撃を受け古代のそれと異なる姿を表わしていたと考えられる。

　第2節では、律令制の崩壊を手掛かりに中世における既婚女性の氏について述べたい。まず、律令制衰退の原因、特に口分田の不足による「班田収授之法」[1]の崩壊、さらに農民の逃亡、戸籍の虚偽など関連事項について簡単に説明し、次いで律令制の崩壊が氏、特に既婚女性の氏にどのような影響を与えたのかを調べた上で、この時代における既婚女性の氏について考察したい。

　律令制崩壊の根本的な原因に口分田の不足があげられる[2]。これによって、奈良末期から平安初期にかけて「班田収授之法」に破綻が露呈し、平安中期ころから激化するようになった。次に、二三の史料を通しその推移の一斑をうかがおう。

　律令制の徴税基盤を確保するために、「班田収授之法」に従い、各戸に農耕生活の拠り所である耕地が提供された。当初は、女性にも男性の三分の二の口分田が授与され、一戸一戸にその戸内の六歳以上の者を対象にして口分田を算出し、その合計面積が戸主に班給された。しかし、人口の増加によって口分田の不足が

---

[1] 『日本書紀』孝徳天皇大化二年正月条（黒板勝美 国史大系編集会『日本書紀 後篇』吉川弘文館 昭和63年 p.225）
[2] 宮本救「律令制的土地制度」竹内理三編『土地制度史（特）』山川出版社 1973年 p.110。

❖ 日本の既婚女性の氏についての研究

　問題となり、生活の拠り所を失った農民が浮浪者になったり、逃亡、偽籍で徴税を免れたりしていた。これらは朝廷の財政だけではなく、戸籍、治安など内政のあらゆる面に対しても悪影響を与えた。

　その後、「口分田不足」の問題を抜本的に解決するため、政府は養老七年（723）に「三世一身法」を公布し、三代に限り初代が開拓した土地の私有を認めた。しかし、実効性がないため、わずか二十年後の天平十五年（743）に「墾田永年私財法」を公布し、事実上、一定の面積に限り墾田の永久私有を認可し、班田制は全面的に瓦解してしまった[3]。同時に、貴族と寺院は「墾田永年私財法」の施行を機に、家人と農民の手によって荒れ地を開墾し、次々に公有地を占有した。切り開いた土地は、囲い込んで「荘園」と称した[4]。

　一方、口分田の班給における女性の状況はどうかと言うと、桓武天皇延暦十一年十月条によれば、京畿の場合、女性に班給した口分田は、「勅。班京畿百姓田者。男分依令給之。以其余給女。……」[5]

❖────────────────────────────

3　詳しくは『古代から中世へ』（竹内理三　吉川弘文館 1978 年）を参照。
4　詳しくは『中世荘園の様相』（網野善彦　塙書房 1966 年）を参照。
5　『国史大系 6』吉川弘文館 1965 年 p.112。また、「太政官符 應以京女口分田加給畿内男事」における「田令云。凡給口分田者。男二段。女減三分之一。然則女分可給一段百廿歩。而天長給法卅歩。至於承和其数廿歩。奏聞已畢有議不行。此般所行亦當廿歩。今検案内。京戸之女事異外國。不知蠶桑之勞。都無杵臼之役。加以言上其所當取為微少。名是口分實非身潤。況亦公卿子女王候妻妾得此尺土其有何益。但畿内百姓雖貢賦輕於外國。而徭役重於京戸。今予計。口分田一段百歩。不足支給以酬勞苦。夫事貴權變政存弛張。如有守常不改。恐非通方之謂。伏請。依件加増為一段半者」という内容を通して、女性に班給した分が次第に減少する推移と口分田不足の深刻さがうかがえる。

である。換言すれば、京畿においては、男性を優先的に配慮し、男性には規定通り二段[6]を班給し、女性には余分のある場合に限り、口分田を授与する。京畿にしてすでにそうであり、言うまでもなく地方の状況はもっと深刻であった。わずかな耕地から国家予算を捻出するためには、高率の租税を徴収する必要があった。農民たちは重税の負担に耐えきれず、耕地を放棄し、戸籍所在地を離れて他国に流浪し浮浪者となったものが多かった[7]。

　以上、班田制が崩壊した背景を簡略に述べた。次に、班田制の崩壊が当時の氏、姓にどのような影響を与えたかという点に転じてみよう。

　歴史学者の鈴木国弘氏は、その著『中世の「氏」と名字族—中世における古代的「氏」の存在意義—』[8]で、古代の「氏」と中世の「名字」、「名字族」に関する通説について次のように述べている。

>　これまでの歴史学の通念からすれば、日本の古代歴史が、古代的「氏」の支配的である時代のことであったのに対して、中世社会というのはなによりも「名字」「名字族」の優勢な時代のことであったのである。（中略）このような考え方をベースとすれば、古代的「氏」段階から「名字族」段階にむけての移

---

[6] 『日本書紀』「孝徳天皇二年丙午条」によれば、「凡田長卅歩。廣十二歩為段。」（前掲『日本書紀 後篇』p.225）
[7] 川上多助『日本古代社会の研究』川出書房 1947 年 p.220。
[8] 黒木三郎他編『シリーズ家族史3 家の名・族の名・人の名 —氏—』三省堂 1988 年所収。

行の画期は、これを中世武士団＝在地領主層の登場時期たる平安時代中・末期とみなすことこそ、従来の定説になっていたといえるのである。（中略）[9]

確かに鈴木氏が指摘しているように、多くの研究者は、上のような「通念」、「定説」に基づいて論を展開してきた。折井美耶子氏の「『夫婦別姓』を歴史的に考える」[10]、豊田武氏の『苗字の歴史』[11]、丹羽基二氏の『姓氏の語源』[12]、樋口清之氏の『姓氏』[13] などである。

鈴木氏はこの中世の氏における従来の定説に対し、鎌倉時代の史料や大日本古文書『高野山文書』などをもとに、緻密な考察を加え次のような研究結果を発表している[14]。

（前略）平安末―鎌倉時代―中世前期の日本社会は、なお古代的「氏」と名字族とが並存状態を保っていたところに特徴をもつ社会であったとみるべきであり、南北朝・室町時代＝中世後期にいたって、日本の社会はようやく純粋な名字・名字族の

9　同上書 p.63。
10　折井美耶子「『夫婦別姓』を歴史的に考える」『歴史地理教育』1997年11月号 p.16。
11　豊田武『苗字の歴史』中央公論社 1971年 p.57。
12　丹羽基二『姓氏の語源』角川書店 1981年 pp.22～23。
13　樋口清之『姓氏』秋田書店 1970年 pp.18～19。
14　鈴木氏は『吾妻鏡』、『高野山文書』などに基づき、「信濃国一宮、神氏の場合」、「紀伊国の領主、隅田一族の場合」を事例として取り上げ詳細な考察をした。詳しくは黒木三郎編前掲書所収の鈴木論文「中世の『氏』と名字族―中世における古代的『氏』の存在意義」pp.63～84を参照。

第 2 章　既婚女性の氏における史的概観

時代に移行したものと考えるのである。[15]

すなわち、鈴木氏の研究は、古代の氏が突如消え失せたのではなく、漸次中世の「名字族」[16]に移り変わっていったことを実証した。

次に、土地の私有化がそれと共に登場した「名字族」との間にどのような関連を持っているかについて見ていこう。

折井美耶子氏は、その著「『夫婦別姓』を歴史的に考える」のなかで、律令制崩壊後、「名田」が興隆期に入り、本拠地の名を名前として名乗るようになり、当時の状況ついて、次のように簡潔に描いている。

> 平安中期ころから律令制の崩壊に伴って、戸籍も編製されず班田収授も行われないようになる。やがて在地の豪族たちはさかんに所領の開発を行い、そこを名田とし占有するようになる。有力な名主は一族や下人を従えて広い耕地を経営し、自分の本拠地の名を一族の名前として名のるようになり、それを名字とよんだ。（後略）[17]

15　黒木三郎前掲書 p.65。
16　平安末期以降、武士は本拠地の名を一族の名称として名乗るようになり、開墾に功績のあった先祖を祭った。この共祭、共墓の土地を結合の中心とした一族が、いわゆる「名字族」である。総領は兄弟のなかでもっとも器量のある男子が選ばれ家督を相続した者で、一族の代表者として名字族を統帥する。詳しくは『苗字の歴史』（豊田武 中央公論社 1971 年）、『地名と苗字のはなし』（丹羽基二 芳文館 2000 年）を参照。
17　折井美耶子前掲文 p.16。

そして、丹羽基二氏は『姓氏の語源』で、「自分の本拠地の名を一族の名前として名のる」ことが決して呼称上便宜であり、生活の中で自然に発生した言語習慣というだけではなく、自己の勢力範囲を宣言する行為、つまり政治目的を果たすための行動でもあると主張し、日常の言語習慣、言葉の語源の両面から分析し、次のような見解を打ち出している。

> （前略）われわれはいまでも「〇〇村の△△さん」といったように地名をつけて呼ぶ場合が多い。土地に結びつけての呼称は、ごく自然であり、おぼえやすく、いろいろ便宜もある。しかし、平安中期にアザナに多く地名を使ったのは、便宜というよりも、その土地が生活の本拠になり、自己の権力の中心地だからだ。一所懸命ということばが当時起こったのは、「その一所に命を懸ける」という意味である。これらは多く地を占有または支配する武士のことばである。自己の権力地の地名を字としたのは、その土地と一体であることのしるしなのである（後略）。[18]

丹羽氏は中世における「自分の本拠地の名を一族の名前として名のるようになった」ことの経緯について、更に詳しく説明している。

> （中略）名田は当然荘園や国衙領の構成単位となり、賦課の

---

[18] 丹羽基二前掲書 p.22。

第2章　既婚女性の氏における史的概観

対象となった。武士、荘官、名主は下人、所従等の労働をもって経営し、一方において私有権を強化する手段として、一つの方法を案出した。すなわち、在地領主は領地を本領（完全な私領）とするために国衙や荘園領主に寄進した。さらに上位支配者である権門勢家に名簿を捧呈し従属を誓った。こうして土地の権力を確保したのである。名簿には自己の名字を記したから、この地が「名字の地」となったのである。しかも、その字には土地名を組みいれなければ権利のしるしとならない。いきおい地名は字の中の最重要な部分となったのである。領主にとっては、すでに無力化した古代姓氏の氏や、形式的な実名よりも占有のシンボルである地名がよかった。これこそ後世（子孫）にのこすべき名称であった。氏や姓が古代において重要な社会的意味をもったと同様に、中世においては名字の中の地名が重要な意味をもった。それゆえ、古代の氏とまったく同じように目せられてしまった。いわゆる名字の氏化だ。（後略）[19]

このように、中世の名字は領地と深い関係を持ちながら、古代の氏に取って代わるようになった。土地と深い関わりを有する「名字」の独擅場―中世時代においては、土地所有権が家制度だけでなく、既婚女性の氏の有り様にも多大な影響を与えたと考えられよう。次に、この推論を土台にして、中世における既婚女性の氏という点について調べたい。

　第2章第1節で述べたように、八世紀頃までは、女性も男性と

19　丹羽基二前掲書 pp.22 〜 23。

❖ 日本の既婚女性の氏についての研究

同様に財産権を持っていたが、班田制が崩壊し土地の私有化が進むなかで女性の経済力は次第に低下した。今日に残された数多くの十世紀から中世にかけての土地譲り状や土地売券から見れば、当時、女性が男性と同様に永代譲与の権利が認められていたが、鎌倉後期から永代譲与の女子分が異姓の子に譲られ、他家の所領となることを防ぐため、女性の所領は「一期分（一代限り）」と限定され、女性の経済力が急降下する[20]。それによって、男性が財産面だけでなく、家長としての地位を確立するようになった。

　脇田晴子氏の研究によれば、中世においては女性が財産権をもっていたにもかかわらず、夫や子など男性名義になったものが多かった。年貢公事の負担において「名」を請け負う場合は、男性の責任において請けるという家父長制的な考え方があり、また一般の慣習となっていたからである[21]。

　坂田聡氏の言葉を借りてこのような財産支配権の変遷を一言で言い表すならば、「財産権の面での夫婦別財制から家財制への転換」[22]である。坂田氏はこの歴史的事実を拠り所に関口裕子氏、明石一紀氏の研究[23]によって解明された「婚姻形態面での対偶婚から一夫一婦婚への最終的移行」という論旨を踏まえ、「百姓の

---

20 詳しくは、五味文彦「女性所領と家」（女性史総合研究会編『日本女性史 第 2 巻 中世』東京大学出版会 1982 年 p.48）、河音能平「中世前期村落における女性の地位」（女性史総合研究会同条書 p.3）を参照。
21 脇田晴子「中世における性別役割分担と女性観」女性総合研究会編『日本女性史 第 2 巻 中世』東京大学出版会 1982 年 pp.83 ～ 84。
22 坂田聡『日本中世の氏・家・村』校倉書房 1997 年 p.64。
23 関口裕子「古代家族と婚姻形態」（『講座日本歴史 二』歴史学研究会 日本史研究会編 東京大学出版会 1984 年 所収）、明石一紀「古代の婚姻家族関係女性」（『シリーズ 家族史四 家と女性』石川栄吉他編 三省堂 1989 年 所収）。

家が成立したことを示す指標として、夫婦別姓から家名へという変化があげられる」[24] と主張している。また、坂田氏は『鎌倉遺文』・『丹波国山国荘史料』をもとに調査し、古代の姓が中世の家名に移り変わった意義について、その著で次のように述べている。

　　まず指摘したいのは、姓も家名もそれ自体は個人の名ではなく帰属集団の名であり、姓から家名へという変化は、百姓の家が最小の帰属集団として確立したことを意味しているという点である。
　　二点目は、苗字と地名の対応関係について。（中略）百姓の定着性が強まり、特定の大地と家との結びつきが深くなることによって、家名としての苗字が形成された、という結論を導き出すことができると思う。
　　三つ目に、萌芽的「家」から家への転換は、原始・古代以来続いてきた非単系（双性）社会が民衆レベルにおいても次第に衰退し、父系制にもとづく永続性をもった出自集団が形成される、という歴史的変化を示していると思われる点を指摘したい。[25]

総じて言えば、古代末期から中世後期にかけて、班田制の崩壊

---

24 坂田聡前掲書 p.64。
25 坂田聡前掲書 p.67。引用文中のいわゆる「姓」と「苗字」は、それぞれ古代の「氏」と中世の「名字」を指すと考える。「名字」というのは、普通、中世に封土との関係で称えられたものである。現代において、単なる家の呼称として用いる場合には、普通、「苗字」という語で表記する。江戸時代は「苗字」の方が一般的で、幕府が出した御触書、法令などは主として苗字と書き表し、周知のように、「苗字帯刀御免」とは言っても、「名字帯刀御免」とは言わない。

で土地の公有制から私有化へ、双性社会から家父長制へ、対偶婚から一夫一婦へ、夫婦別財制から家財制へと移行し、中世後期に入っても古代と同様に、夫婦はそれぞれ生涯を通じて生家の氏を持ちつつも、「姓があまり用いられなくなり、かわって家という社会集団固有の呼称である家名が出現してくる」[26]、つまり、古代の「氏」の代わりに地名と深く関連している家名―「名字」を名乗るようになったと言えよう。

26　坂田聡前掲書 p.65。

第3節　近世　―武家の隆盛と既婚女性の氏―

　第3節では、近世から近代初頭に至るまで、既婚女性の氏がどのように変遷してきたかについて調べたい。

　まず、近世の社会情況について簡単に述べておこう。この時代の特徴を一言で言い表すならば、近世は兵農分離と固定化した身分制度が厳格に施行された時代だと言えよう。四民の中、支配階級にあたる武士だけは身分の特権として「苗字帯刀」が許され、農工商業に携わる平民は特別な場合を除いて「苗字」[1]を公称することが厳禁されていた。大藤修氏は「近世における苗字と古代的姓氏」のなかで、国家機能を遂行するために行われた「苗字の禁止と免許」についてこう述べている。

> 　近世においては、国家の制度としては、庶民が苗字を名乗ることは禁じられていた。それを前提にして、村役人・町役人の職に精励した者、献金そのほかの奇特の行為をした者、徒党・強訴の企てを密告した者、孝子などに、褒賞として苗字が特に免許されている。つまり、体制維持のために苗字免許が運用されていたわけである。
> 　（中略）人民を領主が確実に把握するためには苗字をつけた

1　『吾妻鏡』（龍肅譯註 大同館 1939 年）文治元年十月八日条に「六孫王光余苗とし、弓馬を掌る」という文がある。この「苗」は明らかに血筋とか後裔とかの意味である。中世の「名字」は近世では「苗字」として公文書に表記されるようになり、幕府が出す法令などはすべて「苗字」と記している。詳しくは、第1章第2節「『氏』の関連用語について」を参照。

ほうが都合がよかったのではないか、という疑問がわくが、この問題は幕藩制下の人民支配のあり方とかかわっている。

　近世においては、領主は村や町の共同体を媒介にして人民を支配しており、移住を厳しく制限したうえで、村・町を単位に年貢・諸役を賦課していた。つまり、近代のように個人に直接課していたわけではないので、「……村某（名前）」「……町某」という把握でこと足りたのである。[2]

また、今日まで残された中世の「人別帳」[3]や「宗門改帳」[4]などの戸籍史料によって、当時、庶民に対しては、苗字を除き名前だけを記した形で登録、管理していることが分かる[5]。そして、丹羽基二氏はいわゆる「社会政策上」の側面から「苗字の禁止」と「賜与」との関わりについて、次のように指摘している。

　（前略）「苗字帯刀御免」がひとつの誇りとしても、それは江戸時代の社会政策上のことで、長い日本の歴史からみれば苗字を名乗らない時代があっても別にどうということもない。

2　大藤修「近世における苗字と古代的姓氏」黒木三郎他編『シリーズ家族史3 家の名・族の名・人の名―氏―』三省堂 1988年 pp.92～93。
3　領民把握、夫役等の目的のために、戦国大名によって制作されはじめ、近世社会まで同じ意味で継続した。
4　幕府のキリシタン禁制の強化に伴って実施する手段の一つで、「人別帳」をもとに「宗門改帳」が行われた。この両者を合わせて「宗門人別帳」と称する。詳しくは、春原源太郎「和泉、河内の宗門人別帳：資料紹介」『関西大学法学論集』第4集第3号関西大学法学会 1954年 pp.85～93を参照。
5　詳しくは、大石慎三郎「江戸時代の戸籍について」（『近世村落の構造と家制度』御茶の水書房 1968年）を参照。

第 2 章　既婚女性の氏における史的概観 ❖

　豊臣秀吉は自ら豊臣という姓を案出したが、これを同類のしるしに、家臣に与えている。すなわち苗字の賜与だ。これらは金を使わず、もっともたいせつなものを与えたということになる。土地よりも安あがりでよいし、最高のプレゼントだ。徳川氏も、「徳川」という家号は別格にして、「松平」という家号を家臣に与えている。これは君臣一体感を結ぶ紐帯として、大きくはたらいた。こうして苗字を制限する一方、賜与という形で稀少価値観を利用した。[6]

　このように、国家体制を維持するため、権力で苗字を公称するのを厳しく制限したり、それを賜与として利用したりしていた。当時、「苗字の禁止」の厳しさはどのような状態であったかというと、丹羽基二氏によれば、江戸時代、苗字を公称する者の数は、全人口の約10％にしか達していなかった。氏は『姓氏の語源』で、その人数を概算し、データで次のように説明している。

　　（前略）江戸時代は、特別な場合を除いて一般庶民に苗字を名乗らせなかった。その数をおおよそ推定してみると、幕末の人口が約三、五〇〇万人、貴族と武士をあわせて約八パーセント、これらが支配階級として存在し苗字を名乗ることができた。そのほか苗字を公称できる者としては、何らかの理由で以上の人と同格扱いを認められた者——神官、医者、学者、功績者などの少々だ。総計して全人口の1割そこそこ、三五〇万程度で

---

[6] 丹羽基二『姓氏の語源』角川書店 1981 年 p.27。

あろう。[7]

　庶民に対し苗字を公称する禁令が厳しいものの、庶民は苗字を持たなかったわけでもない。この章の第2節で述べた如く、中世から農民の間には、すでに「名字」は広まっていた。禁じられたのは、やはり「苗字を公称する」ことに止まり、苗字の「私称」はよく見られた[8]。また、庶民においては、苗字は家名として代々継承されると同時に、同族の標識として分家に同じ苗字が与えられていた。従って、同族は「同苗」とも称され、大事に扱われていた[9]。

　大藤修氏は、常陸国行方郡永山村の安政四年「正人別書上」と同年の「正人別書上控」とを照らし合わせて調査した結果、次の見解を述べている。

　　苗字を免許された者以外は、領主に提出する公的文書には苗字を記さないが、私的な文書には苗字を使用している例は多くみられる。また、人別帳も、領主に提出する帳簿には苗字は記されないものの、名主の控えには、村内の農民把握のために苗字を記したものも見いだされる。

　例えば、常陸国行方郡永山村の安政四年（一八五七）「正人

---

[7] 丹羽基二同上書 p.27。
[8] 近世の庶民は、苗字を持っていなかったという説があったが、洞富雄の「江戸時代の一般庶民は苗字を持たなかったか」（『日本歴史』50号 1952年）が発表されたことをきっかけに、近世の庶民も苗字を持っていた報告が続々と出されている。
[9] 大藤修氏は同苗の状況を解明するため、商人の三井宗竺の遺書を例に考察した。詳しくは、その著「近世における苗字と古代的姓氏」（黒木三郎前掲書所収）を参照。

第 2 章　既婚女性の氏における史的概観 ❖

別書上」には苗字免許の者以外は苗字の記載はないが、同年の「正人別書上控」と題された帳簿には、（中略）一戸を除いて水呑み（無高）にいたるまで各戸ごとに苗字が肩書きされている。前者は、代官所に提出した帳簿の正確な写であるのに対し、後者は名主が村内の農民を把握するための台帳として別個に作成されたがゆえに、苗字が書き込まれたのであろう。[10]

「社会政策」や「国家権力」のことはさておき、言語習慣の面から言えば、中世から農民の間で生活習慣、言語習慣の一環として通用するようになった「名字」は、とうてい一紙の禁令で禁じられたものではない。近世に入っても苗字を免許されていない者は、「公称」の範囲外で、日常習慣として名の上に苗字を冠し自称したり他称されたりした。便宜上「正人別書上控」のような非公式的な文書に苗字を記入していたのもごく自然のことだと考えられる。

次に、近世においては、苗字が厳しく規制されていたが、既婚女性の氏に関する「法的規定は存在しない」[11]という事実を念頭におきながら、当時、既婚女性の氏はどのような有り様を呈しているかについて見てみよう。

大藤修氏は、研究資料の面から一般的に通説化されている中世における「夫婦別姓説」について、次のように指摘している。

10　大藤修同上文 pp.94～95。
11　大藤修同上文 p.100。

❖ 日本の既婚女性の氏についての研究

　近世以前においては、女性は他家に嫁してのちも生家の姓を称していたとする見解が半ば通説化している。その根拠とされているのは、明治三一年（一八九八）の民法施行以前においては、明治九年（一八七六）三月の太政官指令によって、他家に嫁した婦女は夫の家を相続した場合以外は所生の氏を称することが戸籍上の原則とされていたことである。つまり、この原則は、公家や武家、庶民上層において行われていた慣行を踏襲したものだというわけである。

　しかし、近世において妻がどちらの姓を称していたかを史料的に確認することは難しいのが実情である。第一、それについての法的規定は存在しない。そもそも近世においては、女性の役割は家の内部に限定され、社会的役割を果たしていなかったので、女性が姓を冠して対外的に自己を表示する必要はあまりなく、したがって法的に問題にすらされなかったのである。[12]

　周知のように、家父長制の強化、百姓身分編成のありかた、男性による軍役負担などの原因[13]で、中世においては、女性は社会的地位が低く、公的活動に参与し「生家の姓」を名乗る機会すらなかった。また、既婚女性の氏に関する「法的規定は存在しない」ため、中世の既婚女性の氏における研究の多くは、「入門者名簿」、墓碑、「宗門人別帳」[14]など「法的規定」以外の資料をもとに調査を展開してきた。次に、二、三の研究例を取り上げ説

12　大藤修同上文 p.100。
13　大藤修同上文 pp.102〜107。
14　大藤修同上文 p.102。

第 2 章　既婚女性の氏における史的概観

明したい。

　大藤修氏は、信濃国埴科郡下戸倉に設けられていた心学講舎「共安舎」の「入門者名簿」（安永六年（1777）四月から文化二年（1805）二月まで）に記入されている三千数百人の名を調べた結果、男性が一律に「苗字＋名前」で記されているのに対し、女性の方は「〇〇妻（母、姉、娘）□□」、すなわち「男性との間柄＋名」の形で表示されていることを明らかにした[15]。

　次に、墓碑に転じよう。洞富雄氏は墓碑に刻まれている苗字をもとに当時の婦女が生涯を通して生家の苗字を持ち続けたことを立証した[16]。大藤修氏は洞氏が「ただ一例しかあげられていない」と指摘し[17]、一歩進めて茨城県堀町（近世「堀村」）の某墓地に現存している夫婦墓と婦人墓の碑銘を全面的に調査し、次の表と言説を発表している。

　　（前略）注目されるのは、夫は「その家の苗字＋名前」で表示されているのに対し、妻の方は「谷津氏夫人」（No.14）、「曁配婦人　荻原氏」（No.15）といった形式で出自が示されるか、あるいは、No.20 のように「生家の苗字＋名前」で表示されていることである。量的には前者の形式が大部分を占め、氏素姓の表示のみで、男性のように個としての俗名が記されないとこ

15　大藤修同上文 pp.107 〜 108。
16　洞富雄「明治民法施行以前における妻の姓」『日本歴史』137 号 1959 年 p.63。氏は自身の玄祖母の墓碑に刻んでいる生家の苗字―「松平」を例に「妻の姓」を説明している。
17　大藤修前掲文 p.102。

❖ 日本の既婚女性の氏についての研究

ろに、当時の女性に対するある種の社会的通念が反映していまいか。（中略）墓碑銘の検討から、農民においても他家から嫁した女性の出自の氏が重視されていたことが知られる。ただ、墓碑は嫁ぎ先の家の墓地に建てられ、しかも夫婦一緒の墓碑が多いので、あくまで夫の家の先祖に加えられたうえでの氏素姓の重視であって、死後は生家の先祖として祭られていたわけではない。[18]

茨城県水戸市堀町（近世「堀村」）の某墓地の夫婦墓と婦人墓の碑銘

No.	正面碑銘	側面碑銘	墓地
1	清雲道廊信士 晴霞妙照信女 　元文三戌午三月十一日		川崎本家墓地
2	宝暦八寅七月十八日 覚円信士 妙遍信女 　享保十八丑十一月十九日		中山家墓地
3	晴山道曜信士 好善教信女	㊨明和八辛卯四月初七日 ㊧寛政二戌六月九日 大木新左衛門（建立）	大木家墓地
4	須達義光清信士 須於妙高清信女	㊨天明二壬寅歳七月十八日 ㊧須能喜兵衛両親	須能家墓地
5	楽翁観現素光清信士 自在庵宝室妙珠清信女　墓	㊨寛政九年丁巳九月六日 ㊧天明七年丁未十一月廿九日 　　川崎屋治郎右衛門（建立）	川崎家墓地
6	義山道賢清信士 宝室浄貞清信女　墓	㊨寛政十二庚申閏四月初六日 ㊧寛政九巳十月四日	川崎家墓地
7	梅林常香清信士 智海妙心清信女	㊨文化九壬申正月廿九日 　俗名川崎久左衛門 ㊧文化元甲子十一月九日	川崎家墓地

❖

18　大藤修同上文 pp.103 〜 107。

第 2 章　既婚女性の氏における史的概観 ❖

8	本寂智照清信士 寒月妙光清信女	墓	㋰文化四年丁卯四月二日 ㋰文化四年丁卯十二月十六日 　川崎長次郎（建立）	川崎本家墓地
9	情山道照清信士 唯心妙証善信女	霊位	㋰文化六年己巳四月十一日 ㋰文化十寅年七月廿日 　俗名須能喜兵衛	須能家墓地
10	哲碧良翁清信士 真覚妙養清信女	墓	二代目川崎久左衛門 ㋰文政六未年十一月九日 ㋰天保七丙申八月二十五日	川崎本家墓地
11	天保二卯十一月廿一日 専山寒人清信士 明葉妙証清信女 　□□□九月廿三日			川崎家墓地
12	覚山妙了清信女位		㋰天保八年丁酉三月十九日 　川崎宇兵衛母	川崎家墓地
13	速到覚隆清信士 寒信明清信女	霊位	速　天保二年卯正月二十八日 寒　天保八酉年十一月二十一日　　須能重作 　　　　　　　　　　　　　　　　　（建立）	須能家墓地
14	川崎三郎兵衛 谷津氏婦人	墓	㋰天保八丁酉十二月廿日 ㋰天保七丙申八月二十五日	川崎家墓地
15	川崎源右衛門君 故曁配婦人　荻原氏墓 叔父川崎熊蔵君		弘化三年丙午十二月廿日没 天保九丙戌三月廿一日没 明治廿四年旧十一月中旬建之 嗣子川崎三郎兵衛	川崎家墓地
16	岡崎富右衛門 川崎氏婦人	墓	㋰天保七丙申三月初四日 　真誉現清居士 ㋰嘉永五子之星六月十四日 　塵誉妙然清大姉	諸家墓地
17	河原井氏婦人	墓	㋰弘化四年丁未三月六日没 　孝子須能藤四郎立	須能家墓地
18	空眼阿胎清真士 恵心妙光清信女	墓	㋰嘉永七寅年閏七月十六日 　俗名川崎金蔵 ㋰嘉永二酉年閏四月十七日	川崎家墓地

❖ 日本の既婚女性の氏についての研究

19	観蓮受法居士 法受妙貞大姉　墓	相澤氏婦人 ㊥文久二戌年七月十八日没 　俗称須能市郎兵衛，安蔵平蔵弟 ㊧安政四巳年二月五日没 　開江村於川清兵衛女 　孝子利兵衛立石	須能家墓地
20	故川崎治助 婦人鈴木以勢　墓	㊥治助 慶応三年丁卯正月七日没	川崎本家墓地
21	大原利氏君	孝子直七建 ㊥明治元年戊辰十一月廿六日没	諸家墓地
22	暨配岡崎氏 須能長八君 前配河津氏 後配中村氏	大原久米之介建之 ㊥明治三十六年旧十一月十四日 　須能平太郎・須能寅松建立 ㊥明治三十三年旧二月十四日 君没日也 　文久二年八月八日 河津氏没日也 　明治三十四年旧五月十六日 中村氏没日也	須能家墓地
23	中山喜兵衛翁	㊥明治二巳十二月廿一日没	中山家墓地
24	婦人海埜氏叺志 墓 大原久米之介君 暨配婦人大原墓	孝子中山嘉右衛門建碑 ㊥明治三十年旧七月二日没 　行年七十歳 　明治三十二年旧十一月 　大原亀次郎建之	大原家墓地
25	故川崎三郎平君 暨配婦人大縄氏	㊥明治三十年陰暦九月二十五日没 ㊥明治三十七年陰暦九月建之 　川崎鉄之介	川崎家墓地
26	暨配植竹須美 中山嘉右衛門翁 後配小田倉伊志	㊥翁　大正七年旧十月四日没 行年八十歳 　すみ 慶応二年旧十一月二十日没行年三十一歳 　い志 大正十二年旧正月二日没 行年八十歳 ㊧大正十四年四月 　施主 中山金次郎建之	中山家墓地
27	川崎婦人瀧田氏之 墓	㊥明治三十四年五月没 ㊧川崎弘建之	川崎家墓地

28	婦人小林氏 須能長四郎　墓 婦人外岡氏	㊥昭和六年拾弐月拾五日 　　須能卯之松・同喜一建之 ㊧長四郎明治卅九年十二月廿九日没 行年七十二 　小林氏明治三年九月十一日没 行年三十一 　外岡氏大正十一年十一月十八日没行年七十七	須能家墓地
29	川崎路三郎大人 同夫人鐴子刀自	㊧路　大正十三年五月七日没　七十二歳 　　鐴　明治三十四年十一月二十八日没 六十五歳 ㊥昭和五年十月建之	川崎家墓地
30	婦人安喜子 須能平太郎墓 婦人津弥子	㊥昭和八年九月三日建之 ㊧安喜子明治二十五年三月九日没 行年三十一歳 　平太郎　大正七年十月五日没 行年五十八歳 　つね　明治四十四年四月二日没 行年四十三歳	須能家墓地

　　大藤修「近世における苗字と古代的姓氏」『シリーズ家族史３家の名・族の名・人の名―氏―』pp.103 〜 105 より

　その外、西沢武彦氏、大石慎三郎氏、大竹秀男氏が「宗門人別帳」をもとに、女性の氏名の記し方を調査した結果、庶民の場合、「宗門人別帳」には、戸主を含め男性家族の名前（名）と年齢が記入されているが、女性の場合は名前の代わりに「女房」、「母」、「後家」（夫が死亡した者）など、すなわち戸主との続柄で記載され、一家全員とも苗字が欠如していることが判明した[19]。

　以上の諸言説を総括して言えば、近世では、庶民の場合、苗字

---

[19] 西沢武彦「松代藩の宗門改帳と人詰改帳（一）」『信濃』９−４信濃史学会 1957 年、「松代藩の宗門改帳と人詰改帳（二）」『信濃』９−５信濃史学会 1957 年、大石慎三郎『近世村落の構造と家制度』御茶の水書房 1968 年、大竹秀男「江戸時代後期人別改考」『神戸法学雑誌』22 巻１号 1972 年。

の公称は厳しく禁止され、その一方で、苗字の「私称」は容認されていた。墓碑の刻銘と「入門者名簿」は、「私称」の範囲内に属するもので、苗字を私的文書に記入したり、墓碑に先人の苗字を刻銘したりしたことは禁じられていなかった。

　こうした事情を背景に、近世の既婚女性は、古代、中世と同様に生家の苗字を持ち続け、「夫婦別姓」で生涯を通した。しかし、この時代における厳しい身分制度の煽りであろうか、「男尊女卑」の風習が顕然とし、私的文書の「入門者名簿」や墓碑の銘刻のみならず、「人別帳」、「宗門改帳」など公的文書の場合も、一般的には男性との間柄で女性の呼称を表わしている。

第4節　近代　—明治民法と既婚女性の氏—

　周知のように、富国強兵を目指した明治政府は、国家権力を以って、兵役・納税・義務教育、いわゆる国民の三大義務を実施するため、明治3年（1870）の「平民苗字許容令」、明治5年（1872）の「太政官布告第二三五号」を経て、明治8年（1875）の「平民苗字必称令」を公布した。第4節では、それらの法令が、どのような時代的な背景に制定されたものであるかを調べ、庶民の氏、特に既婚女性の氏にどのような波紋を投げかけたかを中心に考察したい。

　維新によって成立した明治政府は、近代国家の建設を目指してさまざまな政令を公布した。封建的な身分制度の撤廃に伴う苗字の自由公称もその一つであった。明治3年9月19日に出された太政官令―「平民苗字許容令」は、「自今平民苗氏被差許候事」[1]と布告し、つまり「今後、平民にも苗字を許す」とし、庶民における苗字の公称を認めた。しかし、これは、あくまでも明治政府が「苗字の公称」に対する「許容」であり、「強制」ではなかった[2]ため、苗字を名乗ろうとしなかったり、苗字を勝手に変更したりする紊乱がよく起きた。このような状態では、強力な中央集権国家を建設するのに不可欠な徴税、徴兵、義務教育を確実に施

❖―――――――――――――――――――――――――
1　太政官布告第六〇八（外岡茂十郎『明治前期家族法資料』第一巻第一冊　早稲田大学出版部 1967年 p.59）。
2　明治8年1月29日左院議按（外岡茂十郎『明治前期家族法資料』第一巻第二冊 p.306）によれば、明治3年9月の太政官布告は、「従前ノ禁例ヲ解キ候ノミニテ今后平民苗字相用候モ不相用モ亦各自ノ勝手」とし、「許容」の旨を明らかにした。

行するどころか、幕末から維新の動乱によって全国各地に増大した脱籍、浮浪、無産の輩の取り締まりさえ不可能であった。

それらの問題を抜本的に解決するため、明治5年8月24日の太政官布告第二三五号では、「華族ヨリ平民ニ至ル迄自今苗字名並屋号共改称不相成候事但同苗同名ニテ無余儀差支有之者ハ管轄庁ヘ可願出事」[3]とし、苗字の固定化をはかった。その後、徴兵事務に支障を来たしていた陸軍省は、次の伺いを太政官に提出した。

> 四民一般苗字相用候様兼テ御達相成候処僻遠ノ小民ニ至リ候テハ現今尚苗字無之者モ有之兵籍上取調方ニ於テ甚差支候条右等ノモノ無之様更ニ御達相成度依テ別紙御布告按相添此段相伺候也[4]。

太政官はこの要請を受け入れ、同8年2月13日に、「平民自今必苗字ヲ唱ヱシム」を主題に、いわゆる「平民苗字必称令」を布告した。

> 平民苗字被差許候旨明治三年九月布告候処自今必苗字相唱可申尤祖先以来苗字不分明ノ向ハ新タニ苗字ヲ設ケ候様可致此旨布告候事[5]。

---

3 同上『明治前期家族法資料』第一巻第二冊 p.280。
4 明治8年1月14日陸軍省伺（同上『明治前期家族法資料』第一巻第二冊 p.306）。
5 明治8年2月13日太政官布告第二二号（前掲『明治前期家族法資料』第一巻第一冊 p.227）。

第 2 章　既婚女性の氏における史的概観 ❖

　明治 3 年から明治 8 年にかけての一連の政令によって、庶民における苗字の公称は、「許容」から「必称」、すなわち義務化に移り変わった。井戸田博史氏は、「平民苗字必称令」が布告された理由を次のようにまとめている。

> 　①強力な中央集権国家建設を急務とした政府は、身分的な族属別方式を否定した戸籍法によって、全国民を苗字と名に基づいて統制する必要があったためである。②近代的な富国強兵策のための徴兵上、全国民を苗字と名で掌握する必要があった。（中略）③各種の国家機関等の執行に、苗字のある者とない者との混在は不都合であった。（中略）④明治三年（一八七〇）九月の「平民苗字許容令」は、（中略）全国民に苗字を強制するという点では布告に不備があったので、国民が苗字を必称する義務があることを明確にするために、明治八年の布告が出された。⑤高まりきった統一気運の下での四民平等の要請の現われの一つである。（後略）[6]

井戸田説をまとめると、富国強兵策のための行政執行上、苗字のある者とない者との混在が様々な支障の原因となったため、明治政府は明治 3 年 9 月の「平民苗字許容令」の弥縫策として、「平民苗字必称令」を出したのではないかと考えられる。
　次に、上述したような時代的、政治的な背景が既婚女性の氏に

6　井戸田博史『家族の法と歴史―氏・戸籍・祖先祭祀―』世界思想社 1993 年 pp.54 〜 55。

どのような影響を与え、明治時代の既婚女性の氏は、どのような有り様を呈していたかを見てみよう。

言うまでもなく、既婚女性の氏は、平民の苗字の一環として、先述した諸法令に規制され、「苗字許容」（1870）から「苗字の固定化」（1872）に転じ、そして最後に「苗字必称」（1875）の義務化に帰結した。

一方、明治政府が既婚女性の氏について、初めてその意図を明確に表明し、法令を明文化にしたのは、「平民苗字必称令」が布告された約三ヶ月後のことである。それは、石川県が内務省に提出した伺（明治8年5月9日）を機に、太政官が法制局議案を参考にし内務省伺（明治8年11月9日）に対して出された指令（明治9年3月17日）である。それらの公文書の発行期日、条文の主な内容をまとめると、以下のようになる。

明治民法施行前における既婚女性の氏に関する法規

年月日	法規名	法規内容
明治8年5月9日	石川県伺	凡ソ婦人嫁シテ後終身其生家ノ苗字ヲ称スヘキ儀ニ候哉又ハ夫家ノ苗字ヲ唱ヘキ儀ニ候哉相伺候也
明治8年11月9日	内務省伺	華士族平民ニ論ナク凡テ婦女他家ニ婚嫁後ハ終身婦女実家ノ苗字ヲ称スヘキヤ又ハ婦女ハ総テ夫ノ身分ニ従フ筈ノモノ故婚嫁後ハ婿養子同一ニ見做シ夫家ノ苗字ヲ終身称サセ候哉
明治9年2月5日	法制局議案	婦女姓氏ノ儀審案候処婦女人ニ嫁シタ者夫家ノ苗字ヲ称スル事不可ナル者三ツアリ 第一　妻ハ夫ノ身分ニ従フヲ以テ夫ノ姓ヲ冒サシムヘシト云ハレ姓氏ト身分トヲ混合スルナリ（後略）

第 2 章　既婚女性の氏における史的概観 ❖

明治9年3月17日	太政官指令	伺之趣婦女人ニ嫁スルモ仍ホ所生ノ氏ヲ用ユ可キ事 但夫ノ家ヲ相続シタル上ハ夫家ノ氏ヲ称ス可キ事
明治9年4月7日	内務省指令	書面伺ノ趣婦女人ニ嫁スルモ仍ホ所生ノ氏ヲ用フ可キ事 但夫ノ家ヲ相続シタル上ハ夫家ノ氏ヲ称ス可キ事

（外岡茂十郎『明治前期家族法資料』によって作成）

　この五つの法規で分かるように、明治9年3月17日の太政官指令により、既婚女性は「夫ノ家」を相続しない限り、「所生ノ氏」を称すべきであるという原則が法的な規範として確定される。しかし、他方から見れば、近世における既婚女性が「所生ノ氏」で生涯を通すという慣わしが行政事務に支障を来たさなかったのなら、石川県はわざわざ前掲の伺を提出するわけがない。換言すれば、「平民苗字必称令」で解放された苗字の公称は、当時の庶民にとっても、戸籍をつかさどっていた官庁（石川県は一例に過ぎない）にとっても戸惑うことであった。

　前節で述べたように、中世は男性中心の社会構造であり、文書の公私を問わず、男性との続柄で女性が表わされるのが一般である。明治に入って、いきなり「平民苗字必称令」が施行され、人前で氏を自称した習慣すら身に付いていなかった既婚女性が、「所生ノ氏」を名乗るのか、それとも「夫家ノ氏」を称するのかと迷っていたのは、官民とも同様であろう。「平民苗字必称令」（明治8年2月13日）が出された後、わずかな月日しか経っておらず、石川県（明治8年5月9日）が内務省に伺を提出した経緯から、「平民苗字必称令」がもたらした行政上の支障、困惑がうかがえる。

山中永之佑氏は、妻を含む「広義の家族概念」と妻を含めない「狭義の家族概念」を提起し[7]、明治政府がなぜ上述した二つの選択肢からその前者、すなわち「広義の家族概念」を採択し、妻が夫の「家」を相続しない限り、「所生ノ氏」を称すべしと命じたかについて、次のように説明している。

　　（前略）一方において家族は、戸主と同じ「氏」を称すべしとしながら、他方同時に、妻に「所生ノ氏」を称すべしとする場合の家族概念は、同戸＝同戸籍内の血族の意味で使われたものであることがわかる。
　　このことから私たちは、妻が原則として「所生ノ氏」を称することを命じられていた明治民法施行前の段階においては、明治四年戸籍法の戸籍総計書式で使われていた妻をも含む広義の家族概念と、妻を含めない狭義の家族概念の二つがあったことを把握することができよう。
　　こうして、明治民法施行前において、妻に対して「所生ノ氏」を称することが強制された基盤として、狭義の家族概念があったことは確証される。
　　しかも、このような同戸＝同「家」内の家族は、本来の血族であるとする考え方（狭義の家族概念）に由来する妻への「所生ノ氏」の強制は、第一義的には、妻の血統＝出身した「家」、由緒を明らかにするという役割を果たさせるものであった、と

---

[7] 山中永之佑「明治民法施行前ににおける妻の氏」『婚姻法の研究 上』有斐閣 1976年 p.120。

いわなければならない。そして、このような考え方に由来する妻への「所生ノ氏」の強制は、狭義の家族概念とともに、江戸時代の武士的観念、「家」観念を継承したものにほかならないと考えられる。[8]

このように、明治初期、太政官は古来の慣習を遵守し、『妻の血統＝出身した「家」、由緒を明らかにするという役割を果たさせる』ため、「所生ノ氏ヲ用ユ可キ事」と命じた。一方、その後半の「但夫ノ家ヲ相続シタル上ハ夫家ノ氏ヲ称ス可キ事」は、やはり「但し書き」である。つまり、この条文は、「氏は血筋の標記である」―「狭義の家族概念」が依然として存在しており、「氏は生活共同体の符号である」―「広義の家族概念」がまだ確立していない時期の過渡的な文化現象を物語っているのである。

熊谷開作氏が『日本の近代化と「家」制度』のなかで、一夫多妻の観点から江戸時代の特権階層における「夫婦別氏」の意義を説明している。熊谷氏によれば、妻は嗣子を生むための道具であり、複数の「子を生む腹」という出所を明らかにするために、妻の出所―「氏」は明確にさせておく必要があった[9]。問題は明治政府が江戸時代の支配階層における「氏は血筋の標記である」という習わしを継承し、既婚女性に「所生ノ氏」を強制したことである。血筋へのこだわりよりも生活の場を重んじる庶民にとっては、既婚女性に「所生ノ氏」を強制した布告は、全く無意味で、

---

8 山中永之佑「明治期における『氏』」黒木三郎他編『シリーズ家族史3 家の名・族の名・人の名―氏―』三省堂 1988年 p.121。
9 熊谷開作『日本の近代化と「家」制度』法律文化社 1987年 pp.188〜189。

氏を「生活共同体の符号」とみなす方が自然で、実感のある措置である。井戸田博史氏が『家族の法と歴史―氏・戸籍・祖先祭祀―』のなかで、次のように語っている。

> （前略）当時の国民生活の基底を構成していた多くの庶民は、支配権力を掌握し、あるいはそれを支えた社会上層がとるべきとした原理とは違った生活実態と意識をもっていた。家族の協業関係で生活が維持されており、妻の労働が重要であった庶民にとっては、妻はそれなりの場を占めていた。（中略）
> このような庶民では、結婚により夫家に入り、そこで夫婦の協業で生計がたてられていた。妻は家族の貴重な労働力であり、たとえ夫・夫家への従属はあっても、夫婦一体の生活実態と意識があった。そこから、夫婦同氏的意識（夫家の氏への同氏であっても）がむしろめばえかつ自明のことと考えられたといえよう。（後略）[10]

このような庶民の生活実態と経済、社会状況等の変化があいまって、明治二十年代に入ると既婚女性の氏に関する伺が相次いで提出された。その代表的なものを整理し表に表わすと次のようになる。

10　井戸田博史前掲書 p.83。

第 2 章　既婚女性の氏における史的概観 ❖

明治二十年代既婚女性の氏に関する主な伺・照会

年　月　日	法　規　名	法　規　内　容
明治 20 年 2 月 30 日	山口県伺	婦女タル者ハ他家へ入嫁ノ後ト雖モ生家ノ姓ヲ称ス可キハ古来ヨリノ成例ニテ戸籍上ニ於テハ宛モ不文律トモ可視做モノニ可有之然ルニ民間ニテハ地券公債ノ記名其他諸契約貸借等民事上ノ諸証書ニ至テハ或ハ生家ノ姓ヲ称シ又ハ夫家ノ氏ヲ用フル等区々一定ナラス右ハ全ク誤用ニ出タル義ニハ有之候得共昔日ノ世態ト違ヒ婦女ト雖モ財産所有等ノ権利ニ於テ男子ト敢テ異ナラサルカ如キノ今日ニ在テハ其姓氏ノ誤用ヨリシテ民事上ノ紛議ヲ醸生候ハ恐クハ不可免ノ勢ト思考仕候（後略）
明治 22 年 3 月 27 日	宮城県伺	婦女嫁スルモ仍ホ生家ノ氏ヲ用フヘキ旨曾テ石川県伺御指令モ有之候処嫁家ノ氏ヲ称スルハ地方一般ノ慣行ニシテ財産其他公私ノ取扱上ニ於テモ大ニ便益ヲ覚候ニ付嫁家戸主トナル者ノ外ト雖モ必ヽシモ生家ノ氏ヲ称セサルモ便宜ニ任セ嫁家ノ氏ヲ称スルハ不苦義ニ候哉此段相伺候也
明治 23 年 3 月 5 日	呉鎮守府海兵団照会	海軍々人ニ属スル戸籍明細書ニシテ地方庁ヨリ回送相成タルモノ内妻ニシテ結婚入籍ノ後生家ノ姓ヲ冒カスモノト本夫ノ姓ヲ冒カスモノト二様ニ相成候向モ有之疑義ニ相渉リ候条何分ノ御明示煩度候也
明治 23 年 5 月 2 日	東京府伺	婦人結婚ヲ為シタル後ト雖夫ノ氏ヲ称セス其生家ノ氏ヲ称用スル事ニ付テハ明治九年四月石川県伺ニ対シ内務卿御指令ノ趣モ有之候得共凡ソ民間普通ノ慣例ニ依レハ婦ハ夫ノ氏ヲ称シ其生家ノ氏ヲ称用スル者ハ極メテ僅々ニ有之然ルニ右御指令之レアルカ為メ公文上ニ限リ強テ生家ノ氏ヲ称用セシメサルヲ得スシテ習慣ニ反シ往々苦情モ相聞実際ノ取扱上ニ於テモ錯誤ヲ生シ易キ義ニ付夫家ノ氏ヲ称セシムル方事実適当ナル（後略）
明治 24 年 10 月 13 日	愛知県照会	婦女人ニ嫁スルモ仍ホ所生ノ氏ヲ用ユヘキ旧慣ニ有之候処往々嫁家ノ姓ヲ用ユルモノ有之右ハ生家夫家孰レヲ用ユルモ不苦候哉

（外岡茂十郎『明治前期家族法資料』によって作成）

このように、明治二十年代に入り、民間の経済活動が発展し、婦女の財産所有権等の権利との関係で、既婚女性に対する「所生ノ氏」の強制は、戸籍上の問題に止まらず民事上でも問題を起こす恐れが十分あった。そのため、山口県は既婚女性の氏に起因した民事上の問題に着眼し、関連指令の再検討を内務省に要請した。また、各地方の伺と照会から、当時、「或ハ生家ノ姓ヲ称シ又ハ夫家ノ氏ヲ用フル」（山口県伺）、「内妻ニシテ結婚入籍ノ後生家ノ姓ヲ冒カスモノト本夫ノ姓ヲ冒カスモノ二様ニ相成」（呉鎮守府海兵団照会）、すなわち「生家ノ姓」と「夫家ノ氏」との混用状態がうかがえる。

　以上、明治初期における既婚女性の氏について、「平民苗字必称令」（明治8年2月13日）の布告から、「所生ノ氏」（明治9年3月17日）の指令を経て、明治二十年代の「生家ノ姓」と「夫家ノ氏」の併用や「其生家ノ氏ヲ称用スル者ハ極メテ僅々ニ有」という戸籍上、民事上の混乱を引き起こすまでの法律条文を整理しながら社会状況、経済生活の変遷を見てきた。次に、以上の事情を背景に明治政府は、既婚女性の氏に関して如何に民法の編纂を展開し、どのような法規内容を制定したかを見てみよう。

第 2 章　既婚女性の氏における史的概観 ❖

民法・民法草案における既婚女性の氏

年　月　日	法　規　名	法　規　内　容
明治11年	民法草案	第一編 人事 夫婦ノ権利義務 第百八十八条 　婦ハ其夫ノ姓ヲ用フ可シ
明治21年10月	第一草案	人事編 第4章 婚姻 前置条例第三十八条 　婚姻ニ二種アリ普通婚姻及ヒ特例婚姻トス婦其夫ノ氏ヲ称シ其身分ニ従フトキハ之ヲ普通婚姻ト云ヒ反対ノ場合ニ於テハ之ヲ特例婚姻ト云フ 第十二章 戸主及ヒ家族 第三百九十二条 　戸主及ヒ家族ノ婦ハ其戸主ノ家族ト為ス
明治23年	民法 （元老院提出案）	人事編 第四章 婚姻 総則 第三十六条 　婚姻ニ二種アリ普通婚姻及ヒ入夫婚姻是ナリ 人事編 第十三条 戸主及ヒ家族 第三百五十条 　戸主及ヒ家族ハ其家ノ氏ヲ称ス
明治23年10月6日	民法人事編 法律第九八号	第十三章 戸主及ヒ家族 第二百四十三条 　戸主トハ一家ノ長ヲ謂ヒ家族トハ戸主ノ配偶者及ヒ其家ニ在ル親族姻族ヲ謂フ 　戸主及ヒ家族ハ其家ノ氏ヲ称ス
明治31年6月15日	民法中修正ノ件裁可 （法律第九号）	第4編 親族 第二章 戸主及ヒ家族 第二節 第七百四十六条 　戸主及ヒ家族ハ其家ノ氏ヲ称ス 第三章 婚姻 第二節 婚姻ノ効力 第七百八十八条 　妻ハ婚姻ニ因リテ夫ノ家ニ入ル

（石井良助『明治文化資料叢書 第参巻法律編上下』によって作成）

　このように、民法典の編纂は明治3年（1870）から開始され、「民法決議」をはじめ、多くの草案が制作され、同11年（1978）に「民法草案」が編纂された。「民法草案」は日本法制史上、最初に「夫婦同氏」が示されたものであり、そのなかでは、既婚女性の氏について「婦ハ其夫ノ姓ヲ用フ可シ」（第百八十八条）と

規定している[11]。これは、大陸法制におけるキリスト教的な夫婦一体論を取り入れたものと考えられるが[12]、どこの国の法律条文かは特定しにくいようだ[13]。

そして、明治21年の「第一草案」は、日本の慣習に基づき、婚姻を「普通婚姻」と「特例婚姻」との二種に分けているとはいえ[14]、そのいずれも「夫婦同氏」（「婦其夫ノ氏ヲ称シ……」）の原則をとった。それから、明治23年の「民法」（元老院提出案）は、「第一草案」で提出した「二種の婚姻」（「普通婚姻及ヒ特例婚姻」）及び「家族」（「戸主及ヒ家族ノ婦ハ其戸主ノ家族ト為ス」）に関する条文を踏まえ、氏については、「戸主及ヒ家族ハ其家ノ氏ヲ称ス」と規定し、これによって氏は「生活共同体の符号」であるという概念が樹立された。その後の明治31年民法も「戸主及ヒ家族ハ其家ノ氏ヲ称ス」とし、同じ法条内容で既婚女性の氏に対処した。

以上のように、明治時代は既婚女性の氏における重要な転換期である。「平民苗字必称令」の布告によって、前代における支配階級が独占した苗字公称の特権は打破されたというものの、既婚女性の氏は、苗字必称の一環として大問題になった。「平民苗

11　石井良助『明治文化資料叢書 第参巻 法律編上』風間書房 1959年 pp.3～5。
12　唄孝一「ドイツにおける夫婦の氏」『創立十周年記念論文集〔法経篇〕』東京都立大学 1960年 p.163。
13　久武綾子『氏と戸籍の女性史 —わが国における変遷と諸外国との比較—』世界思想社 1988年 pp.98～99。
14「民法草案人事編理由書」では、「婚姻ヲ二種ニ区別スルハ我国ノ慣習ニ基ツクモノニシテ 普通婚姻トハ入嫁ノ場合ヲ云ヒ特例婚姻トハ入夫ノ場合ヲ云フ（後略）」（前掲『明治文化資料叢書 第参巻 法律編上』p.62）としている。

第2章　既婚女性の氏における史的概観 ❖

字必称令」が布告されてわずか三ヶ月後、石川県が既婚女性の氏について伺を提出した。それに対し、太政官が古来の慣習に従い「所生ノ氏」の指令を布告した。しかし、その後、全国各地の地方政府は、行政上の便宜をはかったり、民事上の紛糾を避けたりするために、既婚女性の氏に関する伺や「夫婦同氏」を主張する伺を頻繁に提出した。

　一言でいえば、これは前代の習わしを継承し、「所生ノ氏」にこだわった太政官と、平民の実生活へ配慮した地方政府との矛盾に起因した問題である。明治3年から二十余年の歳月を重ね編纂された明治民法はこの矛盾を解消した。同時に、明治民法によって、氏は「血筋の標記である」という概念が徹底的に瓦解し、その代わりに、家と家を区別する機能が強化され、氏は「生活共同体の符号である」という概念が確立されるようになった。

❖ 日本の既婚女性の氏についての研究

第 3 章　現代においての既婚女性の氏

　第 3 章では、「現行民法と既婚女性の氏」、「近年の新聞に見た夫婦別姓をめぐる論争」、「近年の世論調査に見た夫婦別姓の行方」と三つの節に分け、現代における既婚女性の氏が、どのような風貌を呈し、これからどのような傾向を表わしていくかについて調べたい。

第 1 節　現行民法と既婚女性の氏

　この節では、「明治民法の名残」、「社会現状に見る現行法の問題点」、「夫婦別姓運動と民法改正の行方」と三つの側面から戦後日本民法第七五〇条―いわゆる「夫婦同姓原則」に関する法案は、どのように「明治民法」から変遷してきて、そして今後どのような道筋を辿って行くかについて考察したい。
　戦後、日本の民法改正では、憲法二十四条二項における個人の尊厳と両性の本質的平等を実現させる[1]ため、明治時代における

1　第二十四条　婚姻は、両性の合意のみに基いて成立し、夫婦が同等の権利を有することを基本として、相互の協力により、維持されなければならない。二、配偶者の選択、財産権、相続、住居の選定、離婚並びに婚姻及び家族に関するそのほかの事項に関しては、法律は、個人の尊厳と両性の本質的平等に立脚して制定されなければならない。

「家制度」を廃止すると同時に、氏の「家名性」[2]が否定されるようになった。本来ならば、夫婦の氏姓については、憲法の趣旨に従い、当事者の自由に任せるのが当然の帰趨であるが、民法改正要綱の審議[3]は、「妻は夫の氏を称する」という明治時代の慣習を温存し、次のように保守的な態度で夫婦の氏に対処しようとした。

　　当時、氏が直接云々されている唯一の項目は夫婦についてのそれである。それはB班案の第三「婚姻の効力」の一であるが、まず「氏」という語をすてて「姓」と称していることが注目される。そして、（甲）妻は夫の姓を称するものとすること、（乙）民法に別段の規定をなさず社会の慣習に委ねることとすること、の二案が並べられている。（後略）[4]

このように、この審議は、明治民法上の「家」を廃止するため、「家」と強い関連性を持っている語——「氏」を回避し、その代わ

2　明治民法では、妻について「妻ハ婚姻ニヨリテ夫ノ家ニ入ル」（七八八条一項）とされ、そして家族全員の氏について、「戸主及ヒ家族ハ其家ノ氏ヲ称スル」（七四六条）、とされていた。
3　要綱の審議は、臨時法政調査会（内閣）、司法法政審議会（司法省）においてなされる。後者は前者の第三部会を兼ね、後者の第二委員会が民法改正を分担する。ところで、その起草は起草委員会に委ねられるが、その第一次原案のためにさらに起草幹事がA班（家・相続・戸籍法）、B班（婚姻）、C班（親子・親権・後見会・親族会・扶養）に分かれて原案を作成する（我妻栄『戦後における民法改正の経過』日本評論社 1956年 pp.5～6）。
4　唄孝一『戦後改革と家族法』日本評論社 1992年 p.151。

りに「姓」という語彙で表記した[5]。しかし、司法法制審議会第二回総会決議では、その配慮は「大した意味がない」との意見が提出され、「どうも氏というのは家族制度的な意味があるから姓にしてみようというのでやってみたが、その必要もなかろうというので、また氏に戻った」[6]という結果になった。

　また、審議会は、夫婦の「姓」について、真正面から旧習の存続を主張することを避けたが、明治以来の習わし―「妻は夫の姓を称するものとする」を変えずに、従来のまま施行しようと考え、「民法に別段の規定をなさず社会の慣習に委ねることとする」案を提出した。戦争直後における「社会の慣習」とは、言うまでもなく、前代の名残―「夫婦同氏」[7]ということである。

　結局、審議会は、上述した両案を融合して、「妻は夫の姓を称すること。但し当事者の意思に依り夫が妻の姓を称するを妨げざるものとすること」との原案を出した。その後、討議を重ね[8]、「入夫」の氏をもっと明確にするため、原案が「夫婦は共に夫の氏を称するものとすること。但し入夫婚姻に該る場合に於て当事

---

5 第二次案では、「氏」の代わりに「姓」という語を持って表記する例として、「第七、妻は夫の姓を称すること。但し当事者の意思に依り夫が妻の姓を称するを妨げざるものとすること」、「第一七、子は父の姓を称し、父の知れざる子は母の姓を称するものとすること」、「第二四、養子は養親の姓を称するものとすること」などの諸条項が挙げられる。
6 我妻栄前掲書 p.95。
7 明治民法では、夫婦の氏について、「妻ハ婚姻ニ因リテ夫ノ家ニ入ル」、「入夫及ヒ婿養子ハ妻ノ家ニ入ル」と規定している。従って、ここでいう「夫婦同氏」は、単に「妻は夫の氏を称する」ことだけではなく、「入夫」、「婿養子」が妻の氏を称することをも「夫婦同氏」の範疇に入れて考える。
8 我妻栄前掲書 p.27。

者の意思に依り、妻の氏を称するを妨げざるものとすること」と修正された。唄孝一氏は、この修正について次の見解を示している。

> （前略）すなわち、夫の氏を称するのを原則とするということは、かわりないが、問題は、妻の氏を称するのが、当事者の意思に委ねられるのではなくて、入夫婚姻相当の場合に限定されることになったということである。それは妻の氏を称する場合を限定し、それに特殊の意味づけをすることによって、ひいては夫妻が夫の氏を称するということ自体にもなんらかの色彩を与えることになったのではなかろうか。氏が男系性を原則とすること、しかもそれは単純に男系的であるのではなく、「入夫婚姻に該る場合」には敢えて女系的たるを認容することを示すものであり、そこに自ずから旧法の家名たる氏をしのばせるものがあるのである。[9]

このように、この要綱では、明治時代における婚姻を「普通婚姻」と「入夫婚姻」[10]に分け、そして家族全員は、同一の氏を称する慣習を受け継いで制定されたものである。夫婦の氏という点に絞ってみれば、明治民法との間にある唯一の相違は、言葉づかいだけで、実際には何の変化もない。また、「家制度」を解体させることを最高原則として進めた戦後の民法改正要綱が、「戸

9　唄孝一前掲書 p.155。
10　明治民法人事編 第四章 婚姻 総則 第三十六条 婚姻ニ二種アリ普通婚姻及ヒ入夫婚姻是ナリ。

第 3 章 現代においての既婚女性の氏

主」、「家族」、「家」[11]など、「家制度」と直接かつ緊密な関連性を持っている諸語を回避し、巧みに「夫婦同氏」の形で前代の慣習を保持させようとした苦心が火を見るより明らかになっている。

中国の詩人杜甫の詩「国破れて山河あり」をもじって作られた宮沢俊義氏の名言―「家破れて氏あり」[12]は、「家制度」を廃止するという建前の背後に、「氏」が「家」を保持するために果たしていた役割をうまく表現している。

民法改正要綱を受けて展開された民法改正の立案作業においては、第一次案（1946.8.1）から「夫婦ハ共ニ夫ノ氏ヲ称ス、但シ当事者カ婚姻ト同時ニ反対ノ意思ヲ表示シタルトキハ妻ノ氏ヲ称ス。」という案が作成され、この案が次表[13]のような各次案を経て、最終段階に漕ぎ着けた。

明治民法と戦後民法改正各次案における「夫婦の氏」に関する条文一覧表

法規名 （作成年月日）	法規内容
明治民法 788 条	妻ハ婚姻ニ因リテ夫ノ家ニ入ル 入夫及ヒ婿養子ハ妻ノ家ニ入ル
第一次案 （1946.8.1）	夫婦ハ共ニ夫ノ氏ヲ称ス、但シ当事者カ婚姻ト同時ニ反対ノ意思ヲ表示シタルトキハ妻ノ氏ヲ称ス
第二次案 （1946.8.20）	………

---

11 明治民法 第 4 編 親族 第二章 第二節 第七百四十六条 戸主及ヒ家族ハ其家ノ氏ヲ称ス。
12 宮沢俊義『法律タイムズ』法律タイムズ社 1947 年。
13 この表は、唄孝一前掲書の付表により作成したものである。表中の「………」は、その一回前の条文に同じであることを示し、「夫婦ハ婚姻ノ際………」は、その一回前の条文に対して変更の部分のみを表わす意である。

❖ 日本の既婚女性の氏についての研究

第三次案 （1946.10.18）	………
第四次案 （1946.12.2）	………
第五次案 （1947.1.4）	………
第六次案 （1947.3.1）	………
1947.4.14	夫婦ハ其協議ニ依リ共ニ夫又ハ妻ノ氏ヲ称スルコトヲ要ス
1947.4.17	夫婦ハ共ニ婚姻ノ際定ムル所ニ従ヒ夫又ハ妻ノ氏ヲ称ス
1947.5.28	夫婦ハ婚姻ノ際………
第七次案 （1947.6.24）	………
最終案（750条）	………

（唄孝一『戦後改革と家族法』の付表によって作成）

　このように、「夫婦同氏」は、第一次案から最終案まで貫かれてきた指針のような存在と解してもよかろう。しかし、第一次案から第六次案まで保持されてきた「夫婦ハ共ニ夫ノ氏ヲ称ス」という条文が「夫婦ハ……夫又ハ妻ノ氏ヲ称スルコトヲ要ス」（1947.4.14）に修正されたという重大な転換を見逃してはならない。唄孝一氏は、要綱から第六次案にいたるまで、「夫婦の氏」における重要な修正について、次のように語っている。

　　第一次案以来第六次案まで変っていない。ところで第一に注目されるのは、要綱とのちがいである。すなわち、前にくわしく述べたように、要綱は、ある種の因縁つきともいえる過程を経て、「妻ノ氏ヲ称スル場合」を「入夫婚姻ニ該ル場合」に限

定していたが、そのような限定は条文化の過程ではどの段階にもあらわされることなく、要綱の原案と同様、ただ「当事者ガ婚姻ト同時ニ反対ノ意思表示シタルトキハ妻ノ氏ヲ称ス」とせられるのみである。（中略）

　第二に注目すべき点として、それらは、夫の氏を称することを原則とし、妻の氏を称することを例外とする点で、なお男系性を維持している。それが現行法のごとく、少なくとも規定上は完全に同一のウエイトで夫婦の氏を比較選択できるような過程には、ＧＨＱの意見がはたらいているが、それについては後に述べることにしよう。[14]

　要するに、第一次案から第六次案にいたるまでは、夫婦は共に同じ氏を名乗ることを大前提としながらも、「夫の氏を称すること」を原則とし、「妻の氏を称すること」を例外としていた。井戸田博史氏の言葉を借りて表現するならば、これは、いわゆる「夫優位の夫婦同氏案」[15] である。

　ところが、はじめて世間に公表されたこの第六次案[16] は、ＧＨＱと民間諸団体から厳酷な批判を受けた。特に、ＧＨＱは、「夫婦ハ共ニ夫ノ氏ヲ称ス」が原則となっていた条文が男女平等の精神に反するとし、夫婦が「夫又は妻」の氏を称するとすべきであ

14　唄孝一前掲書 p.164。
15　井戸田博史「家族と氏（5）戦後の民法改正と夫婦の氏」『時の法令』1557巻 1997年11月15日 p.46。
16　第六次案は「ＧＨＱとの折衝に入る前の最終案」（我妻栄前掲書 p.30）である。

ると指摘した[17]。起草委員がこの指令に従い、1947年4月14日に作成された案は、「夫婦ハ其協議ニ依リ共ニ夫又ハ妻ノ氏ヲ称スルコトヲ要ス」の条文となった。これが現民法七五〇条の母体である。これにより、夫婦の氏について、「規定上、『夫又ハ妻ノ氏ヲ』任意に選択できることとなり、夫の氏を原則とすることが否定せられた」[18]という重要な転換を遂げた。井戸田博史氏は、その著のなかで、法制史の面からこの法案を高く評価し、次のように述べている。

　（前略）ここにはじめて、夫婦平等の夫婦の氏（同氏）が法案上実現したのであって、夫婦の氏にとって、記念すべき出来事といえよう。同年五月二八日になって、「夫婦ハ婚姻ノ際ニ定ムル所ニ従ヒ夫又ハ妻ノ氏ヲ称ス」と、今日の民法七五〇条と内容が同じになった。これが、同年六月二四日の第七次案では、現在の法文スタイルである、平仮名・口語体・句読点付きで書かれ、同年七月一四日の最終案となり、そして今日の七五〇条として実現したのである。（中略）

　今日から考えると、「原則夫の氏・例外妻の氏への夫婦同氏」から「夫または妻の氏への夫婦同氏」への転換を、「大したことがないから、簡単に変更した」「実質的な変更ではなく、表現の変更にすぎない」という認識は、甘いように思われる。むしろ、ここに夫婦の氏についての法制上大きな質的転換があっ

17　我妻栄前掲書 p.131。
18　唄孝一前掲書 p.189。

第 3 章 現代においての既婚女性の氏

たと評価すべきである。すなわち、わが国の夫婦の氏は、①伝来の夫婦別氏（「妻は異姓の人」）から、②夫・夫家の氏への夫婦同氏へ、そして③夫または妻の氏への夫婦同氏、と法制上三変したのである。[19]

引用はやや長いが、要するに、「夫婦ハ其協議ニ依リ共ニ夫又ハ妻ノ氏ヲ称スルコトヲ要ス」という条文（1947.4.14）の制定により、明治民法以来の強制的、男系的な夫婦同姓が協議的、選択的な夫婦同姓となった。この転換は、戦後の民法改正過程においても、そして日本法制史においても重要な到達点である。

GHQからの強力な指導[20]によって制定されたこの条文は、単なる法文上の規定に過ぎず、必ずしも当時の社会構造、経済状況、生活習慣などの実態に適合するとは限らない。井戸田博史が言った通り、「この『夫または妻の氏への夫婦同氏』制はあくまでも法律上のことであって、社会生活上における夫婦の氏の実際のあり様とは別次元のことである」[21]ということで、一紙の法律条文だけで、明治以来の「夫・夫家の氏への夫婦同氏」が男女双系的な夫婦同氏に切り替えられると考えるのは、やはり早計過ぎる。既婚女性の約98%[22]が改姓していて、女性は婚姻により氏を改めるというのが社会の実態である。折井美耶子氏は、今日でも

---

19 井戸田博史前掲文 pp.47 〜 48。
20 我妻栄前掲書 p.131。
21 井戸田博史前掲文 p.48。
22 厚生省の人口動態統計によれば、夫婦が夫の姓を選択する場合が 97.8%（昭和 62 年）と圧倒的である。

❖ 日本の既婚女性の氏についての研究

「家」意識は、また根強い存在であると指摘し、生活習慣の各側面から既婚女性に対する「不公平」について、次のように語っている。

> 戦後五〇年以上を経た現在でも、まだ「家」意識は人びとに色濃く残っている。日常会話のなかでも「うちの嫁が」「嫁ぎ先」「内孫・外孫」などと使われ、結婚とは女が男の家に「嫁として入る」ことという思い込みは根強い。また結婚式場では旧時代的に、〇〇家・△△家と記されている。実態として現代の女性たちを苦しめているのは、「嫁」として当然のように夫の両親の介護を一手に引き受けさせられることである。（後略）[23]

このような状態は、高度経済成長の時代には、「夫が外で働き、妻が内を守る」という夫婦の役割分担に適合する社会習慣として高く評価された。生家の氏で生涯を通し、いわゆる「夫婦別姓」を実践していた既婚女性も皆無ではなかったが、「夫婦同姓」制に対して異論を唱えるのは、少なくとも1960年代までは、ほとんど見られなかった。1975年に、国際連合の主導によって展開された世界的規模での女性の地位の向上運動[24]は、以上の状況を

---

[23] 折井美耶子「『夫婦別姓』を歴史的に考える」『歴史地理教育』1997年11月 p.18。
[24] 国際連合は、1975年を国際婦人年と定め、これに続く1976年から85年までの10年間を「国連婦人の10年」とした。この間、女性の地位向上に向けての重点的な取り組みが世界各国で行われた。1975年から2000年に至るまで、国連と日本国内における女性問題に関する主な動きを整理すると付表1のようになる。

第 3 章 現代においての既婚女性の氏 ❖

一変させ、「夫婦別姓論」が沸き上がる契機となった。
　次に、「夫婦別姓」に関する世論調査を通して、近年、日本社会における婦人の氏に対する考え方の一斑をうかがってみよう。

「夫婦別姓」における公的な世論調査

公表期日	実施機関	調査名	調査結果
1977	総理府婦人問題担当室	『婦人問題に関する有識者調査』	夫婦別姓を認める率は43.4%、認めない率は45.8%
1991.1.12	総理府婦人問題担当室	『女性に関する世論調査』	「夫婦が同じ姓を名乗るか、別々の姓を名乗るかを、法的に選択できるようにする方がよいと思うか」との質問に29.8%賛成、52.1%反対（1991.1.13朝日新聞朝刊）
1994.9.27	朝日新聞社	『選択的夫婦別姓制度の導入』	・選択的別姓制度導入に全体の58%賛成、反対34% ・独身女性76%、独身男性70%賛成、既婚男性60%反対 ・法務省の別姓制度のA案（「原則同姓別姓も認める」）には51%賛成で最多、C案（「旧姓を呼称で認める」）は30%、B案（「原則別姓同姓も認める」）は12% （1994.9.27朝日新聞朝刊）
1994.11.26	総理府	『基本的法制度に関する世論』	・夫婦別姓導入賛成は全体の27.4% ・20－30代は40%賛成、53%反対 ・導入支持の理由は別姓を禁止する必要はない58.7%で最多 （1994.11.27中日新聞朝刊）

1996.6.3	日本世論調査会	『選択的夫婦別姓制度全国世論調査』	・夫婦別姓導入賛成は全体の45％、20－30代は60％賛成 ・反対51％、うち60歳以上68％	
1996.11.16	総理府	『家族法に関する世論調査』	・「現行法を改める必要がない」と夫婦別姓に反対する人は39％、「法を改めても構わない」という容認派は32％、「通称としてつかえるように法律を改める」中間的な回答22％ ・世代別に差が現れ、「別姓容認」は、男性では二十代の47％、女性は三十代の45％で最多、60代では男性の71％、女性の59％が法改正に反対 （1996.11.17朝日新聞朝刊）	

　表を見て分かるように、70年代後半、特に90年代に入ってから「夫婦別姓」に賛成する意見は、年々増加してきたが、それと裏腹に、「夫婦別姓」を内容とする民法改正の進展は、かなり遅れている。

　1980年「女性差別撤廃条約」への署名を契機に、両性平等の見地から「国籍法」の改正（1984）、「男女雇用機会均等法」の成立（1985）、「国民年金法」の改正（1985）、高等学校家庭科の男女共修（1987）などを行った。しかし、夫婦の姓における法制度の整備は残されたままである。

　そういう問題に対応するため、1991年1月、法務大臣の諮問機関である法制審議会は、婚姻・離婚に関する見直し審議を発足した。また、同年5月、内閣総理大臣を本部長とする婦人問題企画推進本部は、「西暦二〇〇〇年に向けての新国内行動計画」に

おいて、男女平等の観点から夫婦の姓、離婚、結婚などに関する法制の見直しを行うと公表した。法制審議会における審議過程、審議結果の関連記事をまとめると、次の表になる。

夫婦別姓における法制審議会・審議過程に関する年表

期　日	事　項	事項内容及び重要結果
1991.1	審議開始	法制審議会民法部会身分法小委員会は結婚及び離婚制度全般の見直しの検討作業を行う
1992.12.1	法務省民事局参事官室は「婚姻及び離婚制度の見直し審議に関する中間報告（論点整理）」を公表	中間報告では、別姓容認の利点として、夫婦間の平等が確保され、それぞれの人格が守られることや、社会活動に不利益が起きないこと、夫婦同姓を嫌って入籍しないケースの解決策になることなどを列挙。しかし同時に、現行制度の維持を主張する意見として、現在の社会に定着しており、夫婦、親子の一体感を生んでいること、なども併記すること （1992.12.2 朝日新聞朝刊）
1994.7.12	法務省民事局参事官室は「婚姻制度等に関する民法改正要綱試案」を公表	A案＝夫婦同姓を基本とし、別姓も選択できる B案＝夫婦別姓を基本とし、同姓も選択できる C案＝夫婦同姓。ただし、婚姻時に相手方の同意を得て届け出れば、旧姓を自分の通称にできる （1994.7.13 朝日新聞朝刊）
1995.8.18	各界への意見照会の結果発表	寄せられた意見の数の内訳 ・夫婦の姓が異なることを 認める 406通 認めない 18通 そのほか 9通 ・別姓導入の場合の制度のあり方は A案に賛成 12通 B案に賛成 240通 C案に賛成 11通 そのほか 126通 意見相半ば 8通 （1995.8.19 朝日新聞朝刊）

❖ 日本の既婚女性の氏についての研究

1995.8.26	中間報告の内容作成	法制審議会民法部会身分法小委員会は、A案（夫婦同姓を基本とし、別姓も選択できる）を基本にすえることで、おおむね合意に達したとのことを発表した （1995.8.26 朝日新聞朝刊）
1995.9.12	法制審議会民法部会に中間報告	法制審議会民法部会身分法小委員会は、1995.8.26 公表した内容を法制審議会民法部会に提出した （1995.9.13 朝日新聞朝刊）
1996.1.16	「民法改正要綱案」決定	法制審議会民法部会は、夫婦の姓に関して、次のような「民法改正要綱案」を決定した 〔改正案〕 民法第七五〇条 夫婦は、婚姻の際に定めるところに従い、夫若しくは妻の氏を称し、又は各自の婚姻前の氏を称するものとする。 （1996.1.17 朝日新聞朝刊）
1996.2.26	民法改正案を答申	法制審議会総会の了承を得て、法相に答申した。法務省は民法改正案を国会に提出する準備に入った （1996.2.27 朝日新聞朝刊）
1996.5.21	民法改正案の国会提出断念	自民党内で「別姓」への賛否両論が激突し、結論を出せなかったため、夫婦別姓制度などを盛り込んだ民法改正案の今国会への提出が見送られる方向となった （1996.5.22 朝日新聞朝刊）
1997.5.13	議員立法に切り替え	与党は選択的夫婦別姓導入案について、政府の民法改正案の提出は見送るが、議員立法として今国会に提出することで合意した （1997.5.14 中日新聞朝刊）

　民法改正案は、五年余りの歳月を費やしたにもかかわらず、結局、国会に上程できなかった。民法改正の障害となっている根本的な原因は、自民党内には、現行の「家族制度」を維持させようとする力が依然として根強く存在していることである[25]。富岡恵美子氏は、その著のなかで、「家族制度」と「夫婦同氏」の関連性について次のように語っている。

❖
25　1996.5.22 朝日新聞朝刊。

第 3 章 現代においての既婚女性の氏

　戦後、日本は、個の尊重・平等を基本とする民主国家としてスタートした。だが、日本の女性政策は、戦後も形式的平等をはかるだけで、女性を個として自立させず、主として妻を保護してきた。例えば、所得税には配偶者控除制度があり、さらに被扶養の妻は、保険料を負担しないでも国民年金を受給でき、医療給付を受けられる。つまり、税制・年金・社会保険制度を通じて「被扶養の妻」を優遇するシステムになっている。そして、離婚などでこの「妻の座」を離れた場合や独身女性、常勤共働き女性など、自立して働く女性に冷たい。「被扶養の妻」を優遇することは、女性の自立を妨げ「妻の座」に依存させ、ひいては、夫の老親の扶養や祭祀・墓の維持など嫁役割を果たさせるのに役立つ。

　「夫婦別姓」は、このような女性政策を変え、女性を個として尊重し、自立と平等をはかるものである。ここにあるのは、個の尊重と平等に基づく夫婦・家族であり、「夫婦別姓」反対派の守ろうとしている「家族制度」とはまったく違う。[26]

　「夫婦同姓」制が「夫婦別姓」制に切り替われば、法律上における既婚女性の氏についての「規制緩和」だけでなく、現行の「家族制度」にも多大な影響を与えるであろう。現在の「家族制度」に恩恵を蒙っている政治家はその移行を拒み、「夫婦別姓」に反対するわけである。しかし、政治の力で「夫婦別姓」の趨勢を阻止しても、一時的に過ぎず、女性が積極的に社会進出することに

26　富岡恵美子「どうなっている民法改正」『歴史地理教育』1997 年 11 月号 p.24。

よって引き起こされる変化は、「夫婦別姓」運動を促進するものと考えられる。

第 2 節　近年の新聞に見る夫婦別姓をめぐる論争

　この節では、新聞記事の内容に基づき、近年日台両国における、既婚女性の氏姓をめぐる議論、そしてそれによって引き起こされた民法改正案の検討とその趨勢について考察したい。
　まず、新聞・新聞記事が社会文化研究に占めている重要性という点について論じる。
　一般大衆の関心事でなければ、その出来事は、新聞記事にならないはずである。新聞内容は決して取材者の一方的な意思で作られたものではなく、取材者と読者の間で交流に交流を重ねて出された結果である。従って、社会文化研究の観点から見れば、新聞内容をもとに一般大衆が新聞によって社会に流布された出来事に対しどのような考えを持っているか、どのような反応があるかを推察することができる。
　文化人類学者の許烺光（Francis L.K.Hsu）氏は、その著書 *The Study of Literate Civilizations* で、文字文明（literate civilizations）を研究する際には、現地調査（field investigation）の技術だけでは研究に対応できず、もっと広い範囲から抽象的な概念を抽出すべきだと主張し、例としてルース・ベネディクト (Ruth Benedict) 女史の名著—*The Chrysanthemum and the Sword* とジーン・ストツゼル（Jean Stoetzel）の著 *Without the Chrysanthemum and the Sword* を取り上げ、文献資料の重要性について、次のように唱えている。

　　巨大な文字社会（literate civilizations）を理解しようと
　　する際、無文字社会（nonliterate cultures）を研究する場合

❖ 日本の既婚女性の氏についての研究

に用いられる実際的、人頭を数えるような方法で対処してはならず、我々はより高いレベルの抽象的な概念に注目すべきである。

そのため、筆者は「多元的な社会」(plural society)の標号を言明し、精密な現地調査さえ的確にすれば、小規模な無文字社会における研究方法をより複雑な文字社会に転用したり、押し広げたりすることができるのだと言う意見に賛成できない。

ルース・ベネディクト(Ruth Benedict)がアメリカの書斎のなかでやった日本研究と、その後ジーン・ストツゼル(Jean Stoetzel)がより多額な研究費を費やし、より多人数の助手を駆使し、より多くのテスト、観察、インタビューによって完成した日本研究と比べてみれば、微視的な手法(myopic tools)で巨大な文字社会を研究することの危険性がうかがえる。[1]

許氏自身は、自らの理論を実践し、著書 Americans and Chinese で、枚挙に暇がないほど数多くの新聞記事に依拠し、米中社会文化の特徴を解析している[2]。

許氏には新聞記事を立論の裏付けとして引用した研究もあれば、専ら新聞をもとに社会文化の考察を展開した著作も数え切れないほど多くある。次にその後者を中心に論じ、手元にある資料（台湾人学者の手によって行った研究）を例に取り上げ、それらの調査方法を紹介しながら本研究の研究方法を述べたい。

❖―――――――――――――――――

[1] Francis, L.K.Hsu, The Study of Literate Civilizations. Holt, Rinehart & Winston Inc., 1969, p.44.（訳文筆者）。
[2] Francis, L.K.Hsu, Americans and Chinese. University Press of Hawaii, 1981.

第 3 章 現代においての既婚女性の氏

　筆者の調査したところでは、特別な研究目的を達成させるため、談話分析（discourse analysis）で考察をしたごく少数の研究を除き[3]、殆どの著作はいわゆる内容分析（content analysis）という手法で調べている。そして分析対象については、大多数の研究者達は発行部数に注目し、台湾の「連合報」や「中国時報」などより大衆に受け入れられている新聞紙を調査対象として選定し、考察を展開するが、研究テーマによっては、専ら経済記事を報じている「工商時報」、「経済日報」を選んだり[4]、日常生活、婦女、家庭に関する記事内容を主として記載している「民生報」に重点をおいて[5]、考察をしている研究例も少なくない。

　それから、標本調査（sampling scheme）の方式についての説明である。研究分野を問わず、サンプリングの方式は、一般的に、一斉調査（census）、無作為に抽出（simple random sampling）、意図的標本選択（purposive sampling method）の三通りに分けられる。そして研究者達は、それぞれの研究目的や調査対象などによって適当な方式を選び調査を行う。普通、研究範囲は相当膨大な量ではない限り、調査結果の客観性・正確性を高めるために、一斉調査（census）で考察をする方が適切であろう。例えば、明確に研究対象を経済専門紙の社説という小さな範囲内に制限してい

---
[3] 呉翠松『新聞の中の同性愛：台湾における同性愛報道についての談話分析』1997年文化大学新聞研究科修士論文。
[4] 曾萬『台湾地域経済専門紙の社説についての分析』（1987年国立政治大学新聞研究科修士論文）、呉月娟『半導体産業についてマス・メディアがどのように報道しているか』（1996年国立中山大学企業管理研究科修士論文）。
[5] 頼信真『台湾の働く女性に関する報道についての研究』（1996年国立中央大学歴史研究科修士論文）。

る曾萬氏の『台湾地域経済専門紙の社説についての分析』（1987年国立政治大学新聞研究科修士論文）、及び調査対象をよく婦女に関する記事を扱っている「民生報」と定め、時間的には1989年～1996年と限定している頼信真氏の『台湾の働く女性に関する報道についての研究』（国立中央大学歴史研究科1996年修士論文）は、一斉調査（census）により考察をした好例である。

　その一方、研究範囲が綿々と十数年以上もの歳月に亘っている場合、研究結果の信憑性に害を与えないことを原則とし、適当な期間おきに標本を無作為に抽出（simple random sampling）する方式が多用されている。潘栄飲氏が年に二日分の標本を抽出し、1973年から1989年まで前後17年間、総計34日分の新聞を考察して完成された『我が国の新聞の付録の変遷およびその内容に見る現代性の趨勢についての研究』（政治作戦学院新聞研究科1990年修士論文）がその例として挙げられる。そのほか、湯克遠氏が1968年から1976年までの9年間、132日分の「家庭面」を抽出、調査し、完成された『新聞の「家庭面」に見る我が国の社会価値の変遷』（国立政治大学新聞研究科1997年修士論文）も類例に当たる。

　研究目的によって特定の新聞、若しくはある新聞における特定の面あるいは特定のコラムを調査対象として選び、考察を行うことがよくある。これは意図的標本選択（purposive sampling method）という標本抽出方式である。頼信真氏の『台湾の労働女性に関する報道についての研究』（国立中央大学歴史研究科1996年修士論文）はその一例である。氏はよく婦女に関する記事を報道している「民生報」を調査対象として選定し、1989年

〜1996年までの「民生報」について一斉調査（census）により研究を進めると同時に、その中の「婦女面」を意図的な標本として抽出し考察をした。

　次に、標本数についてであるが、適当な標本数という決まりがないため、呉月娟氏の『半導体産業についてマス・メディアがどのように報道しているか』（1996年国立中山大学企業管理研究科修士論文）のように、1,000余りの標本を抽出し考察をした研究例もあれば、潘栄飲氏の『我が国の新聞の付録の変遷及びその内容に見る現代性の趨勢についての研究』（政治作戦学院新聞研究科1990年修士論文）のように僅か34日分の標本を抜き出し、研究を進めたものも異例とは言えない。普通、標本数が多ければ多いほど研究の客観性がより高いと考えられるが、研究結果の精確さを害することがないのを前提とし、研究目的、調査対象、人手の多寡などを配慮しながら適当な標本数を決め、考察を進めるのが肝心であろう。

　次に、調査作業を始める前に、この研究で原材料として使用する新聞から研究資料を抽出する方法について、簡単に説明しておく。

　本書では、上述した「一斉調査」（census）の厳密性と「意図的標本選択」（purposive sampling method）の効率性を図り、IT情報技術を応用し、販売部数が一二位を争っている「朝日新聞」を調査対象にする。本来ならば、満遍なく調査し考察を進めるには莫大な人力を必要とし、至難な技であるが、IT情報技術の進歩に恵まれ、より効率的、かつ網羅性のある資料検索、収集が可能になる。具体的に言えば、本研究で使われる資料は、2001年8

❖ 日本の既婚女性の氏についての研究

月1日現在まで、「朝日新聞社の有料記事検索サービスデータベース」[6]に収録されている記事データを「夫婦別姓」というキーワードで検索し選り出したものである。それによって、1984年8

---

[6]「記事データベースの詳細」によれば、「朝日新聞社の有料記事検索サービスデータベース」で収録している記事件数は約318万件にのぼり、収録内容は以下の通りである。
▼朝日新聞本紙
1984年8月〜　　東京本社版ニュース面
1989年2月〜　　大阪本社版ニュース面
1989年4月〜　　西部・名古屋版ニュース面
1988年4月〜　　家庭・文化・読書面（東京本社版のみ）
1988年5月〜　　芸能面（東京本社版のみ）
1993年1月〜　　スポーツ面・日曜版
1995年5月〜　　短歌・俳句
1996年4月〜　　家庭・学芸・芸能・文化（大阪本社版）
1998年12月〜　　夕刊マリオン
1999年3月〜　　家庭・学芸・芸能・文化（西部・名古屋本社版）
1999年6月15日〜　北海道支社版ニュース面 地方版
1988年6月〜　　東京・神奈川・千葉・埼玉・茨城・群馬・栃木
1990年11月〜　　大阪・京都・兵庫・奈良
1993年10月〜　　静岡・山梨・宮城
1993年11月〜　　広島・岡山・福岡
1994年1月〜　　愛知
1997年1月〜　　沖縄以外の全都道府県
AERA・週刊朝日
「AERA」1988年5月〜　　創刊号から
「週刊朝日」2000年4月〜

詳しくは、アドレス：http://www.asahi.com/information/webdb.html に掲載されているホームページを参照。

第 3 章 現代においての既婚女性の氏

月より 2001 年 8 月までの 17 年間のあいだ[7]、朝日新聞に掲載された「夫婦別姓」に関わる全ての記事を網羅し、虱潰しに調査することが可能になる。以上の要領で検索し、その結果を年度別に表示すると付表 2「『夫婦別姓』検索結果一覧表」のようである。

付表 2 の中では、「その他」という欄が設けられている。それは、膨大、雑駁な資料を把握するために、キーワード「夫婦別姓」で検索した結果を「報道」（記者が取材、執筆したもの）、「主張」（読者が投書したもの或いは記者の手によって整理した会談記録）に分け、更にそれぞれの記事内容に基づき、「賛成」、「反対」、「賛否」、「中立」に再分類し記入したのである。また、「知らせ」、「無関連」と記しているものもあるが、前者は文字通り、集会、講演、電話相談、新書出版などの情報を世に知らせる目的で掲載されている広告のようなものである。そして後者の方は、見出し或いは記事内容には、キーワード「夫婦別姓」という言葉が出ているため、検出されたが、内容的には、ほとんど「夫婦別姓運動」に関わっていないので、「無関連」と記している。この両者とも分析対象から除外する。そのほか、著作権の都合[8]や、『朝日新聞』ではなく、『週刊朝日』に掲載されている文章

---

[7] 検索の期間は、1984 年 8 月 1 日から 2001 年 8 月 1 日までと設定したが、1984 年 8 月 1 日から 1989 年 2 月 27 日にかけての約 5 年間、「夫婦別姓」に関わる記事がないため、検索結果の第 1 号は 1989 年 2 月 27 日に「夫婦別姓認めよう東京弁護士会が改正の『試案』」という記事である。

[8] 掲載日：1997 年 5 月 10 日 朝刊 地方版 面名：岩手「夫婦別姓論議に素朴な疑問 志賀かう子（いわて論壇）/岩手」は一例である。検索結果では、記事内容は欠如しているが、ただこの記事の本文は、社外筆者が執筆したもので、朝日新聞社に著作権がなく表示できませんとの説明が付いている。

であるなどの理由で「朝日新聞社の有料記事検索サービスデータベース」で検出できない記事5項目がある。これらの記事については、「内容／賛否」欄に「欠」と記入し問題外とする。

　次に、表で整理したものを「報道」、「主張」の二つの部分に分けそれぞれの内容を分析し、近年「夫婦別姓」運動の軌跡を浮き彫りにし、そしてそれによって今後「夫婦別姓」運動の発展趨勢を探り出したいと考える。

第2節—1　「報道」に見る夫婦別姓をめぐる論争

　「報道」は、「夫婦別姓」に対する与野党の主張、関連法案改正における法制機関の動向、そして政治界と民間団体との間で、この課題についてどのように折衝したり、対話したりするかをよく反映しているはずである。次に、この観点に基づいて筆者が重要だと認定した「報道」を抜き出し、付表3のように整理し、それから順を追って諸項目の内容を中心に夫婦別姓運動の一側面を述べたい。

　付表3を見て分かるように、日本各地の「弁護士会」は、生活の面、法律の面で「夫婦別姓」を実現させるために、「夫婦別姓」運動の先頭に立ち、夫婦別姓運動の旗手として夫婦別姓運動に力を入れ、民衆に法律知識を教えたり、政府機関に民法改正試案を提出したりしている。

弁護士会の役目
　まず、「結婚後も仕事で旧姓を使えるよう認めてほしい」と国立大学の女性教授から訴訟が起きていることを機に、東京弁護士会は「希望するカップルには夫婦別姓を認める」という内容の「民法改姓試案」をまとめ、1989年2月6日、「選択的夫婦別氏制採用に関する意見書」として発表した。意見書では、①氏姓は人格の一部として認められており、使い慣れた姓を変えることで自己喪失感を味わう②「家」制度がなくなったにもかかわらず、「嫁（養子）に入った」と見られるなど、夫婦、親類の間の不平等感を一方にもたらしているなどを改姓の理由としてあげ

た。子供の姓について、同弁護士会は、子供は「協議して父か母の姓を名乗り、同じ姓の親の側に入るが、満十五歳から成年の間に、家裁に本人が申し出て変わることもできる」としている[1]。

そして、1990年11月15日、名古屋弁護士会は、東京弁護士会に次いで夫婦別姓を支持する意を表わし、夫婦が別々の姓を選べるように求める意見書を発表した。意見書では「約98％の夫婦が夫の姓を選択している実態は女性に対する差別であり、夫婦別姓を規定している現行の民法は、夫婦別姓を定める24条を侵害している」と指摘し、また「結婚で姓が変わったために、自己喪失に陥ったり、職業、社会活動の面で不利益を受けている女性がいる」と主張し、東京弁護士会とほぼ同じ内容の意見書を発表した[2]。

1993年4月23日、大阪弁護士会は夫婦が異なる姓を名乗れなかったり、女性にだけ離婚後半年間の再婚を禁止した現行法の規定を改正すべきだとの意見書を発表した。夫婦別姓については、同弁護士会は①姓を変えることの強制は、人格権の一つである「氏名権」を侵害する②改姓を強いられるのはほとんど女性で、国際人権規約や女子差別撤廃条約に違反していると指摘し、夫婦が別姓を選択できるよう主張している[3]。それから、同年の5月13日、京都弁護士会は「現行の夫婦同姓制度は、姓を変える側の人格権を侵害し、男女平等に反することから、夫婦が別姓を選択できるようにすべきだ」とする意見書をまとめ、日本弁護士連

---

1 付表3 掲載日 1989.02.07 報道。
2 付表3 掲載日 1990.11.15 報道。
3 付表3 掲載日 1993.04.24 報道。

合会に送った[4]。

　1996年12月10日、日本弁護士連合会の鬼追明夫会長は松浦功法相に対し、選択的夫婦別姓制度を盛り込んだ民法改正案を次期通常国会に提出するよう求める談話を発表した[5]。さらに、1997年3月7日、自民党に対し、選択的夫婦別姓制度の導入と非嫡出子の相続差別の廃止を党方針とするよう求める会長声明を発表した[6]。日弁連の目的は各弁護士会の主張に同調し、当時、選択的夫婦別姓制度の法制化における最大の難関である与党を促すことにあったと言えよう。

　因みに、裁判所は夫婦別姓で世を渡ろうとする人々の訴えにどのような態度で対処し、どのような判決を下したかについてもちょっと触れておきたい。

　1989年06月27日付の「夕刊朝日」の報道によれば、岐阜県各務原市役所が夫婦別姓の婚姻届を受理しなかったのは、個人の尊厳と平等を定めた憲法に違反すると同市内の市民夫婦が岐阜家庭裁判所に不服申し立てをしていた訴訟で、同家裁は夫婦の同姓は一体感を高めるうえで役に立ち、利害関係を有する第三者に対し、夫婦であることを示すために必要であり、違憲ではないという判決を言い渡し、訴えを却下する旨を通知した。この判決から裁判所が個人の尊厳と平等よりも夫婦の一体感とか夫婦であることを他者に示すという点を重要視している意が読み取られる。少なくとも、判決を下した時点では、施行されている「夫婦同姓制」

4　付表3 掲載日 1993.05.14 報道。
5　付表3 掲載日 1996.12.11 報道。
6　付表3 掲載日 1997.03.08 報道。

は、個人の尊厳と平等を害することはないという考え方が依然として根強かったと言えよう。

　近年、夫婦別姓をめぐる政党間での攻防戦は、自民党対非自民党の争いだとの一言で表現することが出来よう。それでは、報道の内容を通して「選択的夫婦別姓」に対し、与野党はそれぞれどのような主張を唱え、如何に論議、折衝を重ねてきたかを見てみよう。

与野党間の拮抗

　1996年2月26日、法務大臣の諮問機関である法制審議会は、総会を開き、夫婦が希望すれば、結婚後も互いに旧姓を名乗ることが出来るとする選択的夫婦別姓制度の導入を骨子とする「民法の一部を改正する法律案要綱」を決め、長尾立子法務大臣に答申した。報道によれば、これに対し、自民党や新進党内部には「夫婦別姓は家庭の秩序を崩壊させ、社会を混乱させる」という声が根強く、党内の勉強会でも積極論と慎重論が真っ向から対立している[7]。その後、自民党も大体こういう方針に沿って進展し、党内の論議が依然としてまとまらない状態が続いてきた[8]。

　とはいうものの、一方、自民党には国民の声に耳を傾けたり党内の意見を集約したりして対策を練り、選択的夫婦別姓案に妥

---

[7] 付表3掲載日 1996.02.27報道。
[8] 付表3掲載日 1996.02.28「夫婦別姓で自民、カンカンガクガク　何とか今国会提出をの」、1996.05.20「今国会の提案微妙に　自民党内まとまらず　夫婦別姓…」、1996.05.22「夫婦別姓に自民党内激突　民法改正案の今国会提出断念…」、2000.10.03「森首相の発言に民主党が抗議　夫婦別姓めぐり」の報道を通して自民党の基本方針が窺える。

協する傾向が全くないとも言い難かった。1996 年 7 月 25 日に、自民党は夫婦別姓をめぐる問題を中心に議論し、1997 年 2 月までに意見集約をはかることを決めた[9]。これは、1996 年 2 月に選択的夫婦別姓制度の導入などを盛り込んだ改姓案要綱を答申したが、自民党内から強い異論が出たため、国会への提出が見送られて以後始めて現われ、意見を集約し調整しようとする兆しであろう。

自民党執行部は 1997 年 2 月 26 日、夫婦別姓問題について、結婚前の姓を「呼称」として結婚後も用いることができることを法律で定める方向で、党内調整を進める方針を固めたと表明した[10]。そして、自民党は同年 3 月 4 日に開いた法務部会の家族法改姓小委員会で、夫婦同姓の原則を維持した上で、届け出により結婚後も旧姓を用いることができるようにする方向で大筋合意した[11]。これは前述した同年 2 月 26 日、自民党執行部が発表した内容より一歩前進したものと言えよう。

しかし、実際には、1997 年 3 月の時点まで、法務部会の家族法改姓小委員会が努力した成果は、国会への改姓案提出に直結していない。報道によれば、同小委員会が同年 5 月 8 日に開かれた会議では、反対派議員らが「旧姓続呼制度」は、事実上の別姓導入で、家族制度の崩壊につながると強硬に主張した。結局、野中広務委員長代理は、現状では党内合意が得られず、その旨を党法

---

9 付表 3 掲載日 1996.07.25 報道。
10 付表 3 掲載日 1997.02.27 報道。
11 付表 3 掲載日 1997.03.05 報道。

務部会や与党[12]協議の場に報告せざるを得ないと表明し、意見集約を断念した[13]。そして、2000年9月27日、政府の男女共同参画推進本部長を務めていた自民党総裁森喜朗首相は、夫婦別姓を改める制度改革を求めたことについて、「個人としては、従来の方が日本になじむと思う」[14]と語り、夫婦別姓に反対の意見を表わした。この発言から自民党中枢部における夫婦同姓へのこだわりは、相当根強いものだと理解できる。

以上のように、今日まで夫婦別姓に対する自民党の態度は、党方針として夫婦同姓の維持を粘り強く固持しながらも、党内外には改革の声が高まるにつれて生活上での旧姓呼称を容認しつつある傾向も見えてくる。

次に、夫婦別姓問題をめぐる政党間での攻防戦という点に戻る。

1997年2月26日に、自民党執行部は、夫婦別姓問題について、旧姓を呼称として結婚後も用いることができることを法律で定める方向で党内調整を進める方針を固めた。これに対し、民主党は同日の政調役員会で、選択的夫婦別姓制度を盛り込んだ独自の民法改正案を議員立法として国会に提出する方針を決めた[15]。

しかし、自民党内では旧姓案についてまとまったとしても、次の問題は与党の社民党、「さきがけ」の支持が得られるかどうかである。結局、1997年3月4日、自民党は法務部会の家族法改

---

12 自民党、社民党、さきがけ三党によって造られた連立政権のことをさす。
13 付表3 掲載日 1997.05.08 報道。
14 付表3 掲載日 2000.09.28 報道。
15 付表3 掲載日 1997.02.27、1997.02.28 報道。

正小委員会で、夫婦同姓の原則を維持したうえで、届け出により結婚後も旧姓を用いることができるようにする方向で大筋合意したが、社民党は同日、選択的夫婦別姓制度の導入をめざす方針を確認、さきがけも総務会で自民党案には賛成できずとの意見が大勢を占めたという結果になった[16]。

　このように発展して行くと夫婦別姓問題をめぐる法改正は、与野党の間で行われる争いではなく、必然的に自民党の「旧姓続称制度」対非自民党の「選択的夫婦別姓制度」になると思われる。1997年3月9日の「朝日新聞」は次のように報じている。

　　民法改正の柱になる夫婦別姓問題が、「自民」対「非自民」の様相を見せている。自民党が戸籍上は夫婦同姓の原則を維持したうえで、結婚後も旧姓を使える「旧姓続称制度」で調整を進めているのに対し、野党の新進、民主、共産各党に加えて与党の社民、さきがけ両党も、希望すれば夫婦それぞれが結婚前の姓を名乗れる「選択的夫婦別姓制度」の導入で足並みをそろえつつあるからだ。ただ、自民、新進両党内も一枚岩といいがたく、この先の発展は流動的。（後略）[17]

　今後、夫婦別姓問題における政党間の綱引きは、大体いわゆる「自民」対「非自民」の態勢で進んでいくが、「ただ自民、新進両党内も一枚岩といいがたく、この先の発展は流動的」という論

16　付表3 掲載日 1997.03.05 報道。
17　付表3 掲載日 1997.03.09 報道。

点は、こういう問題の進展に伏線を張り、継続的に見守る必要があるとほのめかしている。

その後、時間の推移とともに自民党対非自民党の態勢が次第に固まるようになってきた。関連報道を挙げて説明すれば、以下のようになる。まず、1997年3月14日の「朝日新聞」では、次のように報道している。

> 夫婦別姓をめぐっては、自民党が戸籍上は夫婦同姓とするものの旧姓も使える「旧姓統称制度」を検討しているのに対し、与党の社民、さきがけと野党の新進、共産が「選択的別姓」に賛成し、自民党対非自民党の構図になっている。[18]

1997年6月6日の報道では、夫婦別姓問題をめぐる与党内で生じた齟齬について報道し、そういう情勢が自民党対非自民党と言う態勢の強化を助長しつつある一方だと次のように述べている。

> 社民党とさきがけは五日、夫婦が希望すればそれぞれ結婚前の姓を名乗ることができる「選択的夫婦別姓制度」を導入するための民法改正案を議員立法として参議院に提出した。民主党が同様の法案を衆議院に提出しているほか、新進党が独自の法案提出を予定しており、共産党も制度導入には賛成の立場だ。家族制度が崩壊するといった反対意見が多く党内がまとまらな

---

18 付表3掲載日 1997.03.14 報道。

かった自民党と、非自民の各党とが対立する構図になってきた。[19]

そして、新進党と公明党でつくる参院会派、平成会の有志議員が1997年6月6日、「選択的夫婦別姓制度」の導入を柱とする民法改正案を議員立法として参議院に提出した[20]。これで、「選択的夫婦別姓制度」を法制化しようとする非自民党の力が集結し、論争の場が国会に移行するようになった。

しかし、自民党側が廃案を強く求めたため、1997年6月17日、衆議院法務委員会は、選択的夫婦別姓制度の導入を柱とした民主党提出の民法改正案を審議未了のまま廃案とすることを決めた[21]。それから、1998年6月3日の「『非自民』勢力が集結　超党派案に社さ賛成へ」、1998年6月9日の「民法改正案を提出『夫婦別姓』導入盛る　与野党有志」、1999年3月11日の「民主方針、野党共闘で参院提出へ『夫婦別姓』民法改正案」などの記事が報じたように、非自民党勢力が段々強固になってきた。それにもかかわらず、自民党の根強い反対でこの民法改正案は、何度も提案、廃案を繰り返した[22]。

19　付表3掲載日 1997.06.06 報道。
20　付表3掲載日 1997.06.07 報道。
21　付表3掲載日 1997.06.17 報道。
22　付表3掲載日 1997.06.04「新進党、夫婦別姓など提案へ（政治短信）」、1997.06.11「夫婦別姓の審議の始まる」、1999.08.14「夫婦別姓法案、廃案に」、1999.12.11「夫婦別姓へ民法改正案」、1999.12.16「『選択的夫婦別姓制度』継続審議　衆院本会議」、2000.05.26「『夫婦別姓』法案、3年ぶり審議　参院法務委員会」、2000.11.01「野党議員が夫婦別姓法案を提出」、2001.06.21「『夫婦別姓』で改正案　公明党」など関連記事を参照。

❖ 日本の既婚女性の氏についての研究

中央省庁の動き

　次に、法案の改正を司る中央省庁は、どのように夫婦別姓関連法案の改正に対応しているかという点に転じてみよう。

　　1991年1月、法制審議会民法部会は、夫婦別姓関連法案の改正作業を始め、1992年12月2日に、賛否両論併記[23]の形で中間報告をまとめた。そして、民法が定める婚姻や離婚制度のあり方を検討してきた法制審議会身分法小委員会は、1994年7月12日、「婚姻制度等に関する民法改正要綱試案」を法制審議会民法部会に報告し、了承された。試案は、夫婦別姓の方法をめぐり、同姓を基本とするが、別姓も認めることを提示した[24]。

　それから、民法改正作業に国民の声を反映させるため、法務省が実施した各界への意見照会の結果がまとまり、1995年8月18日に公表された。それによると、夫婦が結婚後も互いに元の姓を名乗ることができる「選択的夫婦別姓制度」の導入に積極的な意見が大勢を占めた[25]。この結果を受けて、法制審議会身分法小委員会は、「夫婦別姓」の有り方について、「夫婦は希望すれば結婚後も互いに旧姓を名乗ることができるが、子の姓は結婚時に定めた一方に統一する」という案を基本にすることでおおむね合意

23　付表3 掲載日 1992.12.02 報道によれば、中間報告では、別姓容認の利点として、夫婦間の平等が確保され、それぞれの人格が守られることや、社会活動に不利益が起きないこと、夫婦同姓を嫌って入籍しないケースの解決策になることなどを列挙。しかし、同時に現行制度の維持を主張する意見として、現在の社会に定着しており、夫婦、親子の一体感を生んでいること、なども併記している。
24　付表3 掲載日 1994.07.13 報道。
25　付表3 掲載日 1995.08.19 報道。

に達した[26]。

　1995年9月12日、法制審議会身分法小委員会が親部会の法制審議会民法部会に中間報告をし、同年12月19日、最後の会合を開き、前公表された「中間報告」の方向で結論を取りまとめることで合意した[27]。法制審議会民法部会は、1996年1月17日、同部会身分法小委員会が「中間報告」として公表した審議結果とほぼ同じ内容の要綱案を取りまとめた[28]。すなわち、夫婦が別姓を選択した場合でも、子どもの姓は原則として兄弟姉妹間で統一する案が採用された。1996年2月26日、法相の諮問機関である法制審議会は総会を開き、選択的夫婦別姓制度の導入を柱とする「民法の一部を改正する法律案要綱」を決定し、長尾立子法相に答申した[29]。

　しかし、自民党内の論議がまとまらない状態が続いているため、長尾立子法相は、1996年6月13日の参院法務委員会で、民法改正案、特にその焦点である「選択的夫婦別姓制度」の導入方法の取り扱いについて、「各方面の理解が得られていないことを反省し、内容についても検討を深めていきたい」と述べ、法制審議会の答申の枠内で見直す考えを示唆した[30]。翌年の2月18日、松浦功法相は参院法務委員会で所信表明を行い、選択的夫婦別姓制度について「なお様々な意見がある」と述べ、本案の導入は時

26　付表3 掲載日 1995.08.26 報道。
27　付表3 掲載日 1995.12.20 報道。
28　付表3 掲載日 1996.01.17 報道。
29　付表3 掲載日 1996.02.27 報道。
30　付表3 掲載日 1996.06.14 報道。

期尚早との考えを示した[31]。

地方議会と自治体の動向

　次に、夫婦別姓の法制化における国会議員と中央省庁の動きに対し、地方議会ではどのように夫婦別姓関連決議案を討議し、そして地方政府はどのような対応措置をとっているかについて、報道を通して見てみよう。

　初めて地方議会から「選択的夫婦別姓制度」の法制化を要求したのは、東京都江東区議会であろう。報道によれば、東京都江東区議会は 1992 年 10 月 15 日、「夫婦同姓の強制は世界でもまれな制度」、「氏を変えることを強制されることは、自己の尊厳にかかわる重大な問題であり、社会的にも氏が変わることによる不利益は計り知れない」、「特に女性の社会進出が進む中、社会で活動する女性にとって、氏の変更は大きなダメージであり、これを避けるために事実婚、通称使用を通している人たちの苦労も大変なものである」などとの意見書を全会一致で採択した。意見書は内閣総理大臣と法務大臣に提出され、選択的夫婦別姓制度の早期法制化を要望している[32]。

　その後、大宮市議会[33]、鳥取県議会[34]が東京都江東区議会とほぼ同じ内容の意見書を議決し、首相と法相あてに提出した。しか

31　付表 3 掲載日 1997.02.19 報道。
32　付表 3 掲載日 1992.10.15 「『夫婦別姓選べる制度に』区議会が意見書採択　東京・江東」報道。
33　付表 3 掲載日 1993.09.21 「夫婦別姓、男性も理解　大宮市議会意見書可決　埼玉」報道。
34　付表 3 掲載日 1997.12.13 「県会委で趣旨採択　夫婦別姓を求める陳情　鳥取」報道。

し、静岡市議会[35]、埼玉県議会[36]、金沢市議会[37]、徳島県議会[38]、岡山県議会[39]、松山市議会[40]、長崎県議会[41]、えびの市議会[42]、岩手県議会[43]のように、議会で選択的夫婦別姓の法制化に反対の声が高まり、現行の夫婦同姓制を保存しようとする事例も数多くある。そのほか、夫婦別姓問題に関する議案について各会派の意見が分かれていたため、議会の場で決議には至らなくて、見送りになったケースも僅かながら山口県議会[44]の一例があった。

各地方議会の意見書における賛成と反対の論点をまとめると、夫婦別姓に賛成している方は、大体①女性の社会進出が進む中、改姓で女性に不利益が生じている、②改姓で女性の尊厳を損害する、③事実婚、通称使用で世を渡っている人達の心中を思いやるべきだと訴えている。これに対し、反対の方は、主に①社会秩序の崩壊を招く、②家族の一体感を損なう、③極端な個人主義的傾

---

35 付表3 掲載日 1993.12.14「夫婦別姓の意見書提案見送りへ　静岡市議会」報道。
36 付表3 掲載日 1993.12.14「『夫婦別姓』の請願、継続審議に　県議会県民環境委」報道。
37 付表3 掲載日 1996.03.09「金沢市議会が夫婦別姓に反対の意見書　女性5議員…大阪」、「夫婦別姓意見書は賛成玉虫色で決着　金沢市議会　大阪」報道。
38 付表3 掲載日 1996.03.23「『夫婦別姓』に反対し徳島県議会が意見書」報道。
39 付表3 掲載日 1996.12.19「夫婦別姓制度導入反対の陳情で不採択を要望…」報道。
40 付表3 掲載日 1997.03.06「『夫婦別姓は慎重に』意見書を可決　松山市議会開会　愛媛」報道。
41 付表3 掲載日 1997.03.13「夫婦別姓反対求める請願は継続審議に　県議会委　長崎」報道。
42 付表3 掲載日 1997.03.26「夫婦別姓に慎重さを求める意見書可決　えびの市議会…宮崎」報道。
43 付表3 掲載日 1997.11.05「県議会委、賛成多数で採択　夫婦別姓導入に反対する…岩手」報道。
44 付表3 掲載日 1997.03.20「夫婦別姓決議案で紛糾　自民党が見送り決着　県議会…山口」報道。

向を生み出す危険性が高いなどを唱えている。

　その一方、夫婦同姓という現行制度による不便、不利益を蒙る女性への処遇を配慮しながら選択的夫婦別姓制の導入が待ちきれない地方政府は、行政面で旧姓や通称の使用を容認する対策をとっている。大阪府教委が府立学校の教職員について、結婚などで戸籍上の姓が変わっても、希望すれば事務書類で、旧姓や通称の使用を1994年度から認める見解を出したのは、恐らく初めての事例であろう。その経緯と施行方法について、1993年12月25日付の朝日新聞では、次のように報じている。

　　府教委によると、今年七月、学校内で旧姓を使っている府立松原高校の複数の教員から、公的文書などにも旧姓を使用したいという要望があった。

　　検討した結果、ほとんどの公的文書に戸籍とは異なる姓を使用しても各種法令に違反せず、事務処理にも支障がないことを確認。「旧姓などの使用を妨げるものはない」との見解を十一月、同校に口頭で伝えた。

　　その際①事務処理の簡素化のため、各種書類や届け出は統一した姓を使用してほしい②健康保険や共済組合などは、施行規定により戸籍名の使用が決まっており、旧姓などは使えない——などの要件も示した。府教委は見解・要件について府立学校全体に適用する、としている。[45]

45　付表3 掲載日 1993.12.25 報道。

第 3 章 現代においての既婚女性の氏

　また、府教委は「法令に触れず、事務上混乱しない程度なら使ってもよいということで、夫婦別姓問題とは切り離して考えたい」としていると同報道文で報じているが、実際には、この「見解」が夫婦別姓を求める運動に影響を与えるのは当然の帰趨だと考えられよう。
　静岡県浜松市の場合は、結婚などで改姓した女性職員から「旧姓使用を認めてほしい」という要望が多いことに配慮し、2001年4月から、市職員が結婚などで戸籍上の姓を改めた後も、職場で旧姓が使えるようにした。報道によると、旧姓の使用要領は次の通りである。

　　　使用を認めるのは、職員の名札や各課の入り口にある席次表をはじめ、出勤簿や各休暇届、事務書類など。法令や制度で戸籍上の姓の使用が定められているものは除き、市民や職員の間で誤解や混乱を招かないようにする（後略）[46]。

　確かに、旧姓使用の場合、「公的文書に戸籍とは異なる姓を使用しても各種法令に違反せず、事務処理にも支障がないことを確認」しておくのは、旧姓使用における最も肝心な点である。この原則を犯さない限り、出来るだけ、夫婦同姓によって不利益、不便を蒙る人達に便宜を与えるべきであろう。これは、法の網を潜るとか、一時しのぎの策でしかないと言われるかも知れないが、

---

[46] 付表3 掲載日 2001.03.27「市職員の旧姓使用認めます　浜松市、県内氏町村で初　静岡」報道。

現段階においては、最適な対策だと思われる。その外、大阪府太田房江知事の氏名表記に関する一件もこの類いの例に当たる。大阪府は2001年3月26日、太田房江知事の氏名表記について、内部的な公文書などでは同年4月から原則として「太田」を使うと次のように報道している。

> 昨年二月に就任した太田知事はこれまで、法的効果を伴わないあいさつ文や表彰状などでは旧姓を使い、名刺も「太田」と表記してきた。今後はこれらに加え、法的効果を伴うものであっても、職員の辞令や審議会の開催通知、通達など、「法的な問題の生ずる恐れの少ない」内部文書については、原則として旧姓を使うことにした。
> ただし、契約書や条例など対外的に法的効果を生じるものや、懲戒などの不利益処分を伴う文書については、これまで通り、戸籍姓の「斉藤」を使う。[47]

以上のように、大阪府教委の件であれ、静岡県浜松市であれ、大阪府太田房江知事の氏名表記の件であれ、そのいずれも法令に触れないことを前提としている。換言すれば、それらは、夫婦同姓の現行制度における抜本的な解決方法とはいえず、「選択的夫婦別姓制」が合法化される前に、旧姓使用に最大限の容認を与えたり、旧姓使用者のためにできるだけの便宜を計ったりする救済策に過ぎない。

---

47 付表3 掲載日 2001.03.27「知事、氏名表記「旧姓」へ「太田」もっと使います 大阪」報道。

世論

さて、次に、政府と民間団体が行ったアンケートを通して、民衆は現行の夫婦同姓制、選択的夫婦別姓の法制化に対し、どのように考えているかを把捉したい。

1991年1月13日付の朝日新聞の報道によれば、「夫婦が同じ姓を名乗るか、別々の姓を名乗るかを、法的に選択できるようにする方がよいと思うか」との質問に、29.8%が「そう思う」と答え、「そうは思わない」と答えた人は52.1%だったとのことが、総理府が三年ないし五年に一度の割で実施した「女性に関する世論調査」で分かった[48]。

1994年9月、朝日新聞社が生き方、結婚観、家族のあり方などを中心にアンケート調査を行ったところ、夫婦別姓に関しては、次のような調査結果が出てきた。

> 「別姓を名乗る夫婦がいてもいい」という夫婦別姓への寛容度は、世代によって大きく違う。容認派は全体では六一%だが、二十代後半から三十代にかけては八〇%近い。容認派は年齢が高いほど少なくなっていく。六十代では四七%で、否定派四八%とほぼ同水準になり、七十歳以上では否定派が半数を超える。
> （後略）[49]

---

48 付表3 掲載日 1991.01.13 報道。
49 付表3 掲載日 1994.09.27 報道。しかし、「別姓を名乗る夫婦がいてもいい」、すなわち選択的夫婦別姓への容認は、必ずしも対象者自身が「別姓を名乗りたい」とは言えないことが同報道と朝日新聞 1995.03.28「夫婦別姓、希望は少数　東京女性財団アンケート」で分かった。

朝日新聞社論説副主幹の佐柄木俊郎氏は、なぜ高齢者と比べると若年層の方が夫婦別姓への寛容度がより高いという調査結果について、次のように分析している。

　　劇的ともいえるこの変化には、ここ数年、別姓問題がマスコミで様々に論議されるようになり、国民の理解が進んだことが影響していよう。また、法務省が制度の導入に前向きの姿勢をみせ、民法改正作業が具体化してきたことも重要な背景といえる。[50]

　このように、選択的夫婦別姓に賛成する人が増加すると、この制度の法制化を認めようとする考えが段々社会の各階層に浸透していく。この浸透力の拡大は、また選択的夫婦別姓制への容認を助長し、選択的夫婦別姓に賛成する民衆を増やさせる。すなわち、佐柄木氏のいう「法務省が制度の導入に前向きの姿勢」、「国民の理解」という両要素は、互いに原因と結果になり、両者の間には循環的メカニズムのような関係で選択的夫婦別姓の法制化を推進している[51]。

　1995年8月18日、法務省が民法改正作業に国民の声を反映させるため、各界への意見照会の結果を公表した。それによれば、夫婦が結婚後も互いに元の姓を名乗ることができる「選択的夫婦

50　朝日新聞 1994.09.27「家族観、予想外の変化　社会が成熟、『違い』容認」。
51　1996年の夏、総理府が行った類似の調査では、別姓賛成が増え、反対が減ったことになる。詳しくは、朝日新聞 1996.11.17「夫婦別姓、反対減り39％容認は32％通称是認22％」を参照。

第 3 章 現代においての既婚女性の氏

別姓制度」の導入に積極的な意見が大勢を占めた[52]。この意見照会は、法制審議会民法部会が 1994 年 7 月にまとめた「婚姻制度等に関する民法改正要綱試案」に対する見解を聞く形で行われたもので、全国の裁判所（高裁、地裁、家裁の計 108 庁）のほか、弁護士会、研究者、女性団体、経済団体、個人などから 782 通の意見が寄せられた。夫婦別姓に関し、寄せられた意見の数の内訳は、「夫婦の姓が異なることを」認める（89 庁、406 通）、認めない（3 庁、18 通）、そのほか（16 庁、9 通）である[53]。これは選択的夫婦別姓の法制化は、意見照会が行われた時点では、もはや各界における共通した認識になったことを物語っている。

　それから、1996.07.02 報道「私たち、工夫し『夫婦別姓』　ペーパー離婚や法的届けず、改名など」によって、長い間、選択的夫婦別姓の法制化が待ち望んでいる人達は、実生活の場でどのような方法で夫婦同姓を回避し、夫婦別姓を実現させているかを見てみよう。

　この報道では、柳田知子さん、池田幸代さん、ノーラ・コーリさんをケースとして取り上げ、それぞれの事情について、次のように報じている。

52「1989.01.01 〜 2001.07.31 夫婦別姓に関する重要『報道』整理表」掲載日 1995.08.19 報道。
53 前の数字は裁判所 108 庁の内訳、後の数字は裁判所以外の団体・個人の意見の数である。詳しくは、「1989.01.01 〜 2001.07.31 夫婦別姓に関する重要『報道』整理表」掲載日 1995.08.19 報道「夫婦別姓に賛成が大勢　法務省、民法改正へ各界の意見照会」を参照。

❖ 日本の既婚女性の氏についての研究

　（前略）柳田さんは九年前に結婚届を出した。「周囲が安心する」というのが理由で、戸籍名は砂川姓になったが、仕事上は通称として旧姓を使い続けた。ところが、知り合いに「砂川さんなの？柳田さんなの？」と聞かれることが増え、使い分けに疲れてきた。（中略）今年夫と会社を設立するために、対等な個人として別姓で始めたいと考えていた。「改姓見送りで、友人にもペーパー離婚は増えています」。（中略）
　東京都の会社員池田幸代さん（二四）は、三カ月前に結婚したが、法的な届け出はしなかった。自分の姓を変えたくなかったし、夫に姓を変えるよう強要するのも嫌だった。父母からは強く反対されたが、民法が改正されれば結婚届を出す道も開けると思った。（中略）
　ノーラ・コーリさん（三八）は、家庭裁判所に申し立てて改名する方法で旧姓を戸籍に残した。ノーラさんは日本人で、旧姓は「郡」。カナダなど海外暮らしが長く、「ノーラ」の名で呼ばれていた。日本人の夫と結婚したとき、使っていなかった日本の名前と、夫の米久保という姓が戸籍名になることに気づいた。そこで、ノーラ・コーリを名、米久保を姓として認めるよう家裁に申し立て、認められた。（後略）[54]

　つまり、ノーラ・コーリさんが本名「ノーラ・コーリ」に夫の姓「米久保」を加えた形で結婚、入籍している。しかし、現段階では、このケースのように、現行法に従いながら旧姓を保有する

❖

[54] 付表3 掲載日 1996.07.02 報道。

ことができるのは、異例である。殆どの場合は、所謂「ペーパー離婚」（柳田知子さんの例）或いは「法的届けせず」（池田幸代さんの例）、すなわち「事実婚」で夫婦生活を営んでいる。

　以上のように、日本各地の「弁護士会」は、「夫婦別姓」を生活の面、法律の面で実現させるために、「夫婦別姓」運動の先頭に立ち、自ら夫婦別姓制度を実践し、生活上だけでなく、仕事の場においても旧姓を通し、それとともに民衆に法律知識を教えたり、政府機関に民法改正試案を提出したりして、夫婦別姓運動の旗手の役目を果たしている。

　それと同時に、民間団体が結婚後の改姓によって起きた不利益を訴え、法改正で夫婦同姓問題を解決すべきだと主張し、議会に意見書を出した。野党に属している国会議員と一部の地方代議士がそれに共鳴し、政治課題として議会に上程させるように努力してきた。法務省と衆参両院の法制審議会も民法改姓案をまとめたが、結局、与党（自民党）内部には反対の声があり、今まで何回も国会に上程できないまま廃案になった。報道から見れば、この先、夫婦別姓運動における最大の難関は、やはり自民党内部に存在している。自民党内における夫婦同姓への固執が解消しない限り、選択的夫婦別姓制の法制化が実現できないと言えよう。

　こうした政府と議会の緩慢な動きに対し、実生活や職場で、改姓による不便、不利益を免れるために、女性達は、法令に触れないことを前提として、仕事上旧姓を使用したり、「ペーパー離婚」や結婚しても入籍せずに「事実婚」の形で婚姻生活をしたりする方法で夫婦同姓の現行法をかいくぐり、旧姓を通してきた。しかし、そのいずれも救済策に過ぎず、抜本的な対策は、速やかに「選

択的夫婦別姓制」を合法化させることであろう。

　他方、「選択的夫婦別姓」に対し、民衆の意向はどうかというと、夫婦別姓を認める人数が年々増加しつつあり、過半数を突破したが、選択的夫婦別姓を容認する者が、必ずしも自分自身が別姓を名乗りたいと考えているとは限らないことが近年のアンケート調査で分かった[55]。この点を指摘し、夫婦別姓に反対する論もあるが、それは「選択制」の意義を理解していない。「選択的夫婦別姓制」が実現した後、自分は必ずしも旧姓を名乗りたくなくても、周囲の人に迷惑が及ばない限り、異存を認め合うべきではなかろうか。

55　付表3掲載日 1995.03.28「夫婦別姓、希望は少数　東京女性財団アンケート」報道。

第 3 章 現代においての既婚女性の氏

第 2 節—2 　「主張」に見る夫婦別姓をめぐる論争

　第 2 節—2 では、まず「夫婦別姓検索結果一覧表」から「主張」、すなわち読者の投書、記者の手によってまとめられた談話記録などを抜き出し、付表 4 を作成し、それからこの表をもとに「選択的夫婦別姓」という提案に対する賛成、反対の論点をまとめ、民衆はどのような考えを抱き、どのような意見を唱えているかについて考察したい。

反対派の論点について
　まず、反対派（夫婦別姓に対し）の論点を見てみよう。
　弁護士の中村勝美氏は、1989 年 9 月 19 日付の朝日新聞家庭版の「男 say 女 say」コーナーで、「日本では明治以来、夫婦同姓が定着している。（中略）これだけ同姓が定着していることを考えると、時期尚早という気がします」[1] と現行の制度を温存し、夫婦別姓に反対する意見を表わしている。そして、神戸市の伊藤孝氏は、夫婦同姓には、不倫を戒め、健全な家制度を守る功能があると考え、「夫婦が別々の姓を名乗ることは、選択の余地を残しても反対です」[2] と語り、「選択的夫婦別姓制度」に断固と反対している。
　そのほか、中山勉氏が積極的な態度で現行の制度を守り、「夫婦別姓への法改正は不要」という題をつけている投書のなかで、

1　付表 4 掲載日 1989.09.19 記事。
2　付表 4 掲載日 1995.10.03 記事、伊藤孝氏（65）の投書。

次のように唱えている。

　　読めばわかる通り民法は「夫又は妻の氏を称する」と規定しているのであって「夫の氏を称する」とはなっていない。
　　私自身は改姓に何の不都合も感じなかったが、仮に「女性の社会進出に伴って、改姓することに不都合が生じる」としても、それは民法の責任ではなく、「男の姓を名乗るのが当たり前（嫁入り）」という社会的風潮の問題である。（後略）[3]

　また、夫婦同姓が「家制度」の礎であり、夫婦別姓が家族崩壊をもたらすと訴えている者もいる。秋元玲子氏は「『夫婦別姓論』もうやめては」という文のなかで、「家制度は、生活の知恵が働いているのである。……いいかげんにヒステリックな夫婦別姓論はやめてもらいたい、……」[4]と日本の「家制度」を守るべきだと語っている。そして、加納晴美氏は「……私も別姓にすることに疑問を抱いています。夫婦の姓が違えば、子供はどちらの姓を選択するのですか。家族間に精神的負担が生じ、疎遠感も伴うからです」[5]と指摘している。
　周知のように、民法では、夫婦は「夫又は妻」の氏を称すべきだと決まっているとはいえ、結婚後、殆どの女性が夫の姓に変わっているのが現状である。しかし、夫婦別姓に反対しているのは、男性ばかりでなく、現行の制度を擁護し夫婦別姓に反対して

---

[3] 付表4 掲載日 1991.05.29 記事。
[4] 付表4 掲載日 1996.12.10 記事。
[5] 付表4 掲載日 2001.05.16 記事。

第 3 章 現代においての既婚女性の氏

いる女性も少なくない。専業主婦の斎藤和子氏は、その一例である。斎藤氏は夫婦同姓の美点と夫婦別姓に対する危惧について、次のように語っている。

> 結婚における男と女の立場は同等であるべきとは思うが、そのことと夫婦別姓とは違う。どちらかの姓に統一する形が、日本的な家庭制度の秩序とよさを守るのには一番である。夫婦別姓が実施されれば、夫婦とか、家族との形を根本から覆してしまいかねないだろう。（中略）家族としてある時は、一つの姓にまとまるのが理想ではないかと思っている。そうでないと、結婚の意味も親子の絆（きずな）も、形に表すことは不可能なのだから。[6]

渡辺孝子氏は、「しょせん、姓名は記号にすぎない」と考え、「まったく新たな姓を二人で考え出し、名乗るのがベストではないだろうか」という案を出し[7]、真っ向から夫婦別姓に反対する意を表し、別姓問題を解決しようとしている[8]。

明石市の田中幸雄氏は、夫婦別姓に反対し、「姓名とは個人を識別するための社会的記号である」と次のように語っている。

---

[6] 付表4 掲載日 1989.12.26 記事。
[7] 周知のように、はじめて「まったく新たな姓を二人で考え出し、名乗るのがベストではないだろうか」という案を提出したのは、福沢諭吉氏である。福沢氏は「畠山と梶原が結婚すれば山原という新家族をつくればいい」と提言している。
[8] 付表4 掲載日 1995.09.22 記事。

姓名とは個人を識別するための社会的記号である。だから、
　　結婚したら同姓とするのが一番自然で合理的であろう。
　　　姓名は個人の身分や権威を表しているわけではない。どこの
　　だれで、家族的なつながりがどうなのかが分かる、それが姓名
　　の目的である。だから同姓が女性蔑視（べっし）とか、改姓さ
　　れるのは嫌だとかいうのは偏見だ。
　　　結婚すれば戸籍上の届け出はしなければいけない。どうして
　　も改姓が嫌なら、姓は夫婦のいずれでもよいのだから、女性側
　　の姓で届け出ればよい。[9]

　そのほか、「同じ姓のもと、末広がりに広がる生命体系の中に生きる共感と喜びは、理屈では表現できない連帯感と安心感を抱かせてくれるようです」[10]とか、「別姓だと孤立感を感じる」[11]など感情の面から述懐し、夫婦別姓に反対の意を表している投書も少なくない。
　総じて言えば、反対派の意見は、大体、神戸市在住の松本義三氏が提出した言説に収束している。氏は「夫婦別姓」に反対し、「夫婦の一体感」、「文化」、「子孫との関係」の面から理由を挙げて次のように述べている。

　　　反対の第一は別姓の場合、どうしても夫婦の一体感が損なわ
　　れる点だ。夫の姓でも妻の姓でもよい。双方の協議の上で、ど

9　付表4掲載日 1996.04.14 記事、明石市 無職 田中幸雄（65）。
10　付表4掲載日 1995.10.03 記事、宝塚市 会社員 匿名（38）の投書。
11　同上記事、大阪市 会社役員 三輪優（69）の投書。

ちらかに統一すべきだと考える。

　第二の理由は、子どもの姓に問題が生じる点である。姓の統一はわが国の近代の文化である。

　第三の理由は、年老いた時に夫婦が別姓というのは、子や孫との関係においてもしっくりとなり難い。夫婦が若い間は良いとして、離婚を考えるような問題が発生した時、簡単に離婚に走るように思われる。[12]

　次に、以上の反対論に対し、賛成派（夫婦別姓に対し）はどのような訴えを唱え、そして現行制度に対しどのような提案を出しているかについて見てみよう。

賛成派の論点について
　東京の市役所職員の鵜沢真理子（本名：米山真理子）氏が結婚後の改姓によって起きた自己喪失感と職場での不便について、「結婚で姓を変えると、自分が自分でなくなっちゃうような気がして。仕事の上でも、急に姓が変わると不都合なことが多いですし」[13] と訴えている。同じ悩みを抱いている在宅校正者の中村さんが戸籍上の姓と旧姓を併記させた形―「中村・山田孝子」で投書し、次のように語っている。

12　付表4 掲載日 1996.04.27 記事。
13　付表4 掲載日 1989.09.19 記事。

❖ 日本の既婚女性の氏についての研究

　　近ごろ私は自分のなかで「個」としての自分が少しずつ失われていっているような気がしてなりません。（中略）結婚が個と個の結びつきであることを強調するためにも、夫婦別姓がぜひ求められると思います。[14]

　すなわち、就職しているかいないかは別として、長期間使われてきた旧姓への愛着[15]と改姓によって引き起こすいわゆる「自己喪失感」は、夫婦同姓に反対し、夫婦別姓を唱えている一因だと考えられる。文京女子大学の山下泰子教授[16]、主婦の小栗清美岩氏[17]、倉智久氏[18]、広海扶美子氏[19]、

❖

14　付表4掲載日 1989.12.26 記事。
15　付表4掲載日 1996.05.18 記事「改姓の不利益避けるべきだ」のなかで、主婦の篠崎真弓氏は「人は誕生と同時に、名前がつけられる。それは姓名判断に基づいたり、姓に合わせたり、親の願いをこめたものだ。それが改姓により、台なしになってしまう。……それぞれ素晴らしい名前を持っているのだから、それを尊重して新しい家庭を築くのが理想ではないだろうか」と旧姓への愛着の意を込め、こう語っている。
16　付表4掲載日 1991.06.18、山下氏は「独で夫婦別姓立法求めた判決」を題に、「日本での法改正が一刻も早く進み、氏を変更せずに婚姻することも認められるようになることを期待してやまない。何といっても、姓名は自己のアイデンティティーそのものだから」と論じている。
17　付表4掲載日 1993.06.17 記事、「差別ある限り夫婦別姓主張」で、小栗氏は「名字にこだわるのは当然のことではないでしょうか。私も二十四年間、小栗清美で社会生活を送ってきたのに『はい。さよなら』など愛着があってできません」と語っている。
18　付表4掲載日 1993.06.19 記事、「夫婦別姓こそ自由で対等に」で、岩倉氏は「私は自分の名前に愛着を持っていて、絶対に放したくない。従って、相手がその名前に同様の愛着を持っているとしたら、相手か私のどちらかが片方の名字に変えるということは、『一方的に歩み寄る』ことになる」と述べている。
19　付表4掲載日 1995.10.11 記事で、広海氏は本来の姓名に愛着の意を表し、「夫婦別姓が自由になれば思い切って旧姓に変えて、親の付けた名前の恩恵に浴したいと思っている」と述懐している。

丸山かおり氏[20]、澤田石貴子氏[21]も同じ視点から夫婦別姓に賛成の意を表している。

　また、改姓によって、抽象的、主観的な「自己喪失感」を女性に味わわせるだけでなく、「名前が変わることで実績が継承されない」[22]という問題は、専門職に携わっている女性にとっては、致命的な打撃である。しかし、現段階では、旧姓を使っている女性たちが多大な不便を強いられているのも事実である[23]。

　周知のように、結婚後、姓を変えるのは殆ど女性であり、婿養子など特別な理由で姓を変更する男性は、皆無とはいえないが、僅かながら約２％しか占めていない。大学教員の谷川昌幸氏はその一人である。谷川氏は改姓の経緯と改姓によってもたらす社会生活上の不便についてこう語っている。

---

20 付表4 掲載日 1996.05.18「『付属品』扱い嫌だから主張」という題を付けている投書で、氏は「……でも夫の姓になったら、何だか自分が夫の、子どもの、家の付属品にされそうな気がしていやなのです。……また、姓を変えるとそれまでの自分の過去を手放さなくてはいけない気がして、これも非常に寂しいものがあります」と夫婦同姓に反対する意を表している。
21 付表4 掲載日 2000.06.23 記事「旧姓を使える裏ワザないか 私の名前は」で、澤田氏は、「姓名は商標に似たものだと思います。特に私はインパクトのある姓なので、これが変わると人格まで抹消されるように感じます」と旧姓への愛着の意を示し、「結婚する時は話し合って夫の姓を選択することにしましたが、法律的にやむを得ない場合以外は自分の姓で通しています」とできるだけ旧姓を使用し続けている。
22 付表4 掲載日 1996.03.03 記事。
23 付表4 掲載日 2000.05.05「ずっと旧姓使いたいのに 不便な結婚後の『通称』使用」で、竹石涼子氏らが職場で旧姓を使っている女性たちにどのような不便を強いられているかについて訴えている。

男女の本質的平等と「両性の合意のみ」に基づく婚姻の自由を信じていた私は、結婚の時、妻の姓を奪う合理的根拠を見いだせず、やむなくくじ引きをして私が負け、戸籍上の姓を失ってしまった。

　しかし、長年にわたって形成した人格と社会関係を別名で再構築することは実際には困難で、結婚後も「谷川」を通称として使ってきた。私は自分を谷川と認識し、世間でも谷川として認知されてきた。

　ところが、金融機関を始め最近の本人確認の強化により、通称名使用は以前よりはるかに困難になってきた。職場や買い物先などでも身元証明を求められ、その度に経済的、時間的負担と精神的苦痛を強いられている。戸籍名と通称名の使い分けは、もはや限界である。[24]

　主婦の前田彩子氏が「夫婦別姓ならぜひ既婚者も」という文のなかで、経済と「家制度」の両面から夫婦同姓を批判している。氏は今日に至っても夫婦同姓が「家制度」の一環として「嫁」を束縛していると考え、未婚の女性だけではなく、既婚の女性にも、もう一回考え直す機会を与えるべきだと主張し、次のように述べている。

---

[24] 付表4 掲載日 2000.06.06「『別姓選択』に民法の改正を」、2000.06.13「別姓できずに不便ますます」記事。

（前略）専業主婦に別姓結婚は必要ないと思われるかもしれないが、専業主婦が再び社会進出することもある。
　それに、相変わらず女性は「嫁に行き」、夫の家名の下に拘束されているのが実状である。結婚したがらない女性が多いのは、結婚による束縛があまりにも多いのが一因だと思う。女性は「家」にいるのではなく、「結婚」するのだという意識改革のためにも、別姓は有意義なことである。
　私は、この制度の早期実現を望んでいる。そして、既に結婚した人にも、もう一度選択の自由が認められることを切望する。[25]

　また、改姓すれば婚家の嫁として扱われ、「その家の宗教、家業、しきたり、家事のやり方、親類の付き合い、果ては○○家の墓に入らなければならない。まるで婚家に吸収合併させられたように、実家とは縁切り」[26]という結果になったと岡山市に住んでいる会社員の匿名女性が語っている。彼女の言説に同感している女性は少なくなかろう[27]。

25　付表4掲載日1992.10.21記事。
26　付表4掲載日1995.09.29記事。
27　付表4掲載日1995.10.03記事、「待ち受ける新たな問題　夫婦別姓へ?」で、姫路市25歳匿名の主婦が「『私』の吸収合併まっぴら、好きな姓使えたら面白い」を題に「家の嫁扱い」に嫌悪感を表している、その外、上表掲載日1996.08.29「『夫婦別姓』を求める妻に困惑」を題にしている「人生相談」も一例である。それによれば、筆者は「同じ名字だと、あなたの家の嫁、という束縛を感じてしまう」と妻に言われ、困っている。もう一例をあげれば、付表4掲載日2000.07.15「夫婦別姓いつになれば」で、匿名希望の主婦が「夫婦別姓になれば、……○○家の嫁という言葉もなくなり、嫁しゅうとめ問題も解決するのでは、と思うのです」と夫婦別姓制の実現を期待している。

❖ 日本の既婚女性の氏についての研究

　夫婦同姓制は「家制度」の一環として「嫁」を束縛しているという考えがありながら、その一方で、二宮良夫氏のように、家制度の象徴である「家系」や「墓所」を重視しており、選択的夫婦別姓制の法制化が一日も早く実現されるよう期待している者もいる。氏は投書のなかで、自身の遭遇を述べながら、夫婦別姓制と「家制度」が強く関係していると唱え、こう語っている。

　　私の妻は先の戦争の犠牲者の一人だ。二人の兄は戦死、父、姉、弟は空襲で防空ごうで焼死、残ったのは本人と母だけである。戦後苦難の生活に耐え抜き一九五五年私と結婚、一人の娘が誕生、二十八年前にその母も死亡し今日に至った。
　　私は長男のため、頑固な父は私が妻の姓を名乗ることを許さず、従って妻は私の姓を名乗ってきた。八二年、一人娘が他家に嫁ぎ、妻の家を継承する者は形式上絶えるに至った。私の実家は弟が相続することとなり、私たち夫婦は民法改正を機に別姓を選び妻の旧姓を名乗り、その家系と墓所を守りたい一念である。
　　このことはむしろ日本の麗しい家族の伝統を維持せんとするものと信じている。「家族の崩壊をもたらす」と主張する人々には到底くみすることができないのである。[28]

　すなわち、夫婦別姓論者の全てが、日本伝統的な「家制度」に反対するとは限らない。「家制度」にこだわっているからこそ、

28　付表4 掲載日 1996.05.30 記事。

第 3 章 現代においての既婚女性の氏

選択的夫婦別姓制度の法制化を期待している者も少なくない。原尚子氏もその一人である。氏は「『家』か幸せか 夫婦別姓望む」のなかで、「一人娘」、「長女」など、「家」を継承する責任を負っている人達の事情をも配慮すべきだと次のように彼女自身の経験を語っている。

> 私は六年間交際している彼と結婚したいと思っていますが、私は養女で、養家の「家」を継ぎ、先祖を守るべき立場にあります。彼もまた、日本独特の「家」に育ち、家族の大きな期待を背負っております。（中略）
> 私たちは結婚という形にとらわれずに、愛し合い、愛する人の子を持てばよいのかもしれませんが、生まれた子供は、目に見えない差別のなかで、私と同じように心に傷を抱いて生きて行くことになります。（中略）
> 私のような例だけではなく、嫁いだり、婿養子を迎えたり出来ないでいる一人娘や、長女にも、夫婦別姓が認められることで、結婚への道が開かれる場合も多々あると思います。
> 「全員」にというのではなく「希望者」に夫婦別姓を、というのがなぜ日本の家族の崩壊になるというのでしょうか。それとも私のような立場の者は、正式な夫婦でない子を持つ方が家族の崩壊にはならない、とでもいうのでしょうか。[29]

確かに、法律上、夫婦別姓が成立するなら、一人息子と一人娘

---

29 付表 4 掲載日 1997.05.25 記事。

の結婚でも、両方の姓を残せる。少子化の時代には、このことも視野に入れて配慮すべきであろう。

以上のように、前田彩子氏、二宮良夫氏、原尚子氏らの言説から、夫婦別姓制の賛成派のなかでも、伝統の「家制度」を批判したり護持したりする意見が並存していることを垣間見ることができる。また、夫婦別姓制の実現によって、「家名継承の問題」、「嫁遣い問題」、「嫁しゅうとめ問題」などを一挙に解決できるではないかと期待している者もいる[30]。

また、日本における「家制度」の概念は、家族における書面的な記載、すなわち「戸籍」にも直結している。会社員の瀬川まり氏は、家を単位にした現行の戸籍制度では、女性の離婚者やその子女に不利な点が多いと指摘し、「夫婦別姓選択制」、「個人単位の戸籍制度」こそ抜本的な解決策だと唱え、次のように語っている。

> （前略）現在の戸籍、住民票の記載はあくまでも筆頭者（世帯主）を中心としているため、筆頭者ではない母親が子を引き取り離婚や再婚をすると、子の続き柄の記載にも変化を強いられる。私の娘は私の長女であるのに、再婚相手の夫とは戸籍上養女であるため、住民票の続き柄欄には長女でなく養女と記載される。（中略）家を単位にした現在の戸籍制度では子供に不利な点も多い。
>
> 最初から夫婦別姓選択制や、個人単位の戸籍制度が法のもとで決まっていれば、色々なことがとても楽になり、戸籍による

---

30 付表4 掲載日 2000.07.15 記事。

第3章 現代においての既婚女性の氏

差別もなくなると思う。[31]

　つまり、結婚で改姓した女性たちにとっては、現行の夫婦同姓制は、あたかも烙印のようなものである。離婚、再婚すれば、姓を旧姓に戻したり、また改姓したりしなければならなくなる。その本人のプライバシーを侵害[32]するだけでなく、引き取った子供まで社会生活上における不便、不利益を負わせられる。
　主婦の藤田亜津子氏が両親の離婚で母親に引き取られる子女の姓について、「個人のアイデンティティーの尊重」という見地から夫婦別姓制に賛意を示し、「離婚・再婚時も子の姓不変に」と主張し、こう述べている。

　　夫婦別姓論の根拠となったものは何か。私は個人のアイデンティティーの尊重のためと解釈している。（中略）父親の姓を持って生まれた子どもが、両親の離婚により母親に引き取られ、さらにその母親が再婚した場合にも、一貫して生まれたときからの姓を名乗り続けられてこそ、その根拠は徹底されているといえるのだ。その家族は、夫も妻も子どもはみな、別々の姓を持つことができる。ここへきて姓（家の名前）という概念は消え去り、そのフルネームがそのままその人の固有名詞となる。
　　（中略）人が一生を通じて自分を表す名前を大切にしようとい

31　付表4掲載日1993.06.25記事。そのほか、1995.09.29記事「選択的夫婦別姓『世帯』より『個』を重視」のなかでも、現行の「家族同戸籍」について論じている。
32　付表4掲載日1996.03.03記事のなかで、二宮純子氏は、女性は姓が変わることで「結婚、離婚などのプライバシーが公になるという不合理もある」と指摘している。

うのであれば、そこまで展望すべきだと思う。[33]

　すなわち、同一の姓で生涯を通すのは、ただ個人のプライバシーを守るという消極的な意味を持っているのみならず、もっと広汎な積極的な観点から考えてみれば、互いに生来の「フルネーム」を尊重しあうことこそ「個人のアイデンティティー」を確立する第一歩ではなかろうか。家入葉子氏は「重視すべきは結婚の実質だ」という文のなかで、「個人のアイデンティティー」の視点から家族の絆として姓の統一を唱え、次のように夫婦同姓論者に反論している。

　　（前略）もし家庭生活が破綻（はたん）しているのなら、姓ぐらいでは解決しない。（中略）姓も個人のアイデンティティーである。重視すべきは姓の統一ではなく、それぞれの生き方を大切にし、愛情によって結ばれるという結婚の実質ではないだろうか。[34]

　夫婦別姓論者の中には、「自己喪失感」、「実績が継承されない」、「家制度の一環として嫁を束縛している」、「プライバシー侵害」など結婚改姓によってもたらす様々な不利や不便を免

33　付表4 掲載日 1995.10.11 記事。
34　付表4 掲載日 1996.05.11 記事。

第 3 章 現代においての既婚女性の氏

れるために、「事実婚」[35]や書類上の「ペーパー離婚」という形式で堅苦しく世を渡ってきた女性は少なくないが、その中、同一人物との婚姻関係を続けている三十余年の間、三回も「ペーパー離婚」を経験した女性もいる[36]。しかし、別姓で婚姻生活を営んでいる夫婦は、年金、税制上の特典を受けられないのが現状である[37]。

　次に、名前が変わることで、女性に様々な不便を押し付ける現制度—「夫婦同姓制」に反対し、夫婦別姓制に賛意を表している投書を見てみよう。

　まず、会社員の三田恵司氏が「別姓話し合いきずな深まる」という文のなかで、こう述べている。

　　自分の姓が変わることの不便さを想像すれば、相手の気持ちが素直に理解できた。自分がいやなことは相手だっていやなわけである。かくしてめでたく別姓夫婦が誕生するはずであった。
　　（中略）

---

35 付表4掲載日 2000.03.30「別姓法を望む娘夫婦の選択」で、桜井真理子氏は、「事実婚」の形で婚姻生活を営んでいる娘夫婦が、「選択的夫婦別姓制度」の成立で、「早く自分たちの子供を持てるように、二人の別姓結婚届をわが国でも役所が受理でき早急に民法の改正を願う」と記している。
36 付表4掲載日 1995.11.20 記事「ああペーパー離婚　夫婦別姓を一日も早く」。執筆者の田上幹夫氏によれば、彼の大学時代の師が「博士号をとる際」、「年金受給権を得る際」、「パスポートを取る時」生涯三回も離婚していた。そのほか、付表4掲載日 2000.08.12「夫婦別姓制度、早く実現して」を投書した者—小林芳美氏も「ペーパー離婚」の形で婚姻生活を送っている。
37 付表4掲載日 1995.10.03 記事、保木登茂子氏の投書「夫婦別姓で過ごして数年、年金や墓地など問題多い」を参照。

> 私自身、別姓の問題を考え、二人で話し合うなかで、相手の立場を尊重しあえるような、より強い関係を築けたと思う。
> 　一方の側だけに不便を押しつけるような制度こそ、家庭秩序の崩壊につながるのではないだろうか。（後略）[38]

　三田氏は、夫婦別姓問題に対し、社会、文化、歴史、法律などに基づいて煩わしい論争を捨て、社会生活における最も基本的な原則─「己の欲せざる所は人に施す勿れ」に戻り、夫婦は互いに思いやって共同生活を営むべしという観点から夫婦別姓問題を考え直している。

　そのほか、民主主義、自由主義における個人尊重の観点から「夫婦別姓選択制」に賛成の意を表し、現行法のように無理やりに全国一致の形で施行している夫婦同姓制を改正しなければならないと主張している者もいる。高木寛子氏はその一例であり、「夫婦別姓選択制」について、次の論点を打ち出している。

> 私たち個人または各家庭には個性があり、考え方も違います。それを尊重するのが民主主義国に住む私たちの務めだと思います。どうか、小人数でも夫婦・子供の別姓を選択したい人がいることを考慮にいれた法律を作って下さい。[39]

　川上知子氏が「一個人として尊重すること」という題を付けて

38　付表4 掲載日 1996.03.04 記事。
39　付表4 掲載日 1996.03.06 記事。

いる投書のなかでも、「別姓にすると一体感が失われるという人がいますが、夫婦別姓とは相手を一個人として尊重することであり、かえって相手のことを見つめられると思います」[40]と述べ、一体感より互いに個性を尊重し合わなければならない。そのほか、河野恭子氏が夫婦別姓反対論者に「別姓反対の男性にお聞きしますが、結婚後、妻の姓になりなさいと言われたらどんな気がしますか」と問いかけ、「個人を大切にし、女も男も皆が幸せになれることが一番ではないでしょうか」[41]、そして井上佳明氏が「相手の人生を尊重する夫婦別姓」で、「妻は妻の姓を名乗り続けることで、私と出会うまで彼女という人を培ってきた自分の人生を大切にしてほしいのです」[42]とそれぞれ男女平等、個人尊重の見地から意見を述べている。

　しかし、男女平等、個人尊重を唱えているから、必ずしも夫婦別姓の道に走るとは限らない。吉村季果氏が「別姓か同姓か自由に選んで」のなかで、こう主張している。

　　私自身、たとえ別姓が法制化されても、結婚生活十年のうちになじんだ今の姓を変える気はありません。たぶん多くの人がそうでしょう。しかし、実際には夫の姓を名乗らなければならないために不利益を被ったり、精神的苦痛があったりする人は、別姓を名乗っていいと思うのです。
　　夫と同じ姓を名乗りたい人は同姓を選択し、婚前の姓が大切

40　付表4 掲載日 1996.04.14 記事。
41　付表4 掲載日 1996.04.27 記事。
42　付表4 掲載日 1996.12.19 記事。

な人は別姓を選択する。別姓が法制化されるというのは選択肢が広がることだと思います。[43]

　それでは、主婦の伊藤博子氏の主張を見てみよう。氏は真正面から夫婦同姓論者を強く批判し、「夫婦別姓でも不自由はない」と唱え、旧姓で家庭生活を営んでいる経験談を語っている。

　（前略）相手の姓が自分の姓と同じでないからといって一体感が失われるような家族関係に、そもそも信頼や相互理解が成立しているといえるのだろうか。
　この反対論の根拠は、女性に貞操帯をはめさせ、そのカギを持ち、安心していたという中世の男たちの話しを思い出させる。その心は小心だし、やり方はえげつない。改姓しなければ、法的に結婚を認めず、権利も保障しないという現行の制度も、本質的には同じである。（中略）
　ところで、私自身は社会保障などのメリットを考え、結婚時に改姓した。しかし、そのような脅しでの改姓の強制は不当だったと思わざるを得ない。そこで数年して、もう一度、現在の姓を使い始めた。もう六年になる。
　しかし、それで不自由はない。手紙、そのほかも届く。夫の態度も変わりない。子どもたちは、それが私だと知っている。関係に変わりはないが、私自身はすこぶる快適になった。[44]

43　付表4 掲載日 2000.05.11 記事。
44　付表4 掲載日 1996.05.26 記事。

第 3 章 現代においての既婚女性の氏

　同じいわゆる「一体感」という観点から夫婦同姓制を批判しているが、沼崎一郎氏は「選択的夫婦別姓制度が導入されても、家族の結びつきが大きく変わることはない」と指摘し、法的な見地から次のように論を展開している。

> 　結婚の届け出に際して夫婦別姓を選択しても、法律上の夫婦になった以上、相互扶養の義務が生じる。同姓でも別姓でも婚姻届を出せば、夫婦として全く同じ義務を負い、全く同じ権利を持つのである。（中略）また、夫婦で姓が違っても、結婚によって配偶者の親族との間に姻族関係が発生し、一定の扶養の義務が生じる。（中略）親子についても同じことだ。夫婦別姓選択制が導入されると、親子で姓が違う家族も現れるが、親子間の権利と義務の関係は少しも変わらない。別姓であっても法律上の夫婦の子であれば、「嫡出」の子となる。そして、別姓の夫婦も同姓の夫婦と全く同様に、子どもに対して共同で親権を負い、扶養の義務を負う。姓の違いで子どもの間に格差が生じるということは、法律上あり得ない。[45]

　この沼崎氏の説明には、夫婦同姓論者が「選択的夫婦別姓制度」に対する危惧を取り除くような効果があろう。
　以上、賛成派（「夫婦別姓」に）の唱えをまとめてみれば、彼らは「旧姓への愛着」という理由で、生来の姓にこだわっていると同時に、「選択的夫婦別姓制度」の成立によって「名前が変わ

45　付表 4 掲載日 1997.05.05 記事。

ると実績が継承されない」、「自己喪失感と職場での不便」、「プライバシー侵害」、「家名継承問題」、「嫁遣い問題」、「嫁しゅうとめ問題」などが一挙に解決できるように期待している。

中立派の論点について

　賛成派、反対派の議論に対し、中間的な考えを持ち、どちらにも傾かず、改正案を説明したり、慎重な意見を出したりしている論者もいる。それらの言説は大体次のようである。

　1994年7月14日の「天声人語」では、「選択的夫婦別姓制度の導入は、自然で当然な動きだろう」と予測していると同時に、この制度の問題点について次のように指摘している。

　　選択的夫婦別姓制度の導入は、自然で当然な動きだろう。難しいのは、それに伴って子どもの姓をどう決めるかという問題だ。夫婦の話し合いが離婚や病気で不可能な場合や、合意ができない場合などはどうするか、裁判所が決め得るか、といった問題が出てくる。兄弟姉妹は同じ姓を名乗るのか、姓の異なる事態を認めるか……。これも大問題だ。子どもの立場に立って、十分な論議をつくす必要がある[46]。

　これらの問題に対し、夫婦別姓を含む「婚姻制度等に関する改正要綱試案」が、1994年7月12日に公表され、各方面の意見が求められる。また、法制審議会民法部会長の加藤一郎氏が、民衆

---

46 付表4掲載日 1994.07.14 記事。

の誤解を解くために、同年10月21日の「論壇」に投稿し、夫婦別姓案における「原則」、「例外」の真意について詳しい説明を加えている[47]。

そして、上表掲載日1995年10月3日の「語りあうページ」のなかで、森川照美氏が夫婦別姓賛成派に「別姓は手段で目標ではない」と呼びかけ、次のように語っている。

> 夫婦別姓の意義は何なのだろう。私は、男、女の以前に人間として、自分らしく、プライドをもって生きていくことではないかと思っている。別姓は、このための一つの手段ではあっても、最終目的ではない。
> 夫婦別姓の権利を勝ち取っても、夫婦関係が「別姓おばけ」に振り回される人生を歩まないようにしたいものだ。[48]

また、鮮明な賛否両派の外、直接に夫婦別姓制度の善し悪しを論評せずに、風刺の口調で皮肉っていながら賛否両派の動きを傍観している者もいる。ペンネーム「所沢・二歩」の投書者が上表掲載日1996年12月20日の「かたえくぼ」に寄せた作品—「『夫婦別姓』収賄で主人が逮捕された時にいいわネ —官僚の妻」[49]、「『夫婦別姓の流れ』家庭は連立政権みたいになるんだな —半可通」[50]などはこの類の例である。

---

47 詳しくは、付表4掲載日1994.10.21記事「夫婦別姓案の原則・例外の真意」を参照。
48 付表4掲載日1995.10.03記事。
49 付表4掲載日1996.12.20記事。
50 付表4掲載日1993.11.18記事。

最後に、土屋登氏の言葉を結語として引用したい。土屋氏は「孫娘から来たあて名の順番 賀状で知った」[51]という文のなかで、「二十一世紀には、夫婦別姓は当たり前になるだろうが、納得しなければ動かず、納得すれば万難を排して実行に移す女性がどんどん増えてくる」と夫婦別姓の行方について予測している。土屋の言説は正論だと思う。

---

51 付表 4 掲載日 2001.01.23 記事。

第3章 現代においての既婚女性の氏

第3節　近年の世論調査に見る「夫婦別姓問題」の行方

　第3節では、平成元年から平成12年までの12年間、政府によって出版された『全国世論調査の現況』（総理府内閣総理大臣官房広報室編）を調査範囲とし、一般の日本国民が夫婦別姓及びこれに関連した諸課題に対し、どのような考えを抱き、そして12年間の間、この意識がどのように変遷してきたかについて考察したい。

　まず、調査範囲内の『全国世論調査の現況』から「夫婦別姓」に関わっている設問を抽出し[1]、それらの問題に対する回答、調査機関名、調査年時、調査主題を整理し付表5にして示す。調査対象については、自治体の主催で行った世論調査を除き[2]、一般的には、「全国20歳以上の者」を調査対象にするため、わざわざ調査対象を記入する必要はないが、性別、調査地域に制限を設

---

[1] 調査方法は、各年度版『全国世論調査現況』の【家庭生活】という項目中の「夫婦別姓」（或いは「夫婦同姓」）という細目に記されている頁数、関連調査、問題番号をもとに、それらの設問内容、答え及び出所を把握するものである。例を挙げて説明するならば、『全国世論調査現況 平成2年版』639ページの【家庭生活】「夫婦同姓」欄に、「P.221（調査72問18）　P.351（調査185問10）」と記されている。これは221ページの調査72―「家庭に関する世論調査」の第18問、351ページの調査185―「中央区婦人問題意識調査」の第10問が夫婦の氏姓に関わっているという意である。それらの箇所を調査すれば、設問と答えの内容を把握することができる。
[2] 普通、この場合は、主題名と調査機関名だけで判断できる。例えば、調査主題名である「中央区婦人問題意識調査」、「栃木県政世論調査」、「名古屋市政世論調査」だけで、それぞれが東京都、栃木県、名古屋市の自治体が在住の有権者を対象に行った調査であることが分かる。そして、調査機関から調査対象を判断する例としては、平成2年2月に「東京都情報連絡室」の主催で行った「家庭に関する世論調査」は、東京都在住の有権者に施した調査であることが分かる。

けている場合、主題名の後ろに（　）書きで調査対象を記す。また、「夫婦別姓」という項目（『全国世論調査の現況』の索引の中）に入れられているにもかかわらず、その内容は「夫婦別姓」に関与していない設問については、その全部あるいは一部分を略することがあり、前者に「略」そして後者に「部分略」を付けて表すことを予め説明しておく。

第3節—1　選択的夫婦別姓制度に対する態度

　次に、付表5でまとめた資料を幾つかの項目に分け、「夫婦別姓」及び「夫婦別姓」に関わる諸課題に対し、日本国民はどのような考えをもっているかについて考察したい。
　まず、世論調査を通して、選択的夫婦別姓制度に対する態度を見てみよう。
　夫と妻が、それぞれ別々の名字を名乗る夫婦別姓を、法律で認めようという動きが出ている。夫婦別姓の問題を考えるとき、あなたの気持ちに近いものはどれであるか聞いたところ[1]、「子供の名字が問題になりそう」と答えた者の割合が41％と最も高く、以下、「家族・夫婦の一体感が薄れていく」（14％）、「夫婦が尊重しあっている表れ」（13％）、「結婚前の名字が使え、仕事などがしやすい」（12％）、「日本の伝統、習慣にそぐわない」（9％）、「嫁という立場に縛られなくなる」（4％）、「その他・答えない」（4％）、「近所付き合いや職場で戸惑いそうだ」（3％）などの順となっている。この平成6年9月に、新情報センター（社）が内閣総理大臣官房広報室の嘱託を受けて、行った「基本的法制度に関する世論調査」の設問で、一般の日本国民は、選択的夫婦別姓制度には、「夫婦が尊重しあっている表れ」（13％）、「結婚前の名字が使え、仕事などがしやすい」（12％）、「嫁という立場に縛られなくなる」（4％）などと答えているが、

---

[1]「基本的法制度に関する世論調査」内閣総理大臣官房広報室（（社）新情報センター）平成6年9月。

❖ 日本の既婚女性の氏についての研究

　その反面、この制度が子供の姓（41％）、家族の一体感（14％）、日本の伝統（9％）に悪影響を及ぼすため、この制度に危惧を抱いているのも事実だということが分かる。

　そして、「夫婦別姓についての意識調査」[2]の中で、「夫婦別姓」という言葉から、どのような事柄を連想するか訊ねたところ、プラスイメージの「選択の自由」（57.0％）や「男女平等・男女同権」（43.7％）が図抜けて高く、以下、「複雑」（28.6％）、「親子関係」（25.0％）、「もめごとの種」（23.5％）、「未婚の同居」（18.7％）、「面倒」（18.0％）などの順となっている[3]。つまり、日本国民は「夫婦別姓」の施行によって、民主国家の指標である「選択の自由」や「男女平等・男女同権」などが向上すると考えているものの、長年、定着している習慣に何らかの変化を齎すことに不安を抱いていると言えよう。

　平成7年10月に、那覇市が行った「那覇市市民意識調査」の中で、「あなたが別姓を名乗っている夫婦だと想定して」、家にかかってきた電話を取ったとき、まず初めにどういう言葉で対応するか[4]、門や玄関などに掲げる「表札」の表示はどうするか[5]、墓柱や墓石にどのように記載するか[6]など、「夫婦別姓」で生涯

---

2 「夫婦別姓についての意識調査」は、（株）マーケティングセンターが、（株）明治生命フィナンシュアランス研究所の嘱託を受け、平成7年10月に、首都30km圏内、20歳〜69歳の者を対象に行った調査である。
3 この設問は複数回答である。比率の高低順で並べると、進歩的（17.8％）、家系（14.7％）、離婚（13.2％）、家族（11.2％）、民主的（11.2％）、西洋的（6.2％）、その他（2.4％）、東洋的（1.6％）の順となっている。総計は292.8％である。
4 「那覇市市民意識調査」那覇市（沖縄計画機構）7.10、問13。
5 同上調査問14。
6 同上調査問18。

第 3 章 現代においての既婚女性の氏

を通す場合、避けようにも避けられない六つの問題を設定し調査対象に聞いている。調査した結果を総じて見れば、対応策は主に三つあると考えられる。一つ目は夫婦両方の姓で表示する。二つ目は従来と同じように、夫の姓を名乗る。三つ目は夫婦双方の姓を避け、社会通念上、容認されている形で表す[7]。例えば、同調査の問 16 に対し、「同級生の姓の後に、父親・母親の別をつけて呼ぶ（「佐藤君のお父さん」または「佐藤君のお母さん」）」、同じく問 18 に対し、「姓の記載はしないで、お題目や念仏（南無妙法蓮華経や南無阿弥陀仏）といった不変のものを記載したい」と答えているのはこの類の例に当たる。これらから見れば、夫婦別姓の場合には、別に生活上、解決できない困難を惹起したりするようなことはなく、寧ろ従来よりもっと豊かな態度で生活を営むことが可能になる。

現行法の是非について

平成元年から平成 12 年まで行われた世論調査を見ると、文章表現には多少相違があるけれども、「夫婦が別々の姓を名乗ることについてどう考えるか」という設問に対し、「いままでどおり

---

7 例えば、同上調査の問 16 に対し、「同級生の姓の後に、父親・母親の別をつけて呼ぶ（「佐藤君のお父さん」または「佐藤君のお母さん」）」、問 18 に対し、「姓の記載はしないで、お題目や念仏（南無妙法蓮華経や南無阿弥陀仏）といった不変のものを記載したい」が挙げられる。

夫婦は同姓でよい」[8]と答えた者の割合が一番高く、次は「同姓でも別姓でも選べるようにした方がよい」[9]の順となっている。

そして、「夫婦同姓」の現制度はさて置き、「夫婦別姓」だけを取り上げ、夫婦が同じ姓を名乗るか、法的に選択できるようにする方がよいと思うか、それともそうは思わないか聞いたところ、殆どの調査で「そうは思わない」、「どちらかと言えばそうは思わない」[10]と答え、すなわち「夫婦別姓」に反対する態度を取っている者が大多数を占めている。賛成者数が反対者数を上回っているのは、「新宿区政世論調査（第26回）」、「『家族計画』

❖―――――――――――――――――――――――
8 「中央区婦人問題意識調査」問10（52.7％）、「時事問題に関する全国世論調査」問19（49％）、「東大和市女性問題に関する市民意識調査」問16（43.4％）、「時事世論調査（6年9月）」問15（50.7％）、「新座市政世論調査（第9回）」問23（41.7％）、「時事世論調査（8年3月）」問13（55.1％）、「家族計画に関する全国世論調査」問11（39.8％）、「札幌市政世論調査（平成9年度）」問17（41.0％）、「足立区政に関する世論調査（第28回）」問13（56.6％）。
9 「中央区婦人問題意識調査」問10（32.0％）、「時事問題に関する全国世論調査」問19（26％）、「東大和市女性問題に関する市民意識調査」問16（28.9％）、「時事世論調査（6年9月）」問15（25.1％）、「新座市政世論調査（第9回）」問23（25.4％）、「時事世論調査（8年3月）」問13（24.3％）、「家族計画に関する全国世論調査」問11（32.5％）、「札幌市政世論調査（平成9年度）」問17（26.0％）、「足立区政に関する世論調査（第28回）」問13（37.1％）。
10 「女性に関する世論調査」問4（52.1％）、「栃木県政世論調査」問10（59.8％）、「名古屋市政世論調査（第33回）」問16（38.9％）、「『くらしと政治'94.7』に関する世論調査」問25（54.2％）、「基本的法制度に関する世論調査」問7（53.4％）、「新潟市政に関する世論調査」問27（60.5％）、「那覇市市民意識調査」問43（46.4％）、「衆議院選挙を控えた沖縄県内有権者の政治意識調査」問3（48.9％）、「読売全国世論調査（8年3月）」問14（56.7％）、「練馬区民意識意向調査（平成8年度－2）」問6（42.2％）、「女性に関する意識調査」問7（42.5％）、「『家族・脳死と臓器移植・ガイドライン・日米関係』に関する世論調査」問15（53％）、「男女共同参画社会に向けての意識調査」問8（57.4％）、「男女共同参画社会に関する岡山県民意識調査」問2（52.6％）。

に関する全国世論調査」、「基本的法制度に関する世論調査」、「女性に関する意識調査」の 4 調査である[11]。

性別に見ると、「夫婦別々の姓を名乗ることを認める方がよい」という意見が、男性の間で多くなっていることが、「福岡市女性問題基本調査」と「男女が共に支える社会に関する岩手県民意識調査」から分かる。

また、平成 9 年 6 月に、北海道環境生活部が行った「女性に関する意識調査」から、日本国民は、いつ選択的夫婦別姓制に移行する方がよいと考えているかを窺うことができる。それによれば、「選択制夫婦別姓」について、「もう少し詳細に検討した上で実施した方がよい」と答えた者の割合が 43.5％となり、図抜けて高い比率を占めている。

「夫婦同姓」の改正案については、1994 年 7 月 12 日に、法務省民事局参事官室が「婚姻制度等に関する民法改正要綱試案」を公表、「夫婦同姓を基本とし、別姓も選択できる」、「夫婦別姓を基本とし、同姓も選択できる」、「夫婦同姓。ただし、婚姻

---

11 「新宿区政世論調査（第 26 回）」問 17（45.8％）、「『家族計画』に関する全国世論調査」問 16（56.0％）、「基本的法制度に関する世論調査」問 24（58％）、「女性に関する意識調査」問 12（65.1％）。この中には、同一調査でありながら、聞き方によって、調査結果が違ってきたものがある。一つは、「基本的法制度に関する世論調査」問 7 の場合には、現行法について、「法律を変える方がよいと思うか、それともそうは思わないか」聞いたところ、「そうは思わない」と反対の意見を表した者が半数を超えたにもかかわらず、同調査問 24 の場合には、「法律を改正して、夫婦が同じ名字でも、別々の名字でも、自由に選べるようにすることに、賛成ですか、反対ですか」と尋ねたところ、反対が 34％、賛成は 58％を占めた。もう一つは、「女性に関する意識調査」の問 7 と問 12 の場合で、同調査の中で、聞き方により賛否が逆転している。

時に相手方の同意を得て届け出れば、旧姓を自分の通称にできる」の三つの選択案を提示している。同年、「『くらしと政治'94.7』に関する世論調査」と「基本的法制度に関する世論調査」で、どの考えが一番よいと思うか訊ねたところ、「同姓が原則、別姓も認める」に賛意を表している者の割合が最も高く、それぞれ40.5％と51％を占め、次は「同姓が原則、呼称として別姓も認める」（31.3％、30％）、「別姓が原則、同姓も認める」（9.8％、12％）の順となっている。

子供が夫婦別姓を選択したらどう考える

現代社会では、同姓を選ぶかそれとも別姓を選ぶかは個人の問題であるように見えるが、実際には、当事者が父母から相当の影響を受けるのは否定できない事実であろう[12]。

「夫婦別姓についての意識調査」の中では、子供が夫婦別姓を選択したらどう対処するかについて、息子と娘に分けて2問を設けている[13]。あなたの希望を息子さんに伝えたり説得したりするか聞いたところ、「希望を伝えたり説得したりすると思う」と答えた者の割合は49.4％、これに対して、「希望を伝えたり説得したりしないと思う」と答えた者の割合は50.6％、両者とも約半分ずつである。次に、娘の場合に転じて見てみよう。あなたの希望を、娘さんに伝

---

12 「夫婦別姓についての意識調査」（7.10）問9、問10、問11、問12及び「読売全国世論調査（3年5月）」問13、問14はこうした事情を背景に設問をしている。
13 平成7年10月、マーケティングセンター（株）が明治生命フィナンシュアランス研究所（株）の嘱託を受け、首都30km圏内在住20歳〜69歳の者を対象に行った「夫婦別姓についての意識調査」問10、問12。

えたり説得したりすると思うか聞いたところ、「希望を伝えたり説得したりすると思う」と答えた者の割合は35.0%、これに対して、「希望を伝えたり説得したりしないと思う」と答えた者の割合は高くなり、65.0%を占めている。

今日、施行されているのは、法律の力で守られている男性優位の「夫婦同姓」である。従って、子供夫婦が夫婦別姓を選択したら、自分の息子にとっては権利の放棄であるが、自分の娘にとっては権利の取得であると被調査者は考えている。つまり、子供が夫婦別姓を選択する場合、息子の選択に干渉しようとすることで、娘にはあまり干渉しようとしないことであろう。少子化が進んでいる今日、一人娘あるいは一人息子を持っても、自分の姓を残せるようにと期待している親が増加しているのが、理由だと考えられる。

同じ理由で、法律上、夫婦別姓が成立しても、7割以上の被調査者は子供が自分と同じように夫婦で同姓を名乗ってほしいと答えているが、息子と娘に対し反応が違う。もし、あなたに結婚前の息子がいるとしたら、結婚後、どちらの姓を選んでほしいか訊ねたところ、「二人とも夫の姓」と答えた者の割合が64.0%、「どちらでもよいが夫婦で同じ姓」と答えた者の割合が23.3%となっている。これに対して、もし、あなたに結婚前の娘がいるとしたら、結婚後、どちらの姓を選んでほしいか聞いたところ、「二人とも夫の姓」と答えた者が減り、54.7%で、「どちらでもよいが夫婦で同じ姓」と答えた者が増え、29.8%であった[14]。

---

14 「読売全国世論調査（3年5月）」問13、問14。「夫婦別姓についての意識調査」（7.10）も息子、娘に分けて設問、問9、問11を参照。

子供の姓について

「夫婦別姓」が認められた場合、別姓を選択した夫婦の子供の姓は、いわゆる「夫婦別姓問題」の一環として法律専門家の頭を悩ましている。それでは、次の調査を通して、一般の日本国民は、この点についてどのように考えているかを見てみよう。

まず、子供の姓は同じにするか、それとも異なっても構わないかについて、夫婦別姓が出来るように法律が変わった場合を想定し、婚姻前の姓を名乗っている夫婦に二人以上の子供がある場合、子供同士の姓が異なってもよいという考え方について、どのように考えるか聞いたところ、「子供同士の姓は同じにすべきである」と答えた者の割合が72.5％で、最も高く、以下、「どちらともいえない」（16.0％）、「子供同士の姓が異なってもかまわない」（9.5％）、「わからない」（2.0％）の順となっている[15]。

それから、子供の姓は何時、何に従い、どのように決めるかについて、夫婦が別々の姓を名乗った場合、子供の姓はどうしたらよいと思うか訊ねたところ、「夫・妻どちらの姓にするかは結婚するときに決めておき、どちらかに統一する」と統一を前提として、決定権を当事者に任せる意を表している者が最多、40.4％を占め、次は、「夫・妻どちらの姓にするか法律で決めておく」（26.1％）、「わからない」（21.1％）、「子供が生まれたらその都度考える。きょうだいで姓が統一しなくてもよい」（12.4％）となっている[16]。

---

[15]「家族法に関する世論調査」（8.6）問12。
[16]「時事世論調査（8年3月）」（8.3）問17。

そして、子供の姓を決めた時点だけを取り立てて、被調査者に聞いたところ、「答えない」（6.6%）を除外すれば、他の答え、すなわち「どちらとも言えない」（32.0%）、「予め決めておく」（30.8%）、「生まれたときに決める」（30.6%）三つは、ほぼ等しい割合を占めている[17]。この調査結果は、子供の姓を決める時点を、夫婦別姓の一環として明確に法律で規定しない限り、行政上の混乱や戸惑いを招きかねないことを物語っている。

夫婦別姓に対する賛否

周知のように、現在の日本民法では、婚姻によって、夫婦のどちらかが姓を変えなければならないことになっている。長年に亙る夫婦別姓運動者の鼓吹によって、国民はこの新提案に対し、段々理解、容認するようになってきたと思う。次に、幾つかの調査結果を通して、日本国民のこの新制度に対する賛否を客観的な数値で把握したい。

仕事などで夫婦が別々の姓を名乗る傾向に、抵抗があるか、ないか聞いたところ、反対の意を示している者が54.9%を占め、賛意を表している者の割合が42.2%である[18]。

「選択的夫婦別姓制」に対する賛否について聞いたところ、「そう思わない」（38.4%）と答え反対している者の割合がより

---

17 「読売全国世論調査（8年3月）」（8.3）問16。
18 「読売全国世論調査（3年5月）」（3.5）問10、「非常に抵抗がある」（22.7%）と「多少は抵抗がある」（32.2%）の総合、「あまり抵抗はない」（28.8%）と「全く抵抗はない」（13.4%）の総合をそれぞれ夫婦別姓に対し、反対と賛成の意を示している者の割合と見なす。

高く、次は賛否の意を表さず「どちらとも言えない」（32.6％）と答えた者、それから「そう思う」（21.6％）と回答し賛意を表している者、以下、「わからない」（4.8％）、「無回答」（2.5％）の順となっている[19]。

そして、「夫婦同姓」、「選択的夫婦別姓」、「夫婦別姓」三つのうち、どれがよいと思うか訊ねたところ、現制度を支持し「必ず同じ姓を名乗る方がよい」と答えた者の割合が59.5％と最も高く、次は「同じ姓か、別々の姓かを選べる方がよい」、すなわち現制度を施行しながら選択的夫婦別姓制を取り入れようとする者の割合が36.7％、「必ず別々の姓を名乗る方がよい」、すなわち現制度を覆し、全面的に夫婦別姓に移行する方がよいと示した者と「答えない」者は、それぞれ0.5％、3.3％しか占めていない[20]。

では次に、既婚者と未婚者の夫婦別姓に対する態度に、相違があるかないかを把握するために、次の調査結果を見てみよう。

「『夫婦別姓、社会党の政策変更、国連常任理事国入り』に関する世論調査」では、「あなたの名字は、次の中では、どのケースに当たるか」という設問に「結婚したが、名字を変えなかった」と答えた者（被調査者全体の39％）[21]に対し、「夫婦別姓を選べるようになり、仮に、相手の人が結婚前の名字を名乗りたいと言ったら、あなたは賛成するか。反対するか」と聞いたところ、「反

---

19 「鹿児島の男女の意識に関する調査」（7.9）問9。
20 「読売全国世論調査（3年5月）」問11。
21 「『夫婦別姓、社会党の政策変更、国連常任理事国入り』に関する世論調査」（6.9）問23。

対する」と答えた者の割合が22％で、「賛成する」と答えた者の割合（13％）を回っている[22]。

また、被調査者の既婚、未婚に拘らず、配偶者あるいは結婚相手が、夫婦別姓を望んだらどうするか聞いたところ、反対の態度を取っている者の数が過半数を占めていることが、「夫婦別姓についての意識調査」[23]の問5、問8から分かった。問5では、あなたの配偶者が、夫婦別姓を望んだらどうするか聞いたところ、「賛成する」と答えた者が27.2％を占め、「反対する」と答えた者が72.8％を占めている。問8では、結婚相手が、夫婦別姓を望んだらどうするか聞いたところ、「反対する」者が55.4％、「賛成する」者が42.8％となっている。

平成8年5月に、毎日新聞社が全国16歳から49歳までの女性を対象に行った「『家族計画』に関する全国世論調査」では、改姓、別姓を選ぶにあたっては、双方の意見が必要となることが分かった。あなたは夫の了解を得ることができるか訊ねたところ、「得られると思う」と回答した者が52.5％に達し、「得られないと思う」と答えた者の34.8％を遥かに上回っている[24]。　前に分析した「読売全国世論調査（3年5月）」、「『夫婦別姓、社会党の政策変更、国連常任理事国入り』に関する世論調査」、「夫

---

22 同上世論調査、問23のSQ3。
23 平成7年10月に、首都圏30キロ以内に在住している者を対象に行った調査。問5.ではあなたの配偶者が、夫婦別姓を望んだらどうするか聞いたところ、「賛成する」と答えた者が27.2％、「反対する」と答えた者が72.8％を占めている。問8.では、結婚相手が、夫婦別姓を望んだらどうするか聞いたところ、「反対する」者が55.4％、「賛成する」者が42.8％となっている。
24 「『家族計画』に関する全国世論調査」（8.5）問16のf。

婦別姓についての意識調査」などと照らしてみると、この調査結果は、より積極的、楽観的な態度を見せてくれるように思われる。

　総じて言えば、選択的夫婦別姓制に対し、容認の態度をとっている者は少なくないが、現行の夫婦同姓制を固持している者が依然として日本社会の主流である。

第3節—2　夫婦別姓に賛成する理由と夫婦別姓に反対する理由

次に、幾つかの世論調査を通して、日本国民は夫婦別姓制度に対し、どのような考えを抱いているかについて、賛否に分けそれぞれの理由を見てみよう。

夫婦別姓に賛成する理由

　「読売全国世論調査（3年5月）」では、「夫婦同姓」、「選択的夫婦別姓」、「夫婦別姓」三つのなか、どちらがよいと思うかという問題を設けている[1]。そして、「（イ）同じ姓か、別々の姓かを選べる方がよい」（36.7％）、「（ウ）必ず別々の姓を名乗る方がよい」（0.5％）すなわち「選択的夫婦別姓」、「夫婦別姓」を支持している者にその理由を訊ねたところ、「姓が変わると、それまでの仕事や交際などで支障のある人もいるから」を挙げた者の割合が53.3％と最も高く、以下、「女性でも家名を継ぐことができるから」（26.9％）、「一方の姓を名乗るのは、家制度の名残であり、家への従属感を感じる人もいるから」（24.4％）、「結婚、離婚というプライバシーを知られたくない人もいるから」（22.5％）、「姓が変わると、違和感や自分が失われた感じをもつ人もいるから」（19.5％）、「一方の姓を名乗ると、夫婦が不平等だと感じる人もいるから」（16.9％）、「姓の変更届けなどのわずらわしい事務手続きをしなくてよいから」（14.4

---

1 「読売全国世論調査（3年5月）」問11。

%)、「答えない」（6.7％）、「その他」（4.1％）の順となっている[2]。

「基本的法制度に関する世論調査」では、当人たちが希望する場合には、夫婦が別々の姓を名乗ることができるように、法律を変える方がよいと考えている者[3]に、賛成の理由を複数回答の形で聞いたところ、個人尊重という考えに立脚し「別々の姓を名乗りたいという夫婦がいるのなら、これを禁止するまでの必要はないから」を挙げた者が58.7％を占め、最も多く、次は、「婚姻の際に、姓を変えると、それまでに得ていた仕事上の信用を失うなどの不利益があるから」（29.2％）、「現在の制度では、ほとんどの場合、女性が姓を変えることになり、男女平等に反するから」（26.9％）、「現在の制度では、一人っ子同士の婚姻などの際に、家の名前を残すために婚姻が難しくなる場合があるから」（24.4％）を列挙した者、以下、「婚姻の際に、いままで慣れ親しんだ姓を変えることには苦痛があるから」（13.8％）、「外国でも夫婦が別々の姓を名乗ることを認める国が多いから」（7.4％）、「その他」（0.5％）、「わからない」（1.6％）の順となっている[4]。

それから、首都30 km圏在住の20歳から69歳の者を対象に行った「夫婦別姓についての意識調査」では、既婚の被調査者に夫婦別姓が認められた場合は、別姓に変更したいと思うか尋ね、そ

---

2 複数回答、計（M.T.）188.7％。
3 問7に対し、「そう思う」と答えた者は、27.4％を占めている。
4 計（M.T.）162.5％。

のうち、「別姓に変更したい」[5]と答えた者に、更に別姓に変更したい理由を複数選択で訊ねたところ、「自分と配偶者のそれぞれの家系を大切にしたい」（53.7％）と「結婚しても、自分は自分、配偶者は配偶者だから」（51.2％）を挙げた者がそれぞれ一位と二位を占め、以下、「結婚前の姓が気に入っているので」（14.6％）、「嫁・姑意識を払拭できる」（14.6％）、「職場で旧姓を使用している（したい）ので」（12.2％）、「親や祖父母などが望むので」（9.8％）、「その他」（9.8％）、「現在の姓が気に入らないので」（4.9％）の順となり、「将来離婚してもそれが周囲にわからなくてすむ」と答えた者の割合が0.0％である[6]。

　同調査のなかで、続けて、仮に、あなたが新たに結婚するとした場合、別姓を選択したいと思うかという問を設け、「別姓を選択したい」（16.8％）[7]と答えた者にその理由を複数回答で訊ねたところ、「結婚しても、自分は自分、配偶者は配偶者だから」を挙げた者の割合が62.9％と最も高く、次は「自分と配偶者のそれぞれの家系を大切にしたい」（38.2％）、その他に20％台の項目は、「生まれたときの姓が変わること自体に抵抗感があるので」（27.0％）、「職場では姓が変わらない方が便利だから」（21.3％）で、以下、「嫁・姑意識を払拭できる」（13.5％）、「結婚前の姓が気に入っているので（今の姓が）」（9.0％）、「結婚した・しないが周囲にわからなくてすむから」（7.9％）、「その他」（5.6

5　問4、「（ア）別姓に変更したい」と答えた者は、7.8％を占めている。
6　計（M.T.）170.8％。
7　問6、「（ア）別姓を選択したい」と答えた者は、16.8％。

%)の順となっている[8]。

　これに対し、未婚の被調査者に夫婦別姓が認められた場合は、将来結婚する際に別姓を選択したいと思うか尋ね、そのうち、「別姓を選択したい」[9]と答えた者に、別姓を選択する理由を訊ねたところ、「結婚しても、自分は自分、配偶者は配偶者だから」を挙げた者の割合が59.3%、図抜けて高く、2位から4位は、「自分と配偶者のそれぞれの家系を大切にしたい」（33.3%）、「結婚前の姓が気に入っているので（今の姓が）」（29.6%）、「職場では姓が変わらない方が便利だから」（29.6%）の順となり、以下、「結婚した・しないが周囲にわからなくてすむから」（7.4%）、「生まれたときの姓が変わること自体に抵抗感があるので」（7.4%）で、その他に「嫁・姑意識を払拭できる」と「その他」は、選択項目として設けられているけれども、選択した被調査者はいない[10]。既婚者は未婚者より、実生活のなかで発生しやすい嫁姑問題に気にしているが、既婚者であろうと、未婚者であろうと、そのいずれも個人主義が高揚し、また自分の家系を守っていこうとする意識が非常に強いと考えられる。

　同じ「夫婦別姓についての意識調査」で、あなたの配偶者が、夫婦別姓を望んだらどうするかという問いに「賛成する」（27.2%）[11]と答えた者にその理由を訊ねたところ、「自分の意見はともかく、配偶者の意見を尊重したいので」と答え、個人尊重の観

8　計（M.T.）185.4%。
9　問7、「（ア）別姓を選択したい」と答えた者の割合は、16.3%である。
10　計（M.T.）166.6%。
11　問5、「（ア）賛成する」と答えた者は、27.2%を占めている。

点から賛成の意を示した者が79.2％を占め、次は、いわゆる「己の欲せざる所は人に施す勿れ」を「己の欲する所を人に施す」という考えに転じて、「自分も夫婦別姓が望ましいと考えているので」（20.8％）と答えた者が多かった。

また、同調査では、引き続き未婚者に同じ形で調査を行った。「結婚相手」が夫婦別姓を望んだらどうするかという設問に「賛成する」（42.8％）[12] と答えた者に「次の2つの意見のうちどちらの意見により近いか」とその理由を聞いたところ、「自分の意見はともかく、結婚相手の意思を尊重したいので」と答えた者の割合が74.6％、「自分も夫婦別姓が望ましいと考えているので」と答えた者の割合が23.9％となっている。未婚者を既婚者と比べてみると、前者の方が夫婦別姓を望んだり、夫婦別姓に賛成したりする傾向がより強いが、各賛成理由が占めている割合という点から見れば、既婚者と未婚者の間には、大差がないと考えられる。

毎日新聞社が全国16歳〜49歳の女性を対象に行った「『家族計画』に関する全国世論調査」では、被調査者に「選択的夫婦別姓」が認められたら、あなたは改姓（既婚者）、あるいは別姓（未婚者）にしたいと思うかを訊ね[13]、更に、2項目以内選択の形で、「改姓、別姓にしたい」（14.5％）と答えた者に改姓、別姓にしたい理由は何か聞いたところ[14]、「家に嫁ぐわけではないから」を挙げた者の割合が54.0％と最も高く、2位から5位は、「仕事

---

12 問8、「（ア）賛成する」と答えた者は、42.8％を占めている。
13 「『家族計画』に関する全国世論調査」問16.d。
14 同上調査、問16.e、計（M.T.）164.8％。

をする上で都合がよいから」（31.0％）、結婚前の自分の姓に愛着があるから（29.9％）、実家の家名を大切にしたいから（19.4％）、生まれる子供の姓をどちらかに選ぶことができるから（17.9％）、以下、「結婚したことが周囲にわからなくてすむから」（5.5％）、「その他」（5.5％）、「無回答」（1.6％）の順となっている。

　以上の世論調査を総じて見れば、被調査者が夫婦別姓に賛成する理由としてよく挙げているのは、「結婚しても、自分は自分、配偶者は配偶者だから」、「姓が変わると、それまでの仕事や交際などで支障のある人もいるから」、「家に嫁ぐわけではないから」、「現在の制度では、ほとんどの場合、女性が姓を変えることになり、男女平等に反するから」、「女性でも家名を継ぐことができるから」などである。個人尊重、女性の経済力の向上、少子化問題の深刻化、家系重視などが、それらの理由を支えている基盤だと言えよう。

夫婦別姓に反対する理由

　「読売全国世論調査（3年5月）」では、被調査者に「夫婦同姓」、「選択的夫婦別姓」、「夫婦別姓」三つのうち、どちらがよいと思うか質問し[15]、「（ア）必ず同じ姓を名乗る方がよい」（59.5％）と答えた者に、更にその理由を複数回答の形で訊ねたところ、「子供と親、子供同士で姓が異なると、子供がかわいそうだから」（48.8％）と答えた者の割合が最も高く、次は家族全員が同じ姓を名乗ることで一体感の強化を図り「夫婦の姓が違う

---

15 「読売全国世論調査（3年5月）」、問11。

と、夫婦や家族の一体感が弱まるから」（48.7%）と答えた者、それから、現制度を遵守すべきだと主張し、「夫婦同姓はすでに定着した制度だから」（44.1%）と答えた者が多く、以下、「夫婦の姓が違うと、他の人がみて、夫婦だとわかりにくいから」（36.0%）、「夫婦の姓が違うと、子供の姓や相続などでトラブルが生じかねないから」（34.3%）、「伝統的な家についての考え方や家名を守る上で、夫婦同姓は必要だから」（26.2%）、「答えない」（1.4%）、「その他」（0.4%）の順となっている。

　「基本的法制度に関する世論調査」でも、選択的夫婦別姓に反対する者[16]にその理由を聞いたが、家族の一体感を重要視し「夫婦、親子が同じ姓を名乗ることによって、家族の一体感が強まるから」（54.4%）と答えた者の割合が首位を占め、次いで「姓は、家族の名前なので、夫婦は同じ姓を名乗るべきだから」（45.0%）、「夫婦、親子が同じ姓を名乗ることによって、他の人からも、その人達が家族だとわかるから」（30.9%）と家族全員が揃って同じ姓を名乗るべきだと考えた者、それから、現行制度を護持し「夫婦が同じ姓を名乗るという制度は、日本の社会に定着しているから」（28.7%）と答えた者、「その他」（1.3%）、「わからない」（0.8%）と答えた者は、僅少の割合しか占めていない[17]。

　夫婦別姓が認められたとしても、別姓に変更したくない者が圧倒的な大多数を占めている事実は、既に首都圏30km以内に在

---

16 「基本的法制度に関する世論調査」（6.9）、問7、「（イ）そうは思わない」と答えた者の割合は、53.4%である。
17 同上調査、問7. SQb.、2項目以内選択、計（M.T.）161.3%。

住している 20 歳〜 69 歳の者を対象に行った「夫婦別姓についての意識調査」で解明された[18]。同調査で、更に別姓に変更したくない者（92.2％）に複数選択でその理由を訊ねたところ、「別姓にする理由や必要性がないから」と答えた者の割合が 67.0％を占め、最も高く、他に、割合が 20％台以上の項目は、「同一の姓は結婚・夫婦・家族の証だから」（51.0％）、「親と子の姓が違うのはいやだ（困る）から」（47.7％）、「同一の姓に慣れているので」（33.6％）、「家族は一家の主の姓を名乗るべきだと思うから」（29.5％）、以下、「別姓にするための役所などの手続きが面倒だから」（18.2％）、「別姓にすると他人から変に勘ぐられそうだから」（5.9％）、「今の姓が気に入っているから」（5.7％）、「結婚していることが周囲にわかってもらえない」（3.3％）、「その他」（1.6％）の順となっている[19]。

　同調査のなかで、改めて、仮に、あなたが新たに結婚するとした場合、別姓を選択したいと思うかという問いに、「別姓は選択したくない」（83.2％）と答えた者に別姓を選択しない理由を訊ねたが、選択項目の内容には、多少変動があるものの、上位 3 項目の順位は、上述した問 4.SQ2 と同じである[20]。同調査では、また、夫婦別姓が認められても、将来結婚する際に、「別姓は選択

---

[18]「夫婦別姓についての意識調査」（7.10）、問 4、夫婦別姓が認められた場合は、別姓に変更したいと思うか聞いたところ、「（ア）別姓に変更したい」（7.8％）、「（イ）別姓に変更したくない」（92.2％）。
[19] 同上調査、問 4.SQ2.、計（M.T.）（263.5％）。
[20] 問 6.SQ2。上位 3 項目は、「別姓にする理由や必要性がないから」（63.2％）、「同一の姓は結婚・夫婦・家族の証だから」（61.4％）、「（子供が生まれたときに）親と子で姓が違うのはいやだ（困る）から」（52.0％）である。

したくない」と答えた者に、その理由を訊ねたが、前の問 4.SQ2 と比べてみれば、調査結果には大差がない[21]。

そして、全国 16 歳から 49 歳の女性を対象に行った「『家族計画』に関する全国世論調査」では、「選択的夫婦別姓」が認められても、改姓（既婚者）、別姓（未婚者）にしたくない者[22]に、2 項目以内選択の形でその訳を聞いたところ、子供の姓に悩み、「子供の姓をどちらかに決めることは難しいから」（60.3％）と答えた者が最も多く、次は同一の姓を名乗らないと家族成員の一体感を損なう危惧を抱き、「家族の一体感が損なわれるから」（45.4％）、「姓が変わると結婚したという自覚ができるから」（21.1％）と答えた者、それから現行制度に慣れ、「同姓の方が便利だから」（17.2％）、「同姓は日本の社会に定着している制度だから」（16.6％）と答えた者、以下、「経済問題などでトラブルが増えそうだから」（9.8％）、「離婚をしたと誤解されるから」（3.8％）、「その他」（3.8％）、「無回答」（0.7％）の順となっている[23]。

総じて言えば、同一の姓を名乗ることは、結婚・夫婦・家族の証、家族全員が同じ姓を名乗ることによって、一体感が強まる効

---

21 問 7.SQ2。上位 3 項目は、「（子供が生まれたときに）親と子で姓が違うのはいやだ（困る）から」（63.5％）、「同一の姓は結婚・夫婦・家族の証だから」（56.9％）、「別姓にする理由や必要性がないから」（48.9％）である。
22 「『家族計画』に関する全国世論調査」、問 16、d)、「選択的夫婦別姓」が認められたら、あなたは改姓（既婚者）、あるいは別姓（未婚者）にしたいと思いますか訊ねたところ、「（イ）改姓、別姓にしたくない」と答えた者が 80.5％を占めている。
23 同上調査、問 16、e)、計（M.T.）（178.7％）。

果があるという考えが、恐らく被調査者が「選択的夫婦別姓制」に反対する理由として挙げた諸項目の背後に潜んでいる最も根本的な理由であろう。

第3節—3　婚姻による姓の変更に対する意識

　次に、世論調査を通して、日本の一般国民は、結婚した後、姓を変更したり、日常生活或いは仕事などで旧姓を名乗ったりすることについて、どのように考えているかを考察したい。

婚後改姓に対して
　まず、当事者が婚姻後の改姓に対して、どのように考えているかを見てみよう。
　「『夫婦別姓、社会党の政策変更、国連常任理事国入り』に関する世論調査」（6.9）で、「結婚して、相手の名字に変えた」（45％）者に、結婚して名字を変えたとき、抵抗を感じたか、特に感じなかったか聞いたところ、「特に感じなかった」と答えた者の割合が39％、「感じた」と答えた者の割合が6％となっている[1]。同調査で続けて、「結婚していない」と答えた者（15％）に、結婚してもいまの自分の名字を名乗り続けたいと思うか、相手の名字に変えたいと思うか、どちらでもこだわらないか聞いたところ、「こだわらない」と答えた者の割合が6％、僅少の差で「自分の名字」と答えた者（5％）を上回り、「相手の名字」と答えた者の割合が3％、次は「その他・答えない」（1％）の順となっている[2]。「男女平等社会実現に向けての渋谷区民の意識と実

1　「『夫婦別姓、社会党の政策変更、国連常任理事国入り』に関する世論調査」（6.9）問23 SQ1、「その他・答えない」（0％）、小計（45％）。
2　同上世論調査、問23 SQ4、小計（15％）。

態調査」(9.7)でもほぼ同じ調査結果が出てきた[3]。

さて、結婚後の改姓が女性にどのような感じ与えるかというと、「時事世論調査（6年9月）「(6.9)では、複数回答で結婚によって自分の姓を変えることについてどう思うか聞いたところ、「仕事や交際の上で不便だ」(20.4%)、「自分が配偶者や、配偶者の家に支配されたような気がする」(11.6%)、「自分の存在が失われた感じがする」(10.6%)、「自分の姓が好きだったので、改姓するのは嫌だ」(5.2%)と個性や仕事を重視し夫婦同姓に反対する立場から答えた者の割合は総計47.8%、これに対し、「結婚したという実感がする」(35.7%)、「自分の姓が好きではなかったので、姓が変わってうれしい」(2.7%)、「結婚したことが分かりやすい」(27.0%)と夫婦同姓に賛意を表した者の割合は総計65.4%に達した。ちなみに、「なんとも思わない」、「その他」、「わからない」と答えた者の割合は、それぞれ25.1%、0.8%、5.1%となっている[4]。一年半後、時事通信社が「時事世論調査（8年3月）」(8.3)で、もう一回同じ設問を施したが、ほぼ同じ調査結果が出てきた[5]。

周知のように、現行の日本民法では、結婚後、夫婦は夫または妻のどちらかの姓を名乗ることになっている。しかし、近年、

---

3 問11。被調査者に結婚によって姓が変わったとき、不都合や抵抗感があるかないか聞いたところ、ないと答えた者（「あまりないと思う（あまりなかった）」(28.8%)と「まったくないと思う（まったくなかった）」(26.8%)）の割合が、あると答えた者の割合（「非常にあると思う（非常にあった）」(12.3%)と「少しあると思う（少しあった）」(28.7%)）を上回っている。
4 問18、計 M.T.144.2%。
5 問15。

第 3 章 現代においての既婚女性の氏

　女性の社会進出に伴い、戸籍上では一応法律に従って姓を変えるが、日常生活や仕事などでは旧姓を通称として使っている既婚女性が段々目につくようになった。平成2年2月に、東京都情報連絡室が行った「家庭に関する世論調査」によると、被調査者に結婚後も日常生活では、旧姓で通すことに対する賛否について聞いたところ、「反対」（50.8％）、「どちらかといえば反対」（20.9％）と答えた者を合わせて71.7％に達し、「賛成」（2.5％）、「どちらかといえば賛成」（5.5％）と答えた者を合わせて僅か8.0％のみで、他に、「わからない」と答えた者も少なくなく、20.2％である。

　また、「『日本人と憲法』に関する意識調査」（4.3）（問5）、「『日本人の意識'93』に関する世論調査」（5.10）（問11）、「『夫婦別姓、社会党の政策変更、国連常任理事国入り』に関する世論調査」（6.9）（問20）、「沖縄県における女性の生活実態と意識調査」（8.10）（問22）、「男女共同参画社会づくりのための佐賀県民意識調査」（9.8）（問2）、「男女共同参画社会に向けての長崎県民意識調査」（9.10）（問4）、「男女が共に支える社会に関する岩手県民意識調査」（10.6）（問20）、「福岡市女性問題基本調査」（10.7）（問11）などによれば、多数の被調査者が現制度を支持し、夫婦別姓に反対の意を示した。

　しかし、設問の形を賛否二元論でなく、いわゆる選択的夫婦別姓制を項目の一つとして取り入れて被調査者に聞くならば、現制度、すなわち夫婦同姓制の支持者が多数であるが、その一方で、選択的夫婦別姓に賛成している者も相当ある。「男女共生社会に向けての文京区民の意識調査」（4.8）では、現行の「夫婦同姓」

167

についてどう思うか聞いたところ、「同姓でも別姓でも選べるようにした方がよい」と答えた者の割合が51.3%と最も高い[6]。東京都足立区20歳～65歳未満の女性を対象に行った「足立区政に関する世論調査（第23回－2）」（6.10）で、夫婦別姓についてどう思うか聞いたところ、「別姓も同姓もどちらでも選べる方がよい」と答えた者（43.8%）は、「夫婦とも同じ姓を名乗る方がよい」（48.9%）に次いで2位を占め、以下、「わからない」（4.9%）、「夫婦で別々の姓がよい」（1.9%）、「無回答」（0.5%）の順となっている[7]。「新宿区政世論調査（第26回）」（10.6）で、希望すれば夫婦が別々の姓を名乗ることができる「夫婦別姓選択制」についてどう考えるか聞いたところ、結果は「賛成である」（45.8%）、「反対である」（36.9%）、「無回答」（17.2%）となっている[8]。そして「読売全国世論調査（10年7月）」（10.7）で、夫婦が希望すれば、それぞれ結婚前の姓を名乗ってもかまわないと思うか、そうは思わないか聞いたところ、「そう思う」と答えた者の割合が53.8%、「そうは思わない」と答えた者（43.2%）を上回っている[9]。「世田谷区民意識調査」（10.11）で、夫婦が別々の姓を名乗るのを認めてもよいと思うか聞いたところ、「そう思う」と答えた者（36.8%）、「そう思わない」と答えた

---

[6] 問10、次は「夫の姓を名乗る方がよい」（37.6%）、以下、「夫婦が別々の姓を名乗ることを認めた方がよい」（7.7%）、「その他」（2.1%）、「無回答」（1.4%）、「妻の姓を名乗る方がよい」（0%）の順となっている。
[7] 問5。
[8] 問17。
[9] 問20（6）、「答えない」（3.0%）。

者（36.0％）となっている[10]。「女性問題に関する意識調査」（6.7）で、結婚後の「姓」のあり方についてどう思うか聞いたところ、選択的夫婦別姓を支持し「夫婦で別々の姓を名乗ってもよい」と答えた者の割合は15.9％で、「夫の姓を名乗った方がよい」（43.5％）と「夫婦とも同じであれば、どちらの姓を名乗ってもよい」（39.7％）に次いで3位である[11]。それから、「『夫婦別姓、社会党の政策変更、国連常任理事国入り』に関する世論調査」（6.9）によると、夫と妻がそれぞれ結婚前の名字を名乗る夫婦がいてもいいと思う者の割合が61％と最も高く、「そうは思わない」者の35％を上回っている[12]。

付言しておくが、選択的夫婦別姓でなく、強制的夫婦別姓について民衆はどう考えているかと言うと、「第6回『日本人の意識・1998調査』」（10.10）で、一般に、結婚した男女は、名字をどのようにしたらよいと考えるか聞いたところ、「当然、妻が名字を改めて、夫の方の名字を名乗るべきだ」（32.6％）、「現状では、妻が名字を改めて、夫の方の名字を名乗った方がよい」（24.6％）、「夫婦は同じ名字を名乗るべきだが、どちらが名字を改めてもよい」（29.2％）などと答え、夫婦同姓を支持している者は合わせて86.4％に達し、「わざわざ一方に合わせる必要はなく、夫と妻は別々の名字のままでよい」と答えた者は僅か11.5％[13]に過ぎない。

---

10 問10、「どちらともいえない」（27.2％）。
11 問7、その他に、「妻の姓を名乗った方がよい」（0.5％）、「無回答」（0.3％）。
12 問21、「その他・答えない」4％。
13 問11、「その他」（0.4％）、「わからない、無回答」（1.6％）。

別々の姓を名乗りたいか

　夫婦別姓に対する賛否と実生活の中で自分自身が別姓を実践するか否かとは、やはり次元が違う。夫婦別姓制が未だに法的に選択肢の一つとして成立していない現時点では、自ら別姓を実践している既婚者は勿論、結婚後、別姓にしようとする者も少ない。「読売全国世論調査（3年5月）」によれば、仕事などの関係で、別々の姓を使っている既婚者は僅か1.6％に過ぎず、「そうでない者」の94.4％を遥かに下回っている[14]。また、結婚するとしたら、夫婦で別々の姓を名乗りたい者の割合が4.2％で、夫婦で同姓を名乗ろうとする者の割合（「二人とも夫の姓」（58.9％）、「どちらでもよいが夫婦で同じ姓」（31.1％）、「二人とも妻の姓」（1.6％））とは、大きく隔たっている[15]。

　次に、幾つかの調査結果を通して、仮に、夫婦別姓制が法的に成立したとしたら、自分自身は別々の姓を名乗りたいか否かについて見てみよう。

　「『くらしと政治'94.7』に関する世論調査」（6.7）で、もし、法律が改正されて、夫婦の姓を別々にすることができるようになったら、自分自身と配偶者は姓を別々にすることになると思うか

---

[14] 「読売全国世論調査（3年5月）」（3.5）、問9で「（ア）既婚（離・死別を含む）」（85.7％）と答えた者にSQ1を設け、ふだん夫婦が仕事などの関係で、別々の姓を使っているか聞いたところ、回答は、「使っている」（1.6％）、「それ以外」（94.4％）、「答えない」（4.0％）となっている。

[15] 同上調査問9で、「（イ）未婚」（14.2％）と答えた者にSQ2を設け、結婚するとしたら、夫婦でどの姓を名乗りたいと思うか聞いたところ、回答は、「二人とも夫の姓」（58.9％）、「どちらでもよいが夫婦で同じ姓」（31.1％）、「二人とも妻の姓」（1.6％）、「夫婦で別々の姓」（4.2％）、「答えない」（2.9％）、「その他」（1.3％）となっている。

聞いたところ、「別々にする可能性はない」（62.3％）と「別々にする可能性は少ない」（14.1％）と答えた者が合わせて76.4％に達し、「別々にする可能性がある」（3.6％）と「別々にする可能性が強い」（1.7％）と答えた者の5.0％を遥かに上回っている[16]。「基本的法制度に関する世論調査」（6.9）で同じ問題を設け、希望すれば、夫婦が別々の姓を名乗れるように法律が変わった場合、夫婦で別々の姓を名乗ることを希望するか聞いたところ、「希望しない」と答えた者の割合が52.0％と最も高く、以下、「どちらともいえない」（21.2％）、「希望する」（19.3％）、「わからない」（7.4％）の順となっている。「『夫婦別姓、社会党の政策変更、国連常任理事国入り』に関する世論調査」（6.9）で、「（ア）結婚して、相手の名字に変えた」（45％）者に、夫婦別姓を選べるようになったら、結婚前の名字を名乗りたいと思うか、そうは思わないか聞いたところ、「そうは思わない」と答えた者の割合は36％で、「名乗りたい」と答えた者の6％を上回っている[17]。「時事世論調査（6年9月）」（6.9）によると、夫婦で別々の姓が名乗れるように法律が改正されたとしても、「夫婦で同じ姓にしたい」という者が68.3％を占めている。

　その他、「夫婦別姓についての意識調査」（7.10）、[18]「読売

16　問26、他の項目とそれぞれの割合は、「配偶者や配偶者になる人とよく相談して決める」（11.7％）、「結婚するつもりはない」（1.7％）「わからない・無回答」（5.0％）である。
　　問23 SQ2、「その他・答えない」（3％）、小計（45％）。
17　問23 SQ2、「その他・答えない」（3％）、小計（45％）。
18　問4、「（イ）別姓に変更したくない」（92.2％）。

全国世論調査（8年3月）」[19]、「時事世論調査（8年3月）」[20]、「『家族計画』に関する全国世論調査」（8.5）[21]、「家族法に関する世論調査」（8.6）[22]「沖縄県における女性の生活実態と意識調査」（8.10）[23]、「女性に関する意識調査」（9.6）[24]「男女が共に支える社会に関する岩手県民意識調査」（10.6）[25]「男女共同参画に関する意識と生活実態調査」（10.7）[26]でもこのような問題を設け、被調査者に聞いたが、やはり別姓に変更したくない者が主流的な地位を占めている。

「夫婦別姓についての意識調査」で、「新たに結婚するとした場合」と「夫婦別姓が認められた場合、将来結婚する際」と想定し、問6、問7を設け、被調査者に聞いたところ、「別姓は選択したくない」と答えた者がそれぞれ83.2％と82.5％を占めている。「富山県男女協同社会に関する意識調査（平成11年度）」で、被調査者が未婚でこれから結婚すると仮定し、法律が変わり夫婦が別々の姓を名乗ることができるとしたらどのようにしたいか聞いたところ、「夫婦で同じ姓にしたい（配偶者には自分の姓を名乗ってほしい）」と答えた者の割合が38.4％と最も高く、「夫

---

19 問15、「そうは思わない」（78.1％）。
20 問16、「夫婦で同じ姓にしたい」（68.8％）。
21 問16、d）「（イ）改姓、別姓にしたくない」（80.5％）。
22 問11 SQ、「希望しない」（51.5％）。
23 問22 SQ、「（イ）そう思わない」（48.8％）。
24 問7 SQ、「そうは思わない」（46.0％）。
25 問21、法的に夫婦別姓を選択できるとしたら別姓にしたいと思うか聞いたところ、「そうは思わない」と答えた者の割合が男女とも最も高く、それぞれ63.6％と66.4％を占めている。
26 問5、「夫婦同姓」と答えた者の割合は67.5％（66.6％＋0.9％）、「夫婦別姓」に賛意を示している者の割合は8.4％（6.5＋1.9）である。

婦で同じ姓にしたい（自分の姓を変え、配偶者の姓を名乗ってもよい）」と答えた者の割合が37.9％と僅少の差で2位になり、以下、「夫婦で別々の姓にしたい（自分の姓は変えたくない）」（7.1％）、「夫婦で同じ姓にしたい（自分の姓を変え、配偶者の姓を名乗ってもよいが職場では旧姓を名乗りたい）」（6.3％）、「わからない」（10.3％）の順となっている[27]。

　総じて言えば、殆どの女性は結婚して名字を変えたとき、抵抗を感じるどころか、結婚によって自分の姓を変えることについて、結婚したという実感がわいたり、自分の姓が好きではなかったので姓が変わってうれしい、結婚したことが分かりやすいなどと考えたりしている。

　また、選択的夫婦別姓に賛成している者が相当な割合を占めているにもかかわらず、法的に夫婦別姓が認められ選択的夫婦別姓が成立しても、日本国民の大多数は、依然として現行法に従い夫婦で同じ姓を名乗ろうとし、明治以来の社会慣習を打破して夫婦の姓を別々にしようとする者は少数であるということが以上の世論調査で分かった。

---

[27] 問4。

❖ 日本の既婚女性の氏についての研究

第3節—4　家族の一体感への影響について

　幾つかの世論調査を通して、夫婦別姓が家族の一体感にどのような影響を与えると考えられているを見てみよう。
　首都圏30km以内在住、20歳～69歳の者を対象に行った「夫婦別姓についての意識調査」（7.10）で、夫婦別姓が認められると、「家」意識はどうなると思うか聞いたところ、「弱まると思う」と答え、夫婦別姓に悲観的な観念をもつ者が（56.7％）一位を占め、次いで「今までと同じだと思う」（24.6％）、「わからない」（14.7％）、「強まると思う」（4.0％）の順となっている[1]。
　同調査で続いて、夫婦別姓が認められると、未婚のまま同居するカップルの数が増えると思うかに聞いたところ、「増えると思う」と答えた者の割合が55.0％と最も高く、以下、「今までと同じだと思う」（32.2％）、「わからない」（8.3％）、「減ると思う」（4.5％）となっている[2]。夫婦別姓が認められると、結婚しない女性の数が増えるかそれとも減るか聞いたところ、「今までと同じだと思う」と答えた者が最多（45.8％）で、次いで「増えると思う」と答えた者（35.0％）、以下「減ると思う」（10.4％）、「わからない」（8.9％）となっている[3]。更に夫婦別姓制と離婚の関連性について設問し、夫婦別姓が認められると、離婚する夫婦の数は増えるか減るか聞いたところ、「今までと同じだと思う」と

---

[1]「夫婦別姓についての意識調査」（7.10）問2。
[2]　同上調査、問3（1）。
[3]　同上調査、問3（2）。

答えた者が45.2%を占め最も多く、二位は「増えると思う」（39.4%）、以下「わからない」（9.2%）、「減ると思う」（6.2%）の順となっている[4]。

これから見れば、国民に、夫婦別姓が認められると姓における婚姻の識別機能が次第に失われ、未婚同棲と離婚を助長する恐れがあると考えている者が数多くいることが分かる。

子供への影響について

まず、選択的夫婦別姓が法的に成立したら、一般国民は子供にどのような影響を及ぼすと思っているかについて考察したい。

内閣総理大臣官房広報室が行った「家族法に関する世論調査」（8.6）で、夫婦の姓が違うと、夫婦の間の子供に何か影響が出てくると思うか聞いたところ、「子供にとって好ましくない影響があると思う」と答えた者の割合が68.1%と最多で、以下「子供に影響はないと思う」（25.8%）、「わからない」（5.8%）、「その他」（0.3%）となっている[5]。

また、明治生命フィナンシュアランス研究所が首都圏30km圏内在住、20歳～69歳の者を対象に行った「夫婦別姓についての意識調査」（7.10）で、夫婦別姓が認められると、親子の絆はどうなるか聞いたところ、「今までと同じだと思う」と答えた者の割合が48.1%、「減ると思う」と答えた者（37.0%）が2位である[6]。

4　同上調査、問3（3）。
5　「家族法に関する世論調査」（8.6）問10。
6　「夫婦別姓についての意識調査」（7.10）問3（4）。

つまり、平常心で選択的夫婦別姓制に対処している者は少なくないが、その一方で、一般国民の心からこの新制度が子供に何らかの悪影響を及ぼしかねないとの危惧を容易に払拭できないのも事実である。
　さて、選択的夫婦別姓が可能なように民法が修正されたら、一般国民は子供の姓をどのようにしたらよいと考えているかについて見てみよう。
　「基本的法制度に関する世論調査」（6.9）で、希望すれば夫婦が別々の姓を名乗れるように法律が変わった場合を想定し、別々の姓を名乗っている夫婦に二人以上の子供がある場合、子供同士の姓が異なってもよいという考え方についてどのように考えるか聞いたところ、「子供同士の姓は同じにすべきである」と答えた者の割合が68.9％と圧倒的に高く、以下、「子供同士の姓が異なっても構わない」（14.2％）、「どちらともいえない」（11.1％）、「わからない」（5.8％）となっている[7]。その他、「『夫婦別姓、社会党の政策変更、国連常任理事国入り』に関する世論調査」（6.9）でも、子供の姓のありようについて設問し、被調査者に聞いたところ、子供同士の姓を同じにすべきだという項目に賛意を表している者が75％も占めている[8]。
　夫婦が別々の姓を名乗った場合、子供の姓はいつ、どのような形で決めたらよいかについて、時事通信社が平成6年9月に行った「時事世論調査（6年9月）」によれば、「夫・妻どちらの姓

---

7 「基本的法制度に関する世論調査」（6.9）、問8。
8 問26、夫婦が別々の姓を名乗っている場合、子供の姓をどちらか一方に「そろえるべきだ」と答えた者が75％を占めている。

にするかは結婚する時に決めておき、どちらかに統一する」と答えた者の割合が39.0％、「夫・妻どちらの姓にするか法律で決めておく」と答えた者の割合が26.7％、以下、「わからない」（20.2％）、「子供が生まれたらそのつど考える。兄弟で姓を統一しなくてもよい」（14.0％）の順となっている[9]。

同調査で、政府が平成6年7月に発表した改姓案、いわゆるA、B、C、3つの案に対する賛否について被調査者に聞いた。子供の姓という点に重点をおき、調査結果を見ると、子供の姓は統一すべきだと主張したA、C、2案の支持率はそれぞれ19.8％と18.2％で、いずれもB案の「子供の姓は夫・妻どちらの姓でもよく、生まれるつど、決めていく」の10.7％を上回っているが、「現行法のままでよいと思うので、どれにも賛成できない」と答え、現状維持に賛成した者は、A、B、C、3案の支持率の総合に近い高い率（43.3％）である[10]。

さらに、同調査で、夫婦や子供の姓について法律を改正するにあたり、どんなことを重視してほしいと思うか、複数回答の形で聞いたところ、「混乱や争いが起きないようにすること」（54.4％）と、「子供への影響」（42.2％）と答えた者の割合がそれぞれ一、二位を占め、次いで、「いろいろ選べるようにすること」（15.3％）、「男女の平等」（15.2％）、「姓の重み」（12.0％）、「わからない」（11.4％）、「時代の流れ」（10.0％）、「その他」（0.6％）の順である[11]。平成8年3月に、同調査機関（時事通信社）

9　「時事世論調査（6年9月）」問20。
10　同上調査、問22。
11　同上調査、問23、（M.T.）161.1。

が繰り返し同一の設問内容と選択項目で調査を行い、調査結果には大差がなかったというものの、「子供への影響」を挙げた者の割合が 38.6％まで減少し、これに対し「いろいろ選べるようにすること」を挙げた者の割合が 21.7％となり、6.4％も増加した[12]。

配偶者の父母との関係に及ぼす影響について

先述したように、「家族法に関する世論調査」（8.6）と「夫婦別姓についての意識調査」（7.10）で解明したところによれば、一般国民は、選択的夫婦別姓に対し、「子供にとって好ましくない影響があると思う」、「親子の絆は減ると思う」などの心配を抱いている。その一方、夫婦の姓が違うと、自分と違う姓の配偶者の父母との関係に何か影響が出てくると思うか聞いたところ、「名字（姓）が違っても、配偶者の父母との関係には影響はないと思う」と答えた者の割合が 69.1％と大多数を占め、次ぎは別姓を名乗ることで親近感を損なうと考え、「姓が違うと、配偶者の父母との関係を大切にしなくなると思う」と答えた者（24.1％）、以下「わからない」（6.5％）、「その他」（0.2％）となっている[13]。

以上、「家族の一体感への影響」、「子供への影響」、「配偶者の父母との関係に及ぼす影響」の三つの部分に分けて考察した。総じて言えば、民衆の大多数は夫婦で別々の姓を名乗っても、子供同士の姓は揃えるべきだと考え、また、選択的夫婦別姓

---

12 「時事世論調査（8年3月）」問 19。
13 「家族法に関する世論調査」（8.6）問 9。

制が子供の姓に及ぼす影響は、いわゆる「家族の崩壊」にも繋がると心配している。そういう危惧を解消するためにも、選択的夫婦別姓制の欠陥をなくすためにも、子供の姓という問題は、選択的夫婦別姓制の一環として善処しなければならない。

第3節—5　その他の設問について

　最後に、「その他」を設け、適当に前の各分節に入れることの出来ない世論調査内容を見てみよう。
　「『夫婦別姓、社会党の政策変更、国連常任理事国入り』に関する世論調査」(6.9)で、被調査者に姓からどんなことを思い浮かべるか尋ねたところ、家と姓を緊密に結びつけて考え、「家族」(41%)と「家系」(31%)と答えた者が合わせて71%に達し、大多数を占めている[1]。
　また、時事通信社が行った「時事世論調査(6年9月)」で、問21を設け、自分や自分の家の姓を子孫に継いでもらいたいと感じることはあるか聞いたところ、「強く感じる」と答えた者の割合が36.1%、「やや感じる」と答えた者の割合が29.5%、この両者を合せた者が全体の65.6%を占め、「あまり感じない」(25.5%)と「まったく感じない」(6.7%)と答えた者の総合(32.2%)を上回っている。この調査結果は、前の「『夫婦別姓、社会党の政策変更、国連常任理事国入り』に関する世論調査」(6.9)で明らかになったことを裏付けている。つまり、姓を「家族」や「家系」の象徴と見なしているからこそ、自分や自分の家の姓を子孫に継がせるという手段で家族の絆を固めたり、家系を綿々と継続させたりしようと望んでいるわけである。
　さて、選択的夫婦別姓制は未だに法的に成立していないが、近

---

[1] 問27。以下、「呼称」(9%)、「印鑑」(5%)、「親類」(5%)、「人格」(4%)、「その他・答えない」(3%)、「故郷」(2%)の順となっている。

年、民間団体や野党の推進で、「夫婦別姓の選択制を推し進めようという動きがある」ということは、もう女性に関する法律や制度などについて最も広く知られている項目になった。「男女の意識と生活実態調査」（9.9）で明らかになったところによれば、複数選択で女性に関する法律や制度などについて、知っているものは何か聞いたところ、60％に達した3項目のなかで、「夫婦別姓の選択制を推し進めようという動きがある」と答えた者の割合が67.0％と最も高く、僅差で「離婚しても、そのまま離婚前の姓を名乗ってもよい」（66.5％）と「男女雇用機会均等法ができた」（64.4％）を上回っている[2]。

有識者の努力で、選択的夫婦別姓制の推進は、世間によく知られるようになったとはいえ、この制度の合法化が必ずしも一般国民が一番関心のある女性問題とは限らないという事実も同調査を通して分かった。調査で、あなたが今一番関心のある女性問題は何か聞いたところ、「選択的夫婦別姓問題」と答えた者の割合（5.5％）は、「介護問題」（25.9％）、「雇用の機会均等」（12.5％）、「教育（いじめ・エイズ問題等を含む）」（12.0％）、「育児問題」（9.8％）、「女性の人権・権利の問題」（8.5％）、「環境問題」（6.8％）、「政治参加を含む女性の登用」（6.1％）などに次いで8位を占めている[3]。

総じて言えば、一般国民は、姓を「家族」や「家系」の象徴と見なし、姓を子孫に継がせることによって家族の一体感を強めた

---

[2] 問7、計（M.T）472.6％。
[3] 問8。

り、家系を末永く継続させたりしようと期待している。

　なお、民間団体や野党の推進で、いまだに法的に成立していない選択的夫婦別姓制が、女性に関する制度として世間に知られるようになったが、一般国民がこの制度の実現よりも「介護問題」、「雇用の機会均等」、「教育（いじめ・エイズ問題等を含む）」、「育児問題」、「女性の人権・権利の問題」、「環境問題」、「政治参加を含む女性の登用」などの諸問題にもっと多くの関心を寄せていると言える。

❖ 日本の既婚女性の氏についての研究

第4章　既婚女性の氏における通時的考察

　およそ世界諸民族の既婚女性の氏は、全て政治力に支配され、規制されているだろう。大和民族のそれも例外ではない。大和民族の既婚女性の氏が如何に歴史の流れと共に変遷してきたかを一言で言えば、終始、その時代の権力（政治力）、取り分けその経済体制に左右されていたのである。次に、この仮説をもとに、各時代における既婚女性の氏を回顧しながら、前代のそれと比較し変遷の軌跡を描き、この論点を立証することにしたい。

古代における既婚女性の氏

　唐から律令制が伝わってくる前に、日本には大和朝廷に仕えていた有力豪族を中心につくられた氏（ウジ）という世襲の政治組織があった。国語学者の本居宣長氏は、氏（ウジ）は政治力ではなく、自然の力で組織された血縁団体であると主張しているが、この「血縁団体説」に対し、近年、学界では津田左右吉氏の「政治組織説」[1]を裏付ける学説が続々と発表され[2]、定説化しつつある傾向が見られる。すなわち、当時、氏（ウジ）は政治的な力で結成した支配層の標識であり、血縁関係で固め、共同生活を営ん

1　詳しくは、津田左右吉の『日本上代史の研究』（岩波書店1947年）を参照。
2　津田左右吉氏のほか、瀬野精一郎、義江明子諸氏が「政治組織説」を裏付けている学説を続々と提出し、その詳細は瀬野精一郎「日本における『氏』の残滓」（黒木三郎他編『シリーズ家族史3 家の名・族の名・人の名 —氏—』三省堂1988年 p.287）、義江明子『日本古代の氏の構造』（吉川弘文館1986年 p.6）、「古代の氏と出自 —氏名の成立と展開—」（黒木三郎他編『シリーズ家族史3 家の名・族の名・人の名 —氏—』三省堂1988年 pp.41〜62）などを参照。

❖ 日本の既婚女性の氏についての研究

でいた平民には無縁の存在であったと考えられる。

　七世紀頃、中国の唐から律令制が導入された。律令制の経済基盤である「均田制」に基づいて制定された「班田制」[3]は、当時日本の社会制度、経済体制だけでなく、婦人の氏にまで影響を与えていた。

　律令制の土台である租税徴収を確実に遂行させるためには、血縁的な生活共同体―「家」の上に行政単位―「戸」が設けられ[4]、各生産活動の単位に当たる「戸」に「姓（セイ）」[5]を付け、「籍帳」[6]に登録、管理しなければならない。班田制では女性に

3　それらの主な相違を挙げれば、日本の班田制では、唐の均田制における口分田と永業田の二重構造をそのまま援用せず、口分田の規制だけを採用した。また、唐令では寡妻妾に班田を授与する特典があるのに対し、日本令では女性に男性の三分の二の口分田を授けたなどである。

4　平田耿二「古代の戸籍（二七）」『戸籍時報』三九二号 日本加除出版 1990 年 pp.54～59。

5　姓と言う漢字には、「セイ」と「カバネ」二通りの読み方がある。有賀喜左衛門氏によれば、大化改新前には、一つの氏の上が他の氏を侵略して統治下に治めると、その部民は支配集団の氏の上の氏に変更させられたが、改新後は、すべての人が天皇の臣民に属することになり、それによって旧氏称が姓（セイ）として定着し始め、後世の苗字に近い意味の姓（セイ）として認められた。丹羽基二氏はその著のなかで、当時の姓（セイ）の型に「氏（ウジ）に姓（カバネ）がついた型」、「氏（ウジ）に部がついた型」、「氏（ウジ）に人がついた型」、「氏（ウジ）に族がついた型」四類型があるという説を提出している。詳しくは有賀左衛門『日本の家族』（至文堂 1965 年 p.182）、丹羽基二『姓氏の語源』（角川書店 1981 年 pp.12～13）を参照。

6　年代によって「戸籍」には、「戸籍」（ヘノフムタ）（黒板勝美 国史大系編集会『日本書紀 後篇』吉川弘文館 1988 年 p.51, p.219）、「丁籍」（ヨホロノナフムタ）（前掲『日本書紀 後篇』p.96）、「籍」（ナフムタ）（前掲『日本書紀 後篇』p.96）、「籍帳」（ヘノフムタ）（前掲黒板勝美 国史大系編集会『日本書紀 前篇』吉川弘文館 1989 年 p.409）、「名籍」（ナノフムタ）（前掲『日本書紀 後篇』p.105）等などの表記と読み方がある。

男性の三分の二の口分田を授ける。従って、女性も男性と同じように生産力（人口）として「籍帳」に登録され、その出来高（租税）が管理されていた。

　久武綾子氏が当時の籍帳に基づいて調査した結果を見れば、律令時代では、「夫婦別姓同姓併行」が主流であり、また同姓同士の婚姻—「同姓婚」が「夫婦別姓同姓併行」を引き起こした原因であることが分かった[7]。つまり、律令時代では、婚姻によって改姓する慣習がなく、夫婦双方とも生涯を通して生家の姓を称し、当時「夫婦同姓」が相当高い比率を占めていたのは、「同姓婚」に起因したのである。

中世における既婚女性の氏

　次に、中世に入り、既婚女性の氏がどのような様相を呈し、律令制の崩壊が既婚女性の氏にどのような影響を及ぼしていたのかを見てみよう。

　律令制崩壊の根本的な原因は、一に口分田の不足にあると考えられる[8]。口分田不足の問題が激化するにつれて女性への班給面積が減少する一途をたどる[9]。わずかな耕地から国家予算を捻出するためには、苛酷な租税を徴収するのが必至である。農民たち

7　久武綾子氏が『寧楽遺文』所収の活字化された戸籍残簡に基づいて集計を行い、こう言う研究結果を得た。詳しくはその著『氏と戸籍の女性史　—わが国における変遷と諸外国との比較—』（世界思想社 1988 年）を参照。
8　宮本救「律令制的土地制度」竹内理三編『土地制度史Ⅰ』山川出版社 1973 年 p.110。
9　桓武天皇延暦十一年十月条によれば、「勅。班京畿百姓田者。男分依令給之。以其余給女。……」（『国史大系6』吉川弘文館 1965 年 p.112）。

❖ 日本の既婚女性の氏についての研究

は公課の負担に耐えられず、他国に流浪し浮浪者となることが多かった[10]。「口分田不足」の問題を解決するため、朝廷は養老七年（723）に「三世一身法」を出し、三代に限り初代が開拓した土地の私有を認め、天平十五年（743）に「墾田永年私財法」を公布し、墾田の永久私有を認可した。事実上、班田制は全面的に瓦解してしまった。

　班田制の崩壊が姓にどのような影響を与えていたかと言うと、歴史学者・鈴木国弘氏の考察によれば、中世前期の日本社会は、なお古代的「氏」と名字族[11]とが並存していたが中世後期に至って、日本社会はようやく純粋な名字・名字族の時代に移行した[12]。「自分の本拠地の名を一族の名前として名のる」こと—名字族は、呼称上の便宜をはかり、生活の中で自然に発生した言語習慣だけではなく、自己の権力範囲を宣言する、つまり政治上の目的を果たすための行動であると丹羽基二が主張している[13]。その結果、中世後期では、「姓があまり用いられなくなり、かわっ

❖

10　川上多助『日本古代社会の研究』川出書房 1947 年 p.220。
11　武士は本拠地の名を一族の名称として名乗り、開墾に功績のあった先祖を祭った。この共祭、共墓の土地を結合の中心とした一族がいわゆる「名字族」である。この一族の代表者として名字地を統帥するのが「総領」であり、総領は兄弟のなかでもっとも器量のある男子が選ばれ家督を相続した。詳しくは、折井美耶子「『夫婦別姓』を歴史的に考える」（『歴史地理教育』1997 年 11 月号 p.36）、豊田武『苗字の歴史』（中央公論社 1971 年 p.57）、丹羽基二『姓氏の語源』（角川書店 1981 年 pp.22〜23）、樋口清之『姓氏』（秋田書店 1970 年 pp.18〜19）を参照。
12　鈴木国弘「中世の『氏』と名字族 —中世における古代的『氏』の存在意義—」黒木三郎他編『シリーズ家族史 3 家の名・族の名・人の名 —氏—』三省堂 1988 年 p.63。
13　丹羽基二『姓氏の語源』角川書店 1981 年 pp.22〜23。

第 4 章　既婚女性の氏における通時的考察 ❖

て家という社会集団固有の呼称である家名が出現してくる」[14]。

　かかる状況は、当然、既婚女性の姓にも影響を及ぼす。八世紀頃までは、女性も男性と同じように財産権を持っていたが、八世紀末から九世紀にかけて、土地の私有化が進むなかで女性の経済力は次第に低下しつつある[15]。また、家父長制的な考え方が一般の慣習となっていたため、女性の財産は夫などの男性の名義になった場合が多い[16]。坂田聡氏はその著のなかで、班田制の崩壊が姓にもたらした影響について、財産の面では「夫婦別財制から家財制への転換」[17]、夫婦の姓という面では「夫婦別姓から家名へ」[18]という言葉で簡潔に述べている。

近世における既婚女性の氏

　次に、近世の身分制度が如何に既婚女性の氏に影響を与えたかについて見てみよう。

　近世は兵農分離と固定化した身分制度が厳格に施行された時代である。四民の中、支配階級にあたる武士だけは身分の特権とし

❖────────────────────────

14　坂田聡『日本中世の氏・家・村』校倉書房 1997 年 p.65。
15　今日に残された数多くの十世紀以降中世にかけての土地譲状や土地売券から見れば、当時、女性が男性と同様に永代譲与の権利が認められていたが、鎌倉後期から永代譲与の女子分が異姓の子に譲られ、他家の所領となることを防ぐため、女性の所領は「一期分」と限定し、女性の経済力が急低下した。詳しくは、五味文彦「女性所領と家」（女性史総合研究会編『日本女性史 第 2 巻 中世』東京大学出版会 1982 年 p.48）、河音能平「中世前期村落における女性の地位」（女性史総合研究会同条書 p.3）を参照。
16　脇田晴子「中世における性別役割分担と女性観」女性総合研究会編『日本女性史 第 2 巻 中世』東京大学出版会 1982 年 pp.83 ～ 84。
17　坂田聡前掲書 p.64。
18　坂田聡同上書 p.64。

て「苗字帯刀」が認められ、農工商業に携わる平民は特別な場合を除いて「苗字」[19]を公称することが禁じられていた。今日まで残された中世の「人別帳」[20]や「宗門改帳」[21]などの戸籍史料によって、当時、庶民に対しては、苗字を除き名前だけを記した形で登録管理していることが分かる[22]。丹羽基二氏はいわゆる「社会政策上」の視点から「苗字の禁止」について考察し、江戸時代、苗字を公称する者の数は、約全人口の10％にしか達していなかったという研究結果を発表している[23]。

　苗字に対し厳しい規制がなされていたことを背景に、婦女の氏はどのような有り様を呈しているかというと、中世における家父長制の強化[24]、百姓身分編成のありかた[25]、男性による軍役負担[26]などの原因で、女性は社会的地位が低く、「女性の役割は家の内部に限定され、社会的役割を果たしていなかったので、女性が姓を

---

[19] 『吾妻鏡』（龍粛譯註 大同館1939年）文治元年十月八日条には、「六孫王光余苗とし、弓馬を掌る」という文がある。この「苗」は明らかに血筋とか後裔とかの意味である。中世の「名字」は近世では「苗字」として公文書に表記されるようになり、幕府が出す法令などはすべて「苗字」と記す。

[20] 領民把握、夫役等の目的のため、戦国大名によって制作され始め、近世社会まで同じ意味で継続した。

[21] 幕府のキリシタン禁制の強化に伴って実施する手段で、人別帳をもとに宗門改帳が行われた。その両者を合わせて「宗門人別帳」と称する。

[22] 詳しくは、大石慎三郎「江戸時代の戸籍について」（『近世村落の構造と家制度』御茶の水書房1968年 所収）、大藤修「近世における苗字と古代的姓氏」（黒木三郎他編『シリーズ家族史3 家の名・族の名・人の名―氏―』三省堂1988年 所収）、丹羽基二『姓氏の語源』（角川書店1981年 p.27）を参照。

[23] 丹羽基二前掲書 p.27。

[24] 林董一「徳川幕府戸籍法研究序説（一）」『名古屋大学法政論集』3巻1号1955年 p.130。

[25] 石井良助「江戸の人別帳」『家と戸籍の歴史』創文社1981年 p.136。

[26] 大石慎三郎「近代以前の家族―近世」『講座 家族Ｉ』弘文堂1974年 p.94。

第4章　既婚女性の氏における通時的考察 ❖

冠して対外的に自己を表示する必要はあまりなく、したがって法的に問題にすらされなかった」[27]。

　その一方、婦女の氏に関する「法的規定は存在しない」[28]ため、中世の婦女の氏に関する研究は、おおかた宗門人別帳、墓碑、私的な文書など、いわゆる「法的規定」以外の資料をもとに展開してきたのが現状である。西沢武彦、大石慎三郎、大竹秀男、大藤修諸氏の研究[29]を総括すれば、近世における既婚女性の苗字には、2つの特徴が挙げられる。①当時の婦女は、男性と同様に一生涯だけではなく、死後も出自のしるし―苗字を持ち続けていた。②男性中心の社会構造であるため、男性との関係で女性が表わされるのが一般であった。例えば、「婦人〇〇氏」、つまり妻であることを表わす語―「婦人」と生家の苗字を合わせて記すのが主流であった。

❖─────────────────────────

27　大藤修「近世における苗字と古代的姓氏」黒木三郎他編『シリーズ家族史 3 家の名・族の名・人の名―氏―』三省堂 1988 年 p.100。
28　大藤修同上文 p.100。
29　西沢武彦「松代藩の宗門改帳と人詰改帳（一）」（『信濃』9－4 信濃史学会 1957 年）、同氏「松代藩の宗門改帳と人詰改帳（二）」（『信濃』9－5 信濃史学会 1957 年）、大石慎三郎『近世村落の構造と家制度』御茶の水書房 1968 年、大竹秀男「江戸時代後期人別改考」（『神戸法学雑誌』22 巻 1 号 1972 年）、大藤修「近世中・後期における農民層の家相続の諸様態」（『歴史』四八輯 1976 年）。

❖ 日本の既婚女性の氏についての研究

近代における既婚女性の氏

　次に、近代に入り、明治政府が庶民の氏、特に既婚女性の氏にどのような波紋を投げかけたを見てみよう。

　富国強兵を目指した明治政府は、中央集権国家を建設するのに不可欠な戸籍を確実に掌握するため[30]、明治三年（1870）の「苗字許容」―「平民苗字許容令」[31]、明治五年（1872）の「苗字の固定化」―「太政官布告第二三五号」[32]、それから明治八年（1875）に「平民苗字必称令」[33]が公布されることになった。これらの政令によって、庶民における苗字の公称は、「許容」から「必称」の義務化に移り変わった。こうした時代的、政治的な事情を背景に既婚女性の氏はどのような様相を呈しているか。

　言うまでもなく、既婚女性の氏は、平民の苗字の一環として、先述した諸法令に規制されていた。しかし、前にも述べたように、中世は男性中心の社会構造であり、男性との関係で女性が表わされるのが一般である。明治に入り、いきなり「平民苗字必称令」が施行され、人

❖―――――

30 この点について、井戸田博史が五つの理由を提出しているが（『家族の法と歴史―氏・戸籍・祖先祭祀―』世界思想社 1993年 pp.188～189）、それらは、富国強兵策のため、苗字のある者とない者との混在による行政執行上の支障が出てきたのを免れようと言う目的に帰結すると考える。

31 太政官布告第六〇八（外岡茂十郎『明治前期家族法資料』第一巻第一冊 早稲田大学出版部 1967年 p.59）。

32 明治五年八月二四日の太政官布告第二三五号では、苗字の固定化をはかり、「華族ヨリ平民ニ至ル迄自今苗字名並屋号共改称不相成候事但同苗同名ニテ無余儀差支有之者ハ管轄庁へ可願出事」（前掲『明治前期家族法資料』第一巻 第一冊）としている。

33 明治八年二月一三日太政官布告第二二号「平民苗字被差許候旨明治三年九月布告候処自今必苗字相唱可申尤祖先以来苗字不分明ノ向ハ新タニ苗字ヲ設ケ候様可致此旨布告候事」（前掲『明治前期家族法資料』第一巻 第一冊）。

第4章　既婚女性の氏における通時的考察 ❖

　前で氏を自称した習慣すら身に付いていなかった婦女たちが「所生ノ氏」を名乗ろうか、それとも「夫家ノ氏」を称しようかと迷っていたのは、官員も庶民も同様である。明治政府が婦女の氏について、「所生ノ氏」を称すると言う慣わしに従い、「平民苗字必称令」が布告された約三ヶ月後、石川県が内務省に提出した伺[34]に対し太政官指令[35]を出した。
　しかし、明治二十年代に入り、民間の経済活動が発展し、婦女の財産所有権等の権利との関係で、婦女における「所生ノ氏」の強制は、戸籍上の問題に止まらず民事上の問題を起こす恐れが十分あったため、婦女の氏に関する伺や「夫婦同氏」を主張した伺が頻繁に提出された[36]。既婚女性が二つの氏を持つことによって惹起した戸惑い、すなわち妻が日常生活上「嫁家ノ氏」[37]で自称したり呼ばれたりした慣わしや、法律上、戸籍上において「生家ノ氏」で夫家に入籍すべき規制の矛盾に起因した財産所有権の紛

❖─────────────────────────

34　明治八年五月九日石川県伺：「凡ソ婦人嫁シテ後終身其生家ノ苗字ヲ称スヘキ儀ニ候哉又ハ夫家ノ苗字ヲ唱ヘキ儀ニ候哉相伺候也」（前掲『明治前期家族法資料』第一巻 第一冊）。
35　明治九年三月十七日太政官指令：「伺之趣婦女人ニ嫁スルモ仍ホ所生ノ氏ヲ用ユ可キ事但夫ノ家ヲ相続シタル上ハ夫家ノ氏ヲ称ス可キ事」（前掲『明治前期家族法資料』第一巻 第一冊）。
36　山口県伺（明治二〇年二月三〇日）、宮城県伺（明治二二年三月二七日）、呉鎮守府海兵団照会（明治二三年三月五日）、東京府伺（明治二三年五月二日）、愛知県照会（明治二四年一〇月一三日）等など、詳しくは外岡茂十郎『明治前期家族法資料』第一巻 第一冊（早稲田大学出版部 1967年）を参照。
37　この「嫁家ノ氏」と次の「生家ノ氏」と言う言葉は、明治二二年三月二七日の宮城県伺で用いられている表現をそのまま援用したものである。

❖ 日本の既婚女性の氏についての研究

議[38]や行政上の混乱[39]を解消するため、明治政府がかかる事情を配慮しながら大陸法制におけるキリスト教的な「夫婦一体論」[40]を取り入れ、明治民法では「民法草案」[41]を踏まえ、夫婦の氏について「夫婦同氏」[42]と規定した。

❖─────────────────────────

[38] 明治二〇年二月三〇日山口県伺「婦女タル者ハ他家ヘ入嫁ノ後ト雖モ生家ノ姓ヲ称ス可キハ古来ヨリノ成例ニテ戸籍上ニ於テハ宛モ不文律トモ可視做モノニ可有之然ルニ民間ニテハ地券公債ノ記名其他諸契約貸借等民事上ノ諸証書ニ至テハ或ハ生家ノ姓ヲ称シ又ハ夫家ノ氏ヲ用フル等区々一定ナラス右ハ全ク誤用ニ出タル義ニハ有之候得共昔日ノ世態ト違ヒ婦女ト雖モ財産所有等ノ権利ニ於テ男子ト敢テ異ナラサルカ如キノ今日ニ在テハ其姓氏ノ誤用ヨリシテ民事上ノ紛議ヲ醸生候ハ恐クハ不可免ノ勢ト思考仕候（後略）」、明治二二年三月二七日宮城県伺「婦女嫁スルモ仍ホ生家ノ氏ヲ用フヘキ旨曾テ石川県伺御指令モ有之候処嫁家ノ氏ヲ称スルハ地方一般ノ慣行ニシテ財産其他公私ノ取扱上ニ於テモ大ニ便益ヲ覚候ニ付嫁家戸主トナル者ノ外ニ必ススシモ生家ノ氏ヲ称セサルモ便宜ニ任セ嫁家ノ氏ヲ称スルハ不苦義ニ候哉此段相伺候也」二条は例として挙げられる。詳しくは外岡茂十郎『明治前期家族法資料』（第一巻第一冊 早稲田大学出版部 1967 年）を参照。

[39] 言い例を挙げて説明するならば、明治二三年三月五日呉鎮守府海兵団照会「海軍々人ニ属スル戸籍明細書ニシテ地方庁ヨリ回送相成タルモノ内妻ニシテ結婚入籍ノ後生家ノ姓ヲ冒カスモノト本夫ノ姓ヲ冒カスモノト二様ニ相成候向モ有之疑義ニ相渉リ候条何分ノ御明示煩度候也」、明治二四年一〇月一三日愛知県照会「婦女人ニ嫁スルモ仍ホ所生ノ氏ヲ用ユヘキ旧慣ニ有之候処往々嫁家ノ姓ヲ用ユルモノ有之右ハ生家夫家孰レヲ用ユルモ不苦候哉」である。詳しくは外岡茂十郎『明治前期家族法資料』（第一巻第一冊 早稲田大学出版部 1967 年）を参照。

[40] 唄孝一「ドイツにおける夫婦の氏」（『創立十周年記念論文集〔法経篇〕』東京都立大学 1960 年 p.163）、久武綾子『氏と戸籍の女性史 ―わが国における変遷と諸外国との比較―』（世界思想社 1988 年 pp.98-99）を参照。

[41] 明治一一年の民法草案第一編人事夫婦ノ権利義務第百八十九条では、夫婦の氏について「婦ハ其夫ノ姓ヲ用フ可シ」とされている。

[42] 明治二三年民法（元老院提出案）人事編 第十三条 戸主及ヒ家族 第三百五十条「戸主及ヒ家族ハ其家ノ氏ヲ称ス」、明治二三年一〇月六民法人事編法律第九八号第十三章 戸主及ヒ家族 第二百四十三条「戸主及ヒ家族ハ其家ノ氏ヲ称ス」、明治三一年六月一五日民法中修正ノ件裁可（法律第九号）第4編親族第二章戸主及ヒ家族 第二節第七百四十六条「戸主及ヒ家族ハ其家ノ氏ヲ称ス」第三章 婚姻 第二節 婚姻ノ効力 第七百八十八条「妻ハ婚姻ニ因リテ夫ノ家ニ入ル」詳しくは、石井良助『明治文化資料叢書』第参巻 法律編上下（風間書房 1972）を参照。

第4章　既婚女性の氏における通時的考察 ❖

現代における既婚女性の氏

　次に、戦後から今日に至るまで、既婚女性の氏は、どのような風貌を呈しているか、そして前代のそれとどのような相違があるかを概観してみよう。

　戦後の民法改正では、憲法二十四条二項[43]における個人の尊厳と両性の本質的平等を実現させるため、明治時代における「家制度」を廃止すると同時に、氏の「家名性」[44]が否定されるようになった。本来ならば、夫婦の氏については、憲法の趣旨に従い、当事者の自由に任せるのが当然の帰趨であるが、民法改正要綱の審議[45]は、「妻は夫の氏を称する」という明治時代の慣習を温存し、保守的な態度で夫婦の氏に対処しようとした[46]。

　その後、民法起草委員会が民法改正要綱に基づき、立案作業を行ったが、終始夫婦は共に同じ氏を名乗ることを大前提としながらも、「夫の氏を称すること」を原則とし、「妻の氏を称するこ

❖―――――――――――――――――――――――――――

43　第二十四条　婚姻は、両性の合意のみに基いて成立し、夫婦が同等の権利を有することを基本として、相互の協力により、維持されなければならない。二、配偶者の選択、財産権、相続、住居の選定、離婚並びに婚姻及び家族に関するその他の事項に関しては、法律は、個人の尊厳と両性の本質的平等に立脚して制定されなければならない。
44　明治民法では、妻について「妻ハ婚姻ニヨリテ夫ノ家ニ入ル」（七八八条一項）とされ、そして家族全員の氏について、「戸主及ヒ家族ハ其家ノ氏ヲ称スル」（七四六条）、とされている。
45　我妻栄氏によれば、要綱の審議は、臨時法政調査会（内閣）、司法法制審議会（司法省）においてなされる。後者は前者の第三部会を兼ね、後者の第二委員会が民法改正を分担する。ところで、その起草は起草委員会に委ねられるが、その第一次原案のためにさらに起草幹事がA班（家・相続・戸籍法）、B班（婚姻）、C班（親子・親権・後見会・親族会・扶養）に分かれて原案を作成する（我妻栄『戦後における民法改正の経過』日本評論社 1956年 pp.5～6）。
46　唄孝一『戦後改革と家族法』日本評論社 1992年 p.151。

195

❖ 日本の既婚女性の氏についての研究

と」を例外としていた[47]。井戸田博史氏の言葉で表現するならば、これはいわゆる「夫優位の夫婦同氏案」[48]であった。

　これに対し、ＧＨＱは、「夫婦ハ共ニ夫ノ氏ヲ称ス」が原則となっていた条文が男女平等の精神に反するとし、夫婦は「夫又は妻」の氏を称するとすべきであると指摘した[49]。起草委員がこの指摘に従い、1947年4月14日に作成した案は、「夫婦ハ其協議ニ依リ共ニ夫又ハ妻ノ氏ヲ称スルコトヲ要ス」とされて、現民法750条の母体になっている。これにより、夫婦の氏について、「規定上、『夫又ハ妻ノ氏ヲ』任意に選択できることとなり、夫の氏を原則とすることが否定された」[50]という重要な転換を遂げ、戦後の民法改正過程においても、そして日本法制史においても重要な到達点である[51]。

　しかし、これは法文上の規定に過ぎず、一つの法律条文だけで、明治以来の「夫・夫家の氏への夫婦同氏」が男女双系的な夫

❖
- [47] 第一次案（1946.8.1）から第六次案（1947.3.1）まで、夫婦の氏については、「夫婦ハ共ニ夫ノ氏ヲ称ス、但シ当事者カ婚姻ト同時ニ反対ノ意思ヲ表示シタルトキハ妻ノ氏ヲ称ス」との一部始終であった。詳しくは唄孝一『戦後改革と家族法』（日本評論社1992年）の付表を参照。
- [48] 井戸田博史「家族と氏（5）戦後の民法改正と夫婦の氏」『時の法令』1557巻1997年11月15日 p.46。
- [49] 我妻栄前掲書 p.131。
- [50] 唄孝一前掲書 p.189。
- [51] 井戸田博史氏は、著のなかで、法制史の面からこの法案を高い評価を加えている。氏によれば、「夫婦ハ其協議ニ依リ共ニ夫又ハ妻ノ氏ヲ称スルコトヲ要ス」との条文（1947.4.14）の制定により、明治民法以来の強制的、男系的な夫婦同氏が協議的、選択的な夫婦同氏となった。詳しくは井戸田博史前掲文 pp.47～48を参照。

第4章　既婚女性の氏における通時的考察

婦同氏に切り替えられると考えるのは、やはり早計過ぎる[52]。既婚女性の約98%[53]が改姓していて、女性は婚姻により氏を改めるというのが社会の実態である。

このような状態は、高度経済成長の時代には、「夫が外で働き、妻が内を守る」という夫婦の役割分担に適合した社会習慣として高く評価された。いわゆる「夫婦別姓」を実践していた既婚女性は皆無ではないが、「夫婦同氏」制に対して異論を唱えるのは、少なくとも1960年代までは、ほとんど見られなかった。1975年に、国際連合の主導によって展開された世界的規模での女性の地位の向上運動[54]は、この状況を一変させ、「夫婦別姓論」が沸き上がる契機となった。

七十年代後半、特に九十年代に入ってから「夫婦別姓」に賛成する意見は、年々増加してきた。それとは裏腹に、「夫婦別姓」を内容とする民法改正の進展は、かなり遅れている。その根本的な原因は、自民党内には現行の「家族制度」を維持させようとする力が依然として根強く存在しているという所にある[55]。

以上、古代から現代に至るまで、大和民族の既婚女性の氏は、如何に変遷してきたかについて一通り考察してきたが。次に、各

52　井戸田博史が言った通り、「この『夫または妻の氏への夫婦同氏』制は、あくまでも法律上のことであり、社会生活上における夫婦の氏の実態とは別次元のことである。詳しくは井戸田博史前掲文p.48を参照。
53　厚生省の人口動態統計によれば、夫婦が夫の姓を選択する場合が97.8%（昭和62年）と圧倒的である。
54　国際連合は、1975年を「国際婦人年」と定め、これに続く1976年から85年までの10年間を「国連婦人の10年」とした。この間、女性の地位向上に向けての重点的な取り組みが世界各国で行われた。
55　朝日新聞朝刊1996.5.22日付14版。

❖ 日本の既婚女性の氏についての研究

時代の既婚女性の氏を比較しながら、それは如何に政治制度、経済体制に影響されているかを見てみよう。

通時的な比較

　古代と中世における夫婦の「姓」を総じて言えば、班田制の崩壊で中世に入っても古代と同様、夫婦はそれぞれ生涯を通して生家の姓を持ちながら、古代の「氏」や「姓」の代わりに地名と深く関連している家名―「名字」を名乗るようになった。これは古代の夫婦別財制が中世の家財制へ移行したと同時に必然的に起きた結果と言えよう。

　近世における既婚女性の苗字を前代のそれと比較するならば、既婚女性の出自の印としての氏は、女性の社会地位、経済能力が低下するにつれて、台頭してきた家名や家父長の付属品のようなものになり、姓とか苗字に変容してしまったことが分かる。

　そして、明治時代における既婚女性の氏と古代、中世、近世のそれと比較してみれば、この時代の特徴は、「氏は血筋の標記である」という古来の概念が徹底的に瓦解し、その代わりに、「氏は生活共同体の符号である」という概念が樹立されるようになった、画期的な転換を遂げたというところにあることが分かる。これは政府は既婚女性が二つの氏を持つことによって惹起した戸惑い、すなわち妻が日常生活上「嫁家ノ氏」で自称したり呼ばれたりした慣わしや、法律上、戸籍上において「生家ノ氏」で夫家に入籍すべき規制の矛盾に起因した財産所有権の紛議や行政上の混乱を解消するため、二通りの氏を「嫁家ノ氏」に一本化にしたものである。

第 4 章　既婚女性の氏における通時的考察 ❖

　そして、20 世紀の中葉頃、自由、民主、平等を唱えている現代に入ったと言っても、日本政府は依然として前代の「家制度」[56]、「男尊女卑」[57] の慣わしを踏襲し、政治力で既婚女性の氏を規制している。近年、女性が積極的に政治運動や社会運動に参与したり、女性自身の経済力、社会地位を向上させたりしていることは、夫婦別姓制の早期実現にはプラスになる。その一方で、保守勢力が根強く存在しているため、既婚女性が自由に氏を選択できる日の到来にこぎつけるまで、まだ相当な歳月と努力が要すると考えられる。

　以上、通時的な比較をしながら、政治制度、経済体制が如何に大和民族の既婚女性の氏に影響を与えているかを見てきたところ、既婚女性の氏が各時代の生活手段と深く関連し、そして生活手段が政治制度の一環としての経済体制に強く制約されていることが分かる。結局、大和民族の既婚女性の氏は、古来、政治力、特に政治制度の一環としての経済体制に強く制限されているという結論に帰結するのではないかと考える。

56　明治民法 第 4 編 親族 第二章 第二節 第七百四十六条 「戸主及ヒ家族ハ其家ノ氏ヲ称ス」。
57　井戸田博史前掲文 p.46、p.48。

❖ 日本の既婚女性の氏についての研究

終わりに

　この十数年間、夫婦の姓に対する論戦が各種メディアを賑わし、夫婦別姓運動に賛意を表わしている者が段々増加してきたためであろうか、「選択的夫婦別姓制」の早期実現を望み、現行の「夫婦同姓制」に修正を加えようと政府を促している声が高まりつつある。

　その一方で、「選択的夫婦別姓制」が家族制度、親子関係、夫婦関係にどのような悪影響を与えるかという危惧は、依然として存在し、完全に払拭できないのもまた事実である。近年の世論調査で明らかになったところでは、「夫婦別姓制」に賛成した方がこの制度について、個人尊重、社会生活、プライバシー、仕事関係、男女平等、家系重視（一人っ子同士の婚姻の際に、家名を残すために婚姻が難しくなる場合）の側面から色々な利点を列挙しているが、反対した方が現行の「夫婦同姓制」を「夫婦別姓制」に切り替えることに対し、家庭生活、夫婦関係、親子関係の視点から数多くの欠点を想定し、その弊害を訴えている。

　総じて言えば、これは、日本社会全体が、「選択的夫婦別姓制」の施行によって引き起こされる「伝統文化」と「現代社会生活」の矛盾や対蹠に対し、よほどの不安を抱いていることを物語っている。これも賛否両論における主な争点であり、多くの政治家が現行法を修正し「夫婦別姓制」の施行に踏み切ることにためらい、「時期尚早」と主張している要因であろう。

　歴史の推移、日本社会の現状、世界潮流の趨勢から判断すれば、「選択的夫婦別姓制」の法制化が必至だと筆者は堅く信じて

◆ 日本の既婚女性の氏についての研究

いる。無論、新制度の施行には、行政上の混乱、生活上の不便、賛否両派の論争などが付き物である。従って、「選択的夫婦別姓制」が実現するまでには、まだ相当な努力が必要である。特に人権尊重と男女平等を土台にして異姓夫婦、異姓親子を認める素養を身につけるためには、長い歳月の適応と学習を要する。

　本書では、社会文化研究の観点に立脚し、新聞メディアの内容や世論調査の結果に基づき、現代日本社会における既婚女性の氏を中心に考察しながら、この課題に関わっている史料をも取り入れ、通時的な比較研究を進めてきた。しかし、このテーマに関する資料の全てを渉猟し、諸関連課題の探究を手中に収めることは不可能である。また、本書が上梓する時点までには、いわゆる「夫婦別姓問題」は依然として国会に上程できず、おそらく未解決のままであろう。そのため、今後も引き続きこの社会運動の行方を見守りながら、諸関連課題を研究していきたいと思う。

　さて、国際交流が頻繁になるにつれて、比較研究方法は、各研究領域で多用されるようになる。社会文化研究は勿論のこと、殆ど人文科学、社会科学の各領域では、必ずと言ってよい程、諸学問名の前に「比較」の二字を付けたもう一つの研究領域がある。法学も例外ではなく、よく他国の法条を取り上げ、自国のそれと比較し、そして研究結果を法制定、法修正の参考に資する。従って、多くの研究者が比較研究方法で、この社会、文化、歴史、法律など諸分野に跨っている「夫婦別姓問題」を取り扱っても案に違わない。

　実は、90年度（2001.08.01〜2002.07.31）、筆者自身が馴染んでいる中華文化、すなわち漢民族における「既婚女性の氏」や「夫

終わりに ❖

婦の姓」を取り上げ、日本のそれと比較研究しようとし、「漢和両族已婚婦女姓氏変遷的比較研究」（「和漢両民族の既婚女性の氏における通時的比較研究」）を題に台湾の「国家科学委員会」（文部科学省科学技術・学術政策局相当）に提出し、研究助成金を受領した。しかし、二年間の歳月を費やし研究してみたところでは、比較の対象となった両方は、歴史発展上だけではなく、現行法の成り立ちという面においても釣り合いが取れない。無理に両者を一冊の本の中に取り入れ比較研究をしても不毛だと考え、結局、比較をせずに「大和民族の既婚女性の氏」だけを取りだし出版し、漢民族に関する研究結果については、別途で学界に提出することになった。財団法人呉三連史料基金会の機関紙—『台湾史料研究』18号（2002.3）で刊行された拙文—「日治時期殖民政府對台湾漢族已婚婦女姓氏之規範」（中国語）は、その研究成果の一部分である。これは筆者の経験談のような話であるが、この研究領域、特に「和漢両民族の既婚女性の氏」という研究分野に入ろうとする研究者に少しでも参考になれば幸いと思い、付言しておく。

　本書を刊行するにあたって、致良出版社長の艾天喜氏（編集者：当本はかつて致良出版社が出版しました）、藤井倫明博士から適切な助言を賜り、さらに日本文化研究の専門家としてもご指摘いただき、感謝にたえない。

　また、お忙しい中、資料収集に応じて下さった潘兆祥博士、呉岳樺氏のご協力があってはじめて本書が成り立ったことを深謝する次第である。

❖ 日本の既婚女性の氏についての研究

付 表 一 覧

付表 1 国際婦人年以降の女性問題の動き 204
付表 2 「夫婦別姓」検索結果一覧表（1989 年）..........................206
付表 3 1989.01.01 〜 2001.07.31 夫婦別姓に関する重要「報道」整理表 221
付表 4 1989.01.01 〜 2001.07.31 夫婦別姓に関する重要「主張」整理表 225
付表 5 『全国世論調査の現況』（平成元年版〜平成 12 年版）に見た「夫婦別姓」整理表..228

◆ 日本の既婚女性の氏についての研究

付表1. 国際婦人年以降の女性問題の動き

年	国連の動き	日本の動き
1975年（昭50年）	国際婦人年 国際婦人年世界会議（メキシコシティー） 「世界行動計画」採択	婦人問題企画推進本部設置 婦人問題企画推進会議開催
1976年（昭51年）		民法の一部改正（婚氏続称制度新設） 一部の公務員等に対する育児休業法施行
1977年（昭52年）		「国内行動計画」策定
1979年	国連総会「女性差別撤廃条約採択」	
1980年（昭55年）	国連婦人の十年中間年世界会議（コペンハーゲン） 「国連婦人の十年後半期行動プログラム」採択	「女性差別撤廃条約」への署名 民法の一部改正 （配偶者相続分の引き上げ）
1981年（昭56年）	「女性差別撤廃条約」発効	「国内行動計画後期重点目標」策定
1984年（昭59年）		国籍法の改正（父母両系主義）
1985年（昭60年）	国連婦人の十年世界会議（ナイロビ） 「婦人の地位向上のためのナイロビ将来戦略」採択	「女性差別撤廃条約」批准 男女雇用機会均等法成立 国民年金法改正 （婦人の年金権を保障）
1986年（昭61年）		婦人問題企画推進有識者会議開催 （婦人問題企画推進会議の後身） 男女雇用機会均等法施行
1987年（昭62年）		「西暦2000年に向けての新国内行動計画」策定 教育課程審議会答申 （高等学校家庭科男女必修（平成6年））
1990年（平2年）	国連経済社会理事会で「ナイロビ将来戦略の実施に関する見直しと評価に伴う勧告」採択	

1991年（平3年）		「西暦2000年に向けての新国内行動計画」（第一回改定） 目標年度：平成12年度 育児休業法成立
1992年（平4年）		育児休業法施行 初の婦人問題担当大臣任命
1993年（平5年）		パートタイム労働法成立 「男女共同参画型社会づくりに関する推進体制の整備について」 婦人問題企画推進本部決定
1994年（平6年）		男女共同参画審議会設置 男女共同参画推進本部設置
1995年（平7年）	第4回世界女性会議開催 「北京宣言及び行動綱領」採択	育児休業等に関する法律の改正 （介護休業） ILO156号条約批准 （家族的責任を有する労働者の機会等の均等）
1996年（平8年）		「男女共同参画ビジョン」答申 （男女共同参画審議会） 「男女共同参画2000年プラン」策定
1997年（平9年）		「男女共同参画審議会設置法」施行 男女雇用機会均等法の改正 労働基準法の改正 育児・介護休業法の改正 労働省設置法の改正 介護保健法成立
1998年（平10年）		「男女共同参画社会基本法案」を国会に提出
1999年（平11年）		改正男女雇用機会均等法施行 「男女共同参画社会基本法」公布・施行
2000年（平12年）	国連特別総会「女性2000年会議」開催予定 （ニューヨーク）	

付表2.「夫婦別姓」検索結果一覧表（1989年）

番号	掲載日	ソース	標題	その他
1	1989.02.27	朝刊	夫婦別姓認めよう　東京弁護士会が改正の「試案」	報道（賛成）
2	1989.02.28	朝刊	夫婦別姓を考える大討論会（情報クリップ）	知らせ
3	1989.03.14	朝刊	夫婦別姓　入籍するのが幸せか（それぞれの椅子）	報道（賛成）
4	1989.03.28	朝刊	夫婦別姓選択制をすすめる会例会（情報クリップ）	知らせ
5	1989.05.16	朝刊	集会「楽しくやろう夫婦別姓…」（情報クリップ）	知らせ
6	1989.05.23	朝刊	夫婦別姓で意見を交換　市川で推進者ら　千葉	報道（賛成）
7	1989.06.02	朝刊	夫婦別姓選択制をすすめる会例会（情報クリップ）	知らせ
8	1989.06.27	夕刊	「夫婦別姓」認めず　「同姓は一体感高める」…　名古屋	報道（反対）
9	1989.06.30	夕刊	父の出生届を受け取れず　夫婦別姓で各務原市　名古屋	報道（反対）
10	1989.06.30	朝刊	夫婦別姓選択制をすすめる会例会（情報クリップ）	知らせ
11	1989.08.29	朝刊	夫婦別姓選択制をすすめる会例会（情報クリップ）	知らせ
12	1989.09.19	朝刊	夫婦別姓　鵜沢真理子さんと中村勝美さん（女 say・男 say）	主張（賛否）
13	1989.09.26	朝刊	夫婦別姓はいかが　福島瑞穂著（本だな）	知らせ
14	1989.12.26	朝刊	家庭生活では保守的　夫婦別姓など抵抗感　男女平等で…	主張（反対）
15	1989.12.26	朝刊	夫婦別姓・性的いやがらせ　読者のホンネ…（女 say・男 say）	主張（賛否）

「夫婦別姓」検索結果一覧表（1990年）

番号	掲載日	ソース	標題	内容／賛否
1	1990.03.02	夕刊	講座「夫婦別姓と家父長制」（会と催し）	知らせ
2	1990.03.04	朝刊	講座「夫婦別姓と家父長制」（情報クリップ）	知らせ
3	1990.03.14	朝刊	これからの選択・夫婦別姓　女性の権利に関する委員会編	知らせ

4	1990.09.14	朝刊	弁護士を囲み夫婦別姓を考える集い　大宮　埼玉	報道（賛成）
5	1990.11.05	朝刊	「愛は法律を超えて」立命館大学で夫婦別姓討論　京都	報道（賛成）
6	1990.11.15	夕刊	夫婦別姓を「支持」名古屋弁護士会が意見書発表　名古屋	報道（賛成）

「夫婦別姓」検索結果一覧表（1991年）

番号	掲載日	ソース	標題	内容／賛否
1	1991.01.13	朝刊	3割が「夫婦別姓容認」望む　性別役割分担の否定派4割…	報道（反対）
2	1991.02.10	朝刊	近づく夫婦別姓時代に自由さ訴え　次々関連書	知らせ
3	1991.03.08	朝刊	夫婦別姓「選択制」導入を　大阪でシンポジウム	報道（賛成）
4	1991.05.23	夕刊	「夫婦別姓」判断せず「差別」の訴えを棄却　東京地裁判決	無関連
5	1991.05.29	朝刊	夫婦別姓への法改正は不要（声）	主張（反対）
6	1991.06.18	朝刊	独で夫婦別姓立法求めた判決　山下泰子（論壇）	主張（賛成）
7	1991.12.10	朝刊	家事は女性が20％　夫婦別姓は4人に1人容認　今市市…	報道（反対）

「夫婦別姓」検索結果一覧表（1992年）

番号	掲載日	ソース	標題	内容／賛否
1	1992.02.04	朝刊	（おむつ）と「夫婦別姓」に、大きな反響（拝復）兵庫	主張（賛成）
2	1992.02.15	朝刊	「夫婦別姓」で15日、シンポ　京都弁護士会　京都	知らせ
3	1992.05.30	朝刊	夫婦別姓…戸籍も別に？　必要性巡り都内でシンポ	報道（賛成）
4	1992.08.25	朝刊	夫婦別姓（時代を吹く風　第2部：1）埼玉	報道（賛成）
5	1992.10.15	朝刊	「夫婦別姓選べる制度に」区議会が意見書採択　東京・江東	報道（賛成）
6	1992.10.21	朝刊	夫婦別姓ならぜひ既婚者も（声）	主張（賛成）
7	1992.12.02	朝刊	「夫婦別姓」両論を併記　中間報告案を了承　法制審部会	報道（賛否）

❖ 日本の既婚女性の氏についての研究

「夫婦別姓」検索結果一覧表（1993 年）

番号	掲載日	ソース	標題	内容／賛否
1	1993.04.24	朝刊	夫婦別姓など求める意見書　大阪弁護士会　大阪	報道（賛成）
2	1993.05.02	朝刊	夫婦別姓＜用語＞	報道（中立）
3	1993.05.14	朝刊	夫婦別姓選択を提言　半年間再婚禁止の廃止も　…　京都	報道（賛成）
4	1993.06.17	朝刊	差別ある限り夫婦別姓主張（声）	主張（賛成）
5	1993.06.19	朝刊	夫婦別姓こそ自由で対等に（声）	主張（賛成）
6	1993.06.25	朝刊	夫婦別姓には不都合が多い戸籍や住民票（声）	主張（賛成）
7	1993.09.21	朝刊	夫婦別姓、男性も理解　大宮市議会意見書可決　埼玉	報道（賛成）
8	1993.11.05	朝刊	夫婦別姓の法制化へ…　（くらしのインデックス）	知らせ
9	1993.11.09	朝刊	夫婦別姓を考えよう　18 日に仙台でディスカッション　宮城	知らせ
10	1993.11.14	朝刊	夫婦別姓求める人々「法制化へ弾み」法制審の意見集約	報道（賛成）
11	1993.11.14	朝刊	夫婦別姓、多数が支持　法制審小委、裁判所など意見集約	報道（賛成）
12	1993.11.16	朝刊	夫婦別姓（天声人語）	主張（賛成）
13	1993.11.18	朝刊	夫婦別姓の流れ（かたえくぼ）	主張（反対）
14	1993.11.27	朝刊	「夫婦別姓」を考える討論会　27 日に神戸・甲南大で　兵庫	知らせ
15	1993.11.28	朝刊	夫婦別姓か同姓か　甲南大生が聴衆前に大論戦展開　兵庫	報道（賛否）
16	1993.12.01	朝刊	夫婦別姓　法制化巡り審議本格化　賛否それぞれの論者に…	報道（賛否）
17	1993.12.12	朝刊	夫婦別姓あす審議　市民団体、国への意見書求め…　埼玉	報道（賛成）
18	1993.12.14	朝刊	夫婦別姓の意見書提案見送りへ　静岡市議会　静岡	報道（反対）
19	1993.12.14	朝刊	「夫婦別姓」の請願、継続審議に　県議会県民環境委　埼玉	報道（賛成）
20	1993.12.23	朝刊	夫婦別姓 7 割が「認める」産能大学生が意識調査　神奈川	報道（賛成）
21	1993.12.25	朝刊	公文書に夫婦別姓容認　大阪府教委、来年度から	報道（賛成）
22	1993.12.29	朝刊	継続審議の「夫婦別姓」請願（ニュース・探る追う）埼玉	報道（賛成）

「夫婦別姓」検索結果一覧表（1994年）

番号	掲載日	ソース	標題	内容／賛否
1	1994.01.03	朝刊	夫婦別姓で年賀状が来た　あけまして「民法改正案」…	報道（賛成）
2	1994.01.14	朝刊	夫婦別姓など考えませんか　22日、沼津でシンポ　静岡	知らせ
3	1994.02.14	朝刊	「夫婦別姓」を選ぶ試み　法や制度はどう対応	報道（賛成）
4	1994.03.01	朝刊	賛成・反対の双方が夫婦別姓で討論会　浦和できょう　埼玉	知らせ
5	1994.03.02	朝刊	「夫婦別姓」の集いに男女約300人が参加　浦和	報道（賛否）
6	1994.03.04	朝刊	人格権VS一体感　夫婦別姓考える集い…　埼玉	報道（賛否）
7	1994.05.12	朝刊	どんな問題が？　14日、神戸弁護士会が夫婦別姓…　兵庫	報道（賛成）
8	1994.05.15	朝刊	男性側に戸惑い　神戸で夫婦別姓をテーマにシンポ　兵庫	報道（賛成）
9	1994.07.13	朝刊	焦点は子の姓の決め方　民法改正要綱試案の「夫婦別姓」…	報道（中立）
10	1994.07.13	朝刊	夫婦別姓へ3案、法制審部会了承　秋に世論調査　…	報道（中立）
11	1994.07.14	朝刊	「夫婦別姓」の法制化を願う（声）	主張（賛成）
12	1994.07.14	朝刊	選択的夫婦別姓制度（天声人語）	主張（中立）
13	1994.08.11	朝刊	夫婦別姓　女性の多くは支持（どう考える？民法改正）	報道（賛否）
14	1994.08.25	朝刊	夫婦別姓「受け入れる」53.2%　甲南大の男子学生…兵庫	報道（反対）
15	1994.09.27	朝刊	世論は「意外に寛容」抜本改革になお戸惑い　夫婦別姓	報道（賛否）
16	1994.09.27	朝刊	別姓認める、でも自分は…「夫婦別姓」に関する…	報道（賛否）
17	1994.09.27	朝刊	選択的夫婦別姓、58%が導入に賛成　朝日新聞社世論調査	報道（賛成）
18	1994.10.21	朝刊	夫婦別姓案の原則・例外の真意　加藤一郎（論壇）	主張（中立）
19	1994.11.23	朝刊	夫婦別姓選択制で法務省に意見書　市民グループ…　宮城	報道（賛成）
20	1994.12.16	朝刊	夫婦別姓、"実行"まだ1割　京都橘女子大学生…　京都	報道（反対）

❖ 日本の既婚女性の氏についての研究

「夫婦別姓」検索結果一覧表（1995年）

番号	掲載日	ソース	標題	内容／賛否
1	1995.01.07	朝刊	個人として自立…夫婦別姓を選んだ人々（手描きの…）茨城	報道（賛成）
2	1995.03.03	朝刊	夫婦別姓など論じる　エフコープくらしの文化講座　福岡	知らせ
3	1995.03.10	朝刊	「民法改正でどうなる、離婚、夫婦別姓」	知らせ
4	1995.03.28	朝刊	夫婦別姓、希望は少数　東京女性財団アンケート	報道（反対）
5	1995.08.10	朝刊	夫婦別姓制度導入へ田沢法相が前向き	報道（賛成）
6	1995.08.19	朝刊	夫婦別姓に賛成が大勢　法務省、民法改正へ各界の意見照会	報道（賛成）
7	1995.08.24	朝刊	弁護士親子、母も娘も夫婦別姓で生きる…	報道（賛成）
8	1995.08.26	朝刊	夫婦別姓、子の姓は統一　結婚時点で選択　法制審小委が…	報道（賛成）
9	1995.08.27	朝刊	夫婦別姓（かたえくぼ）	主張（賛成）
10	1995.09.19	朝刊	後退はゴメン　請願続けた主婦3人は…「夫婦別姓」…埼玉	報道（賛成）
11	1995.09.22	夕刊	夫婦別姓（語りあうページ）大阪	主張（反対）
12	1995.09.29	夕刊	どうする家や子の名　いよいよ…（語りあうページ）大阪	主張（賛成）
13	1995.09.29	朝刊	選択的夫婦別姓「世帯」より「個」重視を　佐藤洋子…	主張（賛成）
14	1995.10.03	夕刊	待ち受ける新たな問題　夫婦別姓…（語りあうページ）大阪	主張（賛否）
15	1995.10.11	夕刊	夫婦別姓（語りあうページ）大阪	主張（賛成）
16	1995.10.14	朝刊	夫婦別姓。国会議員と語ろう　市民団体が主催（生活予報）	知らせ
17	1995.10.21	朝刊	夫婦別姓（ことば散歩）愛知	無関連
18	1995.11.20	朝刊	ああペーパー離婚　夫婦別姓を一日も早く　…（ミニ時評）	主張（賛成）
19	1995.12.20	朝刊	夫婦別姓容認固める　5年別居の離婚も　民法改正で…	報道（賛成）

「夫婦別姓」検索結果一覧表（1996年）

番号	掲載日	ソース	標題	内容／賛否
1	1996.01.17	朝刊	民法改正へ要綱案　夫婦別姓・5年別居で離婚　法制審部…	報道（賛成）
2	1996.01.25	朝刊	夫婦別姓＜用語＞	報道（賛成）
3	1996.01.25	朝刊	夫婦別姓と家族の関係　東京・池袋（情報クリップ）	知らせ
4	1996.01.31	朝刊	夫婦別姓を選ぶと戸籍はこうなる　審議会答申まとまる	報道（中立）
5	1996.02.26	朝刊	小論文、震災や夫婦別姓など社会問題反映…　西部	報道（中立）
6	1996.02.27	朝刊	法制審、夫婦別姓導入など民法改正を答申　今国会成立は…	報道（賛否）
7	1996.02.28	朝刊	夫婦別姓で自民、カンカンガクガク「何とか今国会提出を…	報道（賛否）
8	1996.02.29	朝刊	「夫婦別姓に原則賛成」佐藤観樹・社民党幹事長（政治短信）	報道（賛成）
9	1996.03.02	朝刊	夫婦別姓亡国論はこっけいでは（声）	主張（賛成）
10	1996.03.02	朝刊	夫婦別姓問題、国民承知ずみ（声）	主張（賛成）
11	1996.03.03	朝刊	夫婦別姓運動10年　二宮純子さん（インタビュー…）愛知	主張（賛成）
12	1996.03.04	朝刊	夫婦別姓話し合い、きずな深まる（声）	主張（賛成）
13	1996.03.06	朝刊	夫婦別姓も同姓も家族の生き方（声）	主張（賛成）
14	1996.03.09	朝刊	金沢市議会が夫婦別姓に反対の意見書　女性5議員…　大阪	報道（賛否）
15	1993.03.11	朝刊	夫婦別姓、議員と話そう　実現求め市民団体が企画　東京	知らせ
16	1996.03.22	朝刊	夫婦別姓意見書は賛成玉虫色で決着　金沢市議会　大阪	報道（中立）
17	1996.03.23	朝刊	「夫婦別姓」に反対し徳島県議会が意見書　大阪	報道（反対）
18	1996.04.03	朝刊	民法改正の促進を要請　夫婦別姓で連合の芦田甚之助会長	報道（賛成）
19	1996.04.10	朝刊	夫婦別姓問題の公開討論拒む　徳島県議会　大阪	報道（賛否）
20	1996.04.14	朝刊	夫婦別姓、私の考え　トーク＆とーく・13日　兵庫	主張（賛否）
21	1996.04.14	朝刊	女性国会議員が抗議文　徳島県議会の夫婦別姓制度導入…	報道（賛成）
22	1996.04.18	朝刊	「夫婦別姓」で大討論会　北九州市で開催　福岡	報道（賛否）

213

◆ 日本の既婚女性の氏についての研究

23	1996.04.22	アリラ	根強い時期尚早論　法案提出の今後の見直し　夫婦別姓	報道（反対）
24	1996.04.22	アリラ	妻が夫に迫る時が来る　民法改正で既婚も夫婦別姓が可能	報道（賛否）
25	1996.04.22	夕刊	夫婦別姓より難しい　エネルギーシンポ…福島瑞穂さん	無関連
26	1996.04.27	朝刊	夫婦別姓　トーク＆とーく・27日　兵庫	主張（賛否）
27	1996.05.11	朝刊	「夫婦別姓」を考える　トーク＆とーく・11日　兵庫	主張（賛成）
28	1996.05.18	朝刊	夫婦別姓—私の意見　トーク＆とーく・18日　兵庫	主張（賛成）
29	1996.05.18	朝刊	選択的夫婦別姓を考える　今井通子さんと木村治美さん…	主張（賛否）
30	1996.05.20	朝刊	今国会の提案微妙に　自民党内まとまらず　夫婦別姓…	報道（反対）
31	1996.05.22	朝刊	夫婦別姓に自民党内激突　民法改正案の今国会提出断念…	報道（反対）
32	1996.05.26	朝刊	夫婦別姓でも不自由はない（声）	主張（賛成）
33	1996.05.30	朝刊	理解できない夫婦別姓による「家族崩壊」説（声）	主張（賛成）
34	1996.05.31	朝刊	「夫婦別姓」求め、リレートークや学者アピール	報道（賛成）
34	1996.06.14	朝刊	夫婦別姓の導入方法見直しを示唆　長尾法相	報道（中立）
36	1996.06.28	朝刊	反対決議した県議会に選択的夫婦別姓推進求め…　大阪	報道（賛成）
37	1996.07.02	朝刊	私たち、工夫し「夫婦別姓」ペーパー離婚や法的届けせず…	報道（賛成）
38	1996.07.17	朝刊	夫婦別姓を求める請願書は継続審査　徳島県議会　大阪	報道（中立）
39	1996.07.25	朝刊	夫婦別姓問題、来年2月に意見集約へ　自民党	報道（中立）
40	1996.08.29	夕刊	「夫婦別姓」を求める妻に困惑（人生相談…）大阪	主張（賛成）
41	1996.11.04	朝刊	高齢者の財産管理、夫婦別姓を考える　6・7日に小倉…福岡	報道（賛成）
42	1996.11.10	朝刊	夫婦別姓巡る問題話し合う　広島でシンポ　広島	報道（賛成）
43	1996.11.17	朝刊	夫婦別姓、反対減り39％　通称是認22％、容認32％…	報道（反対）
44	1996.11.30	朝刊	「夫婦別姓」「情報公開」きょう相次ぎ集い開催　大阪	報道（賛成）
45	1996.12.10	朝刊	「夫婦別姓論」もうやめては（声）	主張（反対）

付表一覧

46	1996.12.11	朝刊	松浦法相の慎重発言は「改正機運に水」夫婦別姓制度で…	報道（賛否）
47	1996.12.11	朝刊	市民シンポジウム　夫婦別姓問題を考える（情報クリップ）	知らせ
48	1996.12.18	朝刊	「夫婦別姓に反対」県議会委で陳情を採択　岡山	報道（反対）
49	1996.12.19	朝刊	夫婦別姓制度導入反対の陳情で不採択を要望　…　岡山	報道（賛成）
50	1996.12.19	朝刊	相手の人生を尊重する夫婦別姓（声）	主張（賛成）
51	1996.12.20	朝刊	夫婦別姓（かたえくぼ）	主張（中立）

「夫婦別姓」検索結果一覧表（1997年）

番号	掲載日	ソース	標題	内容／賛否
1	1997.01.23	朝刊	夫婦別姓選択など太田代議士に要請　民法改正…　福岡	報道（賛成）
2	1997.02.14	朝刊	首相らにバレンタインチョコ贈る　夫婦別姓求める女性…	報道（賛成）
3	1997.02.16	朝刊	「夫婦別姓」を考える会発足　四日市できょう例会	知らせ
4	1997.02.19	朝刊	夫婦別姓の民法改正案、今国会提出は困難に	報道（反対）
5	1997.02.22	朝刊	夫婦別姓制度「早期実現を」市民団体、知事にも要望　宮城	報道（賛成）
6	1997.02.27	朝刊	自民、旧姓「呼称」使用で調整　民主は独自の議員立法…	報道（賛否）
7	1997.02.28	朝刊	「夫婦別姓」で綱引き　民主、独自案で揺さぶり　自民…	報道（賛否）
8	1997.03.01	朝刊	夫婦別姓問題で自民案に異議　村上正邦・参院党幹事長	報道（反対）
9	1997.03.04	朝刊	夫婦別姓導入、請願結論出ず　仙台市議会市民教育委　宮城	報道（賛成）
10	1997.03.05	朝刊	届け出で旧姓使用　自民が合意、社さは反対　夫婦別姓…	報道（賛否）
11	1997.03.06	朝刊	「夫婦別姓は慎重に」意見書を可決　松山市議会開会　愛媛	報道（反対）
12	1997.03.08	朝刊	夫婦別姓導入を自民に要請　日弁連	報道（賛成）
13	1997.03.09	朝刊	夫婦別姓は自民「旧姓続称」VS. 非自民「選択的に」…	報道（賛否）
14	1997.03.13	朝刊	夫婦別姓反対求める請願は継続審査に　県議会委　長崎	報道（反対）

215

❖ 日本の既婚女性の氏についての研究

15	1997.03.13	朝刊	小論文問題に夫婦別姓など　県内国公立大入試　兵庫	報道（中立）
16	1997.03.13	朝刊	与党、夫婦別姓問題で協議機関を設置（政治短信）	報道（中立）
17	1997.03.14	朝刊	民主が法改正案提出「選択的」盛り、党議拘束外し…	報道（賛成）
18	1997.03.14	朝刊	夫婦別姓、閣僚も意見バラバラ　参院予算委で賛否聞く	報道（反対）
19	1997.03.20	朝刊	夫婦別姓決議案で紛糾　自民党が見送り決着　県議会…山口	報道（賛否）
20	1997.03.20	朝刊	夫婦別姓求める集会　東京・飯田橋	報道（賛成）
21	1997.03.26	朝刊	夫婦別姓に慎重さを求める意見書可決　えびの市議会…宮崎	報道（反対）
22	1997.04.16	朝刊	「選択的夫婦別姓」求めて緊急集会　市民団体などが…	報道（賛成）
23	1997.04.26	朝刊	「夫婦別姓、日本も早く」吉川市教委が中学生に…　埼玉	報道（賛成）
24	1997.05.05	朝刊	夫婦別姓選択制　家族のきずな変わらず…　宮城	主張（賛成）
25	1997.05.08	夕刊	夫婦別姓、今国会への改正案提出見送りへ　自民意見集約…	報道（反対）
26	1997.05.10	朝刊	夫婦別姓論議に素朴な疑問　志賀かう子（岩手論壇）岩手	欠
27	1997.05.10	朝刊	夫婦別姓、反対の声が意外に多い　…（発言録）	報道（反対）
28	1997.05.25	朝刊	「家」か幸せか、夫婦別姓望む（声）	主張（賛成）
29	1997.06.04	朝刊	新進党、夫婦別姓など提案へ（政治短信）	報道（賛成）
30	1997.06.06	朝刊	社さが「選択制」夫婦別姓法案　賛否は「非自民対自民」	報道（賛成）
31	1997.06.07	朝刊	「選択的夫婦別姓」改正案を提出　参院・平成会有志	報道（賛成）
32	1997.06.10	朝刊	民主案の夫婦別姓制度、審議入りへ　今国会の成立は困難…	報道（中立）
33	1997.06.11	夕刊	夫婦別姓の審議の始まる　衆院法務委	報道（中立）
34	1997.06.14	朝刊	選択的夫婦別姓制度、参考人の意見　衆院法務委員会質疑	報道（賛否）
35	1997.06.15	朝刊	夫婦別姓、賛否を討論　両派に分かれ熱っぽく　鳥取	報道（賛否）
36	1997.06.17	夕刊	夫婦別姓、廃案に　民主党案、自民が反対　民法改正	報道（反対）
37	1997.06.28	朝刊	夫婦別姓で意見募る　大阪にホットラインを設置　大阪	知らせ

38	1997.07.08	朝刊	夫婦別姓制度、市民から賛否両論　青年司法書士協…　大阪	報道（賛成）
39	1997.09.22	朝刊	夫婦別姓・婚外子差別ホットライン　あす市民団体が…	知らせ
40	1997.10.18	朝刊	切実な悩み、ホットラインに続々　夫婦別姓・婚外子…	報道（賛成）
41	1997.10.31	朝刊	夫婦別姓反対60％、賛成意見も目立つ　…　和歌山	報道（反対）
42	1997.11.05	朝刊	県議会委、賛成多数で採択　夫婦別姓導入に反対する…岩手	報道（反対）
43	1997.11.24	朝刊	夫婦別姓選択性　地方から働きかけ期待　棚村行政　宮城	主張（賛成）
44	1997.12.13	朝刊	県会委で趣旨採択　夫婦別姓を求める陳情　鳥取	報道（賛成）

「夫婦別姓」検索結果一覧表（1998年）

番号	掲載日	ソース	標題	内容／賛否
1	1998.03.10	朝刊	夫婦別姓、OK？ダメ？知事は慎重答弁　庁内では前…　新潟	報道（賛成）
2	1998.03.11	朝刊	法相、施策演説で夫婦別姓立法化に触れず　法務省、当面…	報道（反対）
3	1998.04.01	夕刊	夫婦別姓　水田珠枝（私空間）	主張（賛成）
4	1998.06.03	朝刊	「非自民」勢力が結集　超党派案にさ賛成へ　夫婦別姓	報道（賛成）
5	1998.06.09	朝刊	民法改正案を提出「夫婦別姓」導入盛る　与野党有志	報道（賛成）
6	1998.06.19	朝刊	参院選立候補予定者、質問の回答を公表　夫婦別姓…　鳥取	報道（賛成）
7	1998.07.14	朝刊	夫婦別姓巡る例会、四日市で19日開催　三重	知らせ
8	1998.09.23	朝刊	夫婦別姓の問題を弁護士招き講演会　三重	知らせ
9	1998.12.13	朝刊	「夫婦別姓」の可否論じるディベート　福岡市（青鉛筆）西部	報道（中立）
10	1998.12.18	朝刊	夫婦別姓の年賀状（ひととき）大阪	主張（賛成）

❖ 日本の既婚女性の氏についての研究

「夫婦別姓」検索結果一覧表（1999年）

番号	掲載日	ソース	標題	内容／賛否
1	1999.01.12	朝刊	夫婦別姓「導入検討を」中村正三法相が自民に要請	報道（賛成）
2	1999.01.20	朝刊	選挙考慮、参院初の「夫婦別姓」（記者席）	報道（賛成）
3	1999.02.26	夕刊	戸籍は同姓、通常は旧姓　法相、自民に提案へ　夫婦別姓…	報道（賛成）
4	1999.03.11	朝刊	民主方針、野党共闘で参院提出へ「夫婦別姓」民法改正案	報道（賛成）
5	1999.05.20	朝刊	「選択的夫婦別姓制度」に民主賛成（永田町霞が関）	報道（賛成）
6	1999.06.28	朝刊	集団面接で人物評価「夫婦別姓」討論　太田市職員…／群馬	報道（中立）
7	1999.08.14	朝刊	夫婦別姓法案、廃案に（永田町霞が関）	報道（反対）
8	1999.09.23	朝刊	いつまでかかる？夫婦別姓の法改正　民間団体が電話相談	知らせ
9	1999.12.07	朝刊	夫婦別姓（かたえくぼ）	主張（反対）
10	1999.12.11	朝刊	夫婦別姓へ民法改正案（永田町霞が関）	報道（賛成）
11	1999.12.16	朝刊	「選択的夫婦別姓制度」継続審議　衆院本会議	報道（反対）
12	1999.12.27	朝刊	新しい家族の時代　夫婦別姓（社説）	主張（賛成）

「夫婦別姓」検索結果一覧表（2000年）

番号	掲載日	ソース	標題	内容／賛否
1	2000.01.29	朝刊	夫婦別姓法改正、気になる審議（さつまかぜ）／鹿児島	欠
2	2000.02.07	朝刊	仕事前面、太田房江さん重責　大阪、全国初の女性知事	報道（賛成）
3	2000.02.16	朝刊	蔦森樹さん迎え「性別」考える　26日、四日市で…／三重	知らせ
4	2000.02.23	朝刊	身近な話題で特集　長野日大、高校新聞コンクール…／長野	無関連
5	2000.02.26	朝刊	社内結婚「寿退社」100年の慣行（どうする・あなたなら…）	無関連
6	2000.03.22	朝刊	講座・集い　／愛知	知らせ
7	2000.03.27	週刊	LETTERS	欠

8	2000.03.30	朝刊	別姓法を望む娘夫婦の選択（声）	主張（賛成）
9	2000.04.05	朝刊	ひとりで悩まないで　女性に対する暴力を考える…／鳥取	無関連
10	2000.04.06	朝刊	心の中にある婚外子差別も（声）	主張（賛成）
11	2000.04.07	週刊	4人に1人が東大合格　才女はこうして開花する　桜蔭学園	無関連
12	2000.04.14	朝刊	情報クリップ	知らせ
13	2000.05.05	朝刊	ずっと旧姓使いたいのに　不便な結婚後の「通称」使用	主張（賛成）
14	2000.05.11	朝刊	別姓か同姓か自由に選んで（声）	主張（賛成）
15	2000.05.12	朝刊	別姓法案、国会の議論早く聞かせて（記者席）	報道（賛成）
16	2000.05.14	朝刊	福島市に福祉や子育て支援の要望書を提出　女性の…／福島	無関連
17	2000.05.26	朝刊	「夫婦別姓」法案、3年ぶり審議　参院法務委員会【大阪】	報道（賛成）
18	2000.06.01	朝刊	講座・集い　／愛知	知らせ
19	2000.06.05	朝刊	税財源は国・地方同率　民主党公約、PKF凍結解除を明記	報道（賛成）
20	2000.06.06	朝刊	「別姓選択」に民法の改正を（声）【西部】	主張（賛成）
21	2000.06.13	朝刊	「私が候補者」ならこう訴えこうする（総選挙2000）／香川	主張（賛成）
22	2000.06.13	朝刊	別姓できずに不便ますます（声）	主張（賛成）
23	2000.06.14	朝刊	「お嫁さん」と呼ぶのやめて（声）【名古屋】	無関連
24	2000.06.17	朝刊	暮らし（総選挙　とちぎの小選挙区　17人に聞く：2）／栃木	報道（賛否）
25	2000.06.21	朝刊	インターネット（「無党派」の気分　2000総選挙：5）／栃木	無関連
26	2000.06.23	朝刊	旧姓を使える裏ワザないか　私の名前は（声）	主張（賛成）
27	2000.06.24	朝刊	問われるべき前政権の功罪（声）	無関連
28	2000.06.26	朝刊	自民の5議席独占崩れる　衆院選・小選挙区　／栃木	無関連
29	2000.06.28	朝刊	船田夫妻の二人三脚空転　総選挙（衝撃　水島…）／栃木	無関連
30	2000.07.03	朝刊	船田元さん　栃木1区で議席失う（聞きたい知り…）／栃木	無関連
31	2000.07.04	夕刊	初登院に向かい風　自民新人、改革を強調　元建設相、…	報道（賛成）

32	2000.07.07	朝刊	赤川泉さん（新日向人のおか目はち目）／宮崎	報道（賛成）
33	2000.07.07	週刊	鳩菅よ、慎太郎を見ならえ　民主政権へ「次に一手」	無関連
34	2000.07.11	夕刊	iモード仕掛け人・松永真理さん：下（21世紀　旗手）	無関連
35	2000.07.15	朝刊	夫婦別姓いつになれば（ひととき）【西部】	主張（賛成）
36	2000.08.01	朝刊	一年生議員の水島広子氏、代表質問に抜てき登壇　首相は…	報道（賛成）
37	2000.08.08	朝刊	マンネリ国会、女性力で正せ（声）【西部】	主張（賛成）
38	2000.08.12	朝刊	夫婦別姓制度、早く実現して（声）【大阪】	主張（賛成）
39	2000.08.12	朝刊	「都市」にメッセージ：下　政治に警戒心、個として投票	無関連
40	2000.09.01	週刊	水島広子の大言は大器のあかし！？「首相公選なら立候補…	無関連
41	2000.09.01	週刊	ポスト森、加藤紘一がいちばん遠い？若手代議士…	無関連
42	2000.09.05	朝刊	落選運動のいま　議員の日常活動監視へ動く（鼓動）	無関連
43	2000.09.11	週刊	LETTERS	欠
44	2000.09.27	朝刊	姓・年金「個人単位に」男女共同参画審答申、…	報道（賛成）
45	2000.09.28	朝刊	従来の方が日本になじむ　推進本部長の森首相、夫婦別姓…	報道（反対）
46	2000.09.30	朝刊	夫婦別姓導入求める　野党などの女性…（永田町霞が関）	報道（賛成）
47	2000.10.03	朝刊	森首相の発言に民主党が抗議　夫婦別姓めぐり	報道（賛成）
48	2000.10.13	朝刊	講座・集い　／愛知	知らせ
49	2000.10.19	朝刊	社民党参院議員・福島瑞穂さん（知事の条件…）／新潟	無関連
50	2000.11.01	朝刊	野党議員が夫婦別姓法案を提出（永田町霞が関）	報道（賛成）
51	2000.11.19	朝刊	進路選びに教授ら一役　福岡・柏陵高に大学など…／福岡	無関連
52	2000.12.11	夕刊	夫婦別姓導入促す　男女共同参画審、政府基本計画を答申	報道（賛成）
53	2000.12.12	朝刊	具体性欠き「後退」の声　男女共同参画基本計画…＜解説＞	報道（中立）

「夫婦別姓」検索結果一覧表（2001年）

番号	掲載日	ソース	標題	内容／賛否
1	2001.01.01	朝刊	誕生　やっと家族に（ぬくもりの肖像　絆を…）／富山	報道（賛成）
2	2001.01.04	朝刊	結婚　支え知り合い人生（夢の架け橋　時代を…）／兵庫	無関連
3	2001.01.05	朝刊	夫婦別姓　自然体で（ぬくもりの肖像　絆を…）／富山	報道（賛成）
4	2001.01.11	朝刊	メール　／滋賀	主張（賛成）
5	2001.01.13	朝刊	離婚ルール明確に（記者ノート）	無関連
6	2001.01.23	朝刊	孫娘から来たあて名の順番　賀状で知った（声）【大阪】	主張（賛成）
7	2001.01.25	朝刊	徳島市長選、公開討論会の質問を陣営に説明　討論…／徳島	知らせ
8	2001.01.30	朝刊	福島さんのキビダンゴ論（ポリティカにっぽん）	無関連
9	2001.02.01	朝刊	講座・集い　／愛知	知らせ
10	2001.02.01	朝刊	民法改正の動き報告　市民グループが通信発行	知らせ
11	2001.02.06	朝刊	焦点採録　代表質問・衆院5日	報道（賛成）
12	2001.02.09	朝刊	焦点採録　予算委員会・衆院8日	報道（賛成）
13	2001.02.09	朝刊	特別永住者の国籍取得緩和へ3案　与党チーム検討	無関連
14	2001.02.19	朝刊	学会では旧姓…補助金申請は戸籍名　女性研究者が国に…	報道（賛成）
15	2001.02.20	夕刊	「ウチの奥さん」表現がヘン？　教育誌上で論争	無関連
16	2001.02.23	朝刊	「女は引っ込んでろ」に納得（トコの言わせて紙上…）【西部】	主張（賛成）
17	2001.02.25	朝刊	「女性が政治変える」民主党石川スクール　／石川	無関連
18	2001.02.26	夕刊	遺言の悩み、増えてます　家族のきずな弱まり、問題複雑に	無関連
19	2001.02.28	朝刊	講座・集い　／愛知	知らせ
20	2001.03.01	朝刊	反対論は観念的　夫婦別姓プロジェクトチーム野田聖子…	報道（賛成）
21	2001.03.02	朝刊	結婚後に悩んでも手遅れサ（トコの言わせて紙上…）【西部】	主張（賛成）
22	2001.03.09	朝刊	夫または妻の氏を称する（トコの言わせて紙上バトル）【西部】	無関連
23	2001.03.14	朝刊	情報クリップ	知らせ

❖ 日本の既婚女性の氏についての研究

24	2001.03.16	夕刊	夫婦別姓の世論調査、高村法相「年内に改めて」	報道（中立）
25	2001.03.16	朝刊	夫婦別姓導入へ集会　東京・霞が関で	知らせ
26	2001.03.24	朝刊	講座・集い　／愛知	知らせ
27	2001.03.27	朝刊	市職員の旧姓使用認めます　浜松市、県内氏町村で初／静岡	報道（賛成）
28	2001.03.27	朝刊	知事、氏名表記「旧姓」へ　「太田」もっと使います　／大阪	報道（賛成）
29	2001.04.19	朝刊	"私も改姓いや"の声続々「トコの言わせて」特別編【西部】	報道（賛成）
30	2001.05.01	朝刊	女性パワーが押し寄せてきた（ポリティカにっぽん）	無関連
31	2001.05.03	朝刊	「夫婦別姓は政策協議中」野田聖子・鶴保庸介氏、結婚会見	無関連
32	2001.05.06	朝刊	矢野貴久子さん「あったらいいな」を形に（花もあらしも）	無関連
33	2001.05.12	夕刊	ナゴヤマル【名古屋】	主張（賛成）
34	2001.05.12	朝刊	焦点採録　代表質問・参院11日	報道（賛成）
35	2001.05.16	夕刊	ナゴヤマル【名古屋】	主張（反対）
36	2001.05.17	朝刊	夫婦別姓旅券、手続きは簡単（声）【西部】	主張（賛成）
37	2001.05.26	朝刊	講座・集い　／愛知	知らせ
38	2001.06.01	朝刊	夫婦別姓導入を要望　市民グループが森山真弓法相に	報道（賛成）
39	2001.06.08	朝刊	父母　ひとこと言いたい　／埼玉	主張（賛成）
40	2001.06.11	週刊	がんばれ！男の子　女性は元気で旗色が悪いから	無関連
41	2001.06.12	朝刊	ふるさと鰍沢町、懐かしみ女性解放、望月百合子さ…／山梨	無関連
42	2001.06.20	朝刊	國分寺市長選候補者の横顔／東京	無関連
43	2001.06.21	朝刊	「夫婦別姓」で改正案　公明党（永田町霞が関）	報道（賛成）
44	2001.06.24	朝刊	予定7氏、顔そろえ熱弁（うず2001年千葉市長選）／千葉	報道（賛成）
45	2001.06.24	朝刊	「リストラ時代、家族も自立を」内閣府の研究会	報道（賛成）
46	2001.06.24	朝刊	女性の労働、支援に意見　閣僚対話集会	報道（賛否）
47	2001.06.25	朝刊	立候補予定者政策討論会：下（2001山梨参院選）／山梨	報道（賛否）
48	2001.06.25	夕刊	女性解放運動家・望月百合子さん（惜別）	無関連

49	2001.06.25	朝刊	野田聖子さん・鶴保庸介さん　国会議員同士で結婚（ひと）	無関連
50	2001.06.29	朝刊	現職の仕事ぶり点検：上（決選の夏01 参院選ぎふ）／岐阜	無関連
51	2001.06.30	朝刊	裁判所の魅力を考える（記者ノート）／宮城	無関連
52	2001.07.02	朝刊	別姓兄弟ではだめですか？（声）	主張（賛成）
53	2001.07.02	週刊	戒律守るため、毎日がジハード　日本人ムスリムの暮らし…	無関連
54	2001.07.02	週刊	あんたの弱みはこれだ　純ちゃん幸せ改造計画	無関連
55	2001.07.08	朝刊	安心し働ける環境づくりを　専業主婦（声）【名古屋】	主張（賛成）
56	2001.07.08	朝刊	安心し働ける環境づくりを　専業主婦：上（声）	主張（賛成）
57	2001.07.12	朝刊	市民団体が環境など問うアンケート参院選立候補者予定…	報道（賛成）
58	2001.07.12	朝刊	「政権交代」地方は動く（日本の予感「改革」の光と影：5）	報道（賛成）
59	2001.07.17	朝刊	徳島選挙区候補者アンケート：中 2001 あわ選挙…／徳島	報道（賛成）
60	2001.07.23	朝刊	男女共同参画　井上ミチコさん（私の提言）／滋賀	欠
61	2001.07.27	週刊	「50年代セックスレス夫婦」愛の復活　前頭葉の働き上手…	無関連

付表3. 1989.01.01～2001.07.31 夫婦別姓に関する重要「報道」整理表

年	番号	掲載日	標題	その他
1989	1	1989.02.27	夫婦別姓認めよう　東京弁護士会が改正の「試案」	賛成
	8	1989.06.27	「夫婦別姓」認めず　「同姓は一体感高める」…　名古屋	反対
1990	6	1990.11.15	夫婦別姓を「支持」名古屋弁護士会が意見書発表　名古屋	賛成
1991	1	1991.01.13	3割が「夫婦別姓容認」望む　性別役割分担の否定派4割…	反対
1992	5	1992.10.15	「夫婦別姓選べる制度に」区議会が意見書採択　東京・江東	賛成
	7	1992.12.02	「夫婦別姓」両論を併記　中間報告案を了承　法制審部会	賛否
1993	1	1993.04.24	夫婦別姓など求める意見書　大阪弁護士会　大阪	賛成
	3	1993.05.14	夫婦別姓選択を提言　半年間再婚禁止の廃止も　…　京都	賛成

❖ 日本の既婚女性の氏についての研究

1993	7	1993.09.21	夫婦別姓、男性も理解　大宮市議会意見書可決　埼玉	賛成
	10	1993.11.14	夫婦別姓求める人々「法制化へ弾み」法制審の意見集約	賛成
	11	1993.11.14	夫婦別姓、多数が支持　法制審小委、裁判所など意見集約	賛成
	17	1993.12.12	夫婦別姓あす審議　市民団体、国への意見書求め…　埼玉	賛成
	18	1993.12.14	夫婦別姓の意見書提案見送りへ　静岡市議会　静岡	反対
	19	1993.12.14	「夫婦別姓」の請願、継続審議に　県議会県民環境委　埼玉	賛成
	21	1993.12.25	公文書に夫婦別姓容認　大阪府教委、来年度から	賛成
1994	3	1994.02.14	「夫婦別姓」を選ぶ試み　法や制度はどう対応	賛成
	9	1994.07.13	焦点は子の姓の決め方　民法改正要綱試案の「夫婦別姓」…	中立
	10	1994.07.13	夫婦別姓へ3案、法制審部会了承　秋に世論調査　…	中立
	17	1994.09.27	選択的夫婦別姓、58％が導入に賛成　朝日新聞社世論調査	賛成
	19	1994.11.23	夫婦別姓選択制で法務省に意見書　市民グループ…　宮城	賛成
1995	4	1995.03.28	夫婦別姓、希望は少数　東京女性財団アンケート	反対
	6	1995.08.19	夫婦別姓に賛成が大勢　法務省、民法改正へ各界の意見照会	賛成
	8	1995.08.26	夫婦別姓、子の姓は統一　結婚時点で選択　法制審小委が…	賛成
	19	1995.12.20	夫婦別姓容認固める　5年別居の離婚も民法改正で…	賛成
1996	1	1996.01.17	民法改正へ要綱案　夫婦別姓・5年別居で離婚　法制審部…	賛成
	6	1996.02.27	法制審、夫婦別姓導入など民法改正を答申　今国会成立は…	賛否
	7	1996.02.28	夫婦別姓で自民、カンカンガクガク「何とか今国会提出を…」	賛否
	8	1996.02.29	「夫婦別姓に原則賛成」佐藤観樹・社民党幹事長（政治短信）	賛成
	14	1996.03.09	金沢市議会が夫婦別姓に反対の意見書　女性5議員…　大阪	賛否
	16	1996.03.22	夫婦別姓意見書は賛成玉虫色で決着　金沢市議会　大阪	中立
	17	1996.03.23	「夫婦別姓」に反対し徳島県議会が意見書　大阪	反対

年		日付	見出し	賛否
1996	30	1996.05.20	今国会の提案微妙に　自民党内まとまらず　夫婦別姓…	反対
	31	1996.05.22	夫婦別姓に自民党内激突　民法改正案の今国会提出断念…	反対
	34	1996.06.14	夫婦別姓の導入方法見直しを示唆　長尾法相	中立
	37	1996.07.02	私たち、工夫し「夫婦別姓」ペーパー離婚や法的届けせず…	賛成
	39	1996.07.25	夫婦別姓問題、来年2月に意見集約へ　自民党	中立
	43	1996.11.17	夫婦別姓、反対減り39％　通称是認22％、容認32％…	反対
	46	1996.12.11	松浦法相の慎重発言は「改正機運に水」夫婦別姓制度で…	賛否
	48	1996.12.18	「夫婦別姓に反対」県議会委で陳情を採択　岡山	反対
	49	1996.12.19	夫婦別姓制度導入反対の陳情で不採択を要望　…　岡山	賛成
1997	4	1997.02.19	夫婦別姓の民法改正案、今国会提出は困難に	反対
	6	1997.02.27	自民、旧姓「呼称」使用で調整　民主は独自の議員立法…	賛否
	7	1997.02.28	「夫婦別姓」で綱引き　民主、独自案で揺さぶり　自民…	賛否
	10	1997.03.05	届け出で旧姓使用　自民が合意、社さは反対　夫婦別姓…	賛否
	11	1997.03.06	「夫婦別姓は慎重に」意見書を可決　松山市議会開会　愛媛	反対
	12	1997.03.08	夫婦別姓導入を自民に要請　日弁連	賛成
	13	1997.03.09	夫婦別姓は自民「旧姓続称」VS.非自民「選択的に」…	賛否
	14	1997.03.13	夫婦別姓反対求める請願は継続審査に　県議会委　長崎	反対
	17	1997.03.14	民主が法改正案提出「選択的」盛り、党議拘束外し…	賛成
	18	1997.03.14	夫婦別姓、閣僚も意見バラバラ　参院予算委で賛否聞く	反対
	19	1997.03.20	夫婦別姓決議案で紛糾　自民党が見送り決着　県議会…山口	賛否
	21	1997.03.26	夫婦別姓に慎重さを求める意見書可決　えびの市議会…宮崎	反対
	25	1997.05.08	夫婦別姓、今国会への改正案提出見送りへ　自民意見集約…	反対
	27	1997.05.10	夫婦別姓、反対の声が意外に多い　…（発言録）	反対
	29	1997.06.04	新進党、夫婦別姓など提案へ（政治短信）	賛成

❖ 日本の既婚女性の氏についての研究

	30	1997.06.06	社さが「選択制」夫婦別姓法案　賛否は「非自民対自民」	賛成
	31	1997.06.07	「選択的夫婦別姓」改正案を提出　参院・平成会有志	賛成
	33	1997.06.11	夫婦別姓の審議の始まる　衆院法務委	中立
	34	1997.06.14	選択的夫婦別姓制度、参考人の意見　衆院法務委員会質疑	賛否
	36	1997.06.17	夫婦別姓、廃案に　民主党案、自民が反対　民法改正	反対
	42	1997.11.05	県議会委、賛成多数で採択　夫婦別姓導入に反対する…岩手	反対
	44	1997.12.13	県会委で趣旨採択　夫婦別姓を求める陳情　鳥取	賛成
1998	4	1998.06.03	「非自民」勢力が結集　超党派案に社さ賛成へ　夫婦別姓	賛成
	5	1998.06.09	民法改正案を提出「夫婦別姓」導入盛る　与野党有志	賛成
1999	3	1999.02.26	戸籍は同姓、通常は旧姓　法相、自民に提案へ　夫婦別姓…	賛成
	4	1999.03.11	民主方針、野党共闘で参院提出へ「夫婦別姓」民法改正案	賛成
	7	1999.08.14	夫婦別姓法案、廃案に（永田町霞が関）	反対
	10	1999.12.11	夫婦別姓へ民法改正案（永田町霞が関）	賛成
	11	1999.12.16	「選択的夫婦別姓制度」継続審議　衆院本会議	反対
2000	17	2000.05.26	「夫婦別姓」法案、3年ぶり審議　参院法務委員会【大阪】	賛成
	44	2000.09.27	姓・年金「個人単位に」男女共同参画審答申、…	賛成
	45	2000.09.28	従来の方が日本になじむ　推進本部長の森首相、夫婦別姓…	反対
	46	2000.09.30	夫婦別姓導入求める　野党などの女性…（永田町霞が関）	賛成
	47	2000.10.03	森首相の発言に民主党が抗議　夫婦別姓めぐり	賛成
	50	2000.11.01	野党議員が夫婦別姓法案を提出（永田町霞が関）	賛成
2001	27	2001.03.27	市職員の旧姓使用認めます　浜松市、県内氏町村で初／静岡	賛成
	28	2001.03.27	知事、氏名表記「旧姓」へ「太田」もっと使います　／大阪	賛成
	43	2001.06.21	「夫婦別姓」で改正案　公明党（永田町霞が関）	賛成

226

| | 45 | 2001.06.24 | 「リストラ時代、家族も自立を」内閣府の研究会 | 賛成 |

付表4.1989.01.01～2001.07.31 夫婦別姓に関する重要「主張」整理表

年	番号	掲載日	標題	その他
1989	12	1989.09.19	夫婦別姓　鵜沢真理子さんと中村勝美さん（女say・男say）	賛否
1989	14	1989.12.26	家庭生活では保守的　夫婦別姓など抵抗感　男女平等で…	反対
1989	15	1989.12.26	夫婦別姓・性的いやがらせ　読者のホンネ…（女say・男say）	賛否
1991	5	1991.05.29	夫婦別姓への法改正は不要（声）	反対
1991	6	1991.06.18	独で夫婦別姓立法求めた判決　山下泰子（論壇）	賛成
1992	1	1992.02.04	（おむつ）と「夫婦別姓」に、大きな反響（拝復）兵庫	賛成
1992	6	1992.10.21	夫婦別姓ならぜひ既婚者も（声）	賛成
1993	4	1993.06.17	差別ある限り夫婦別姓主張（声）	賛成
1993	5	1993.06.19	夫婦別姓こそ自由で対等に（声）	賛成
1993	6	1993.06.25	夫婦別姓には不都合が多い戸籍や住民票（声）	賛成
1993	12	1993.11.16	夫婦別姓（天声人語）	賛成
1993	13	1993.11.18	夫婦別姓の流れ（かたえくぼ）	反対
1994	11	1994.07.14	「夫婦別姓」の法制化を願う（声）	賛成
1994	11	1994.07.14	選択的夫婦別姓制度（天声人語）	中立
1994	18	1994.10.21	夫婦別姓案の原則・例外の真意　加藤一郎（論壇）	中立
1995	9	1995.08.27	夫婦別姓（かたえくぼ）	賛成
1995	11	1995.09.22	夫婦別姓（語りあうページ）大阪	反対
1995	12	1995.09.29	どうする家や子の名　いよいよ…（語りあうページ）大阪	賛成
1995	13	1995.09.29	選択的夫婦別姓「世帯」より「個」重視を　佐藤洋子…	賛成
1995	14	1995.10.03	待ち受ける新たな問題　夫婦別姓…（語りあうページ）大阪	賛否
1995	15	1995.10.11	夫婦別姓（語りあうページ）大阪	賛成
1995	18	1995.11.20	ああペーパー離婚　夫婦別姓を一日も早く…（ミニ時評）	賛成
1996	9	1996.03.02	夫婦別姓亡国論はこっけいでは（声）	賛成
1996	10	1996.03.02	夫婦別姓問題、国民承知ずみ（声）	賛成

	11	1996.03.03	夫婦別姓運動10年　二宮純子さん（インタビュー…）愛知	賛成
	12	1996.03.04	夫婦別姓話し合い、きずな深まる（声）	賛成
	13	1996.03.06	夫婦別姓も同姓も家族の生き方（声）	賛成
	20	1996.04.14	夫婦別姓、私の考え　トーク&とーく・13日　兵庫	賛否
	26	1996.04.27	夫婦別姓　トーク&とーく・27日　兵庫	賛否
	27	1996.05.11	「夫婦別姓」を考える　トーク&とーく・11日　兵庫	賛成
	28	1996.05.18	夫婦別姓―私の意見　トーク&とーく・18日　兵庫	賛成
	29	1996.05.18	選択的夫婦別姓を考える　今井通子さんと木村治美さん…	賛否
	32	1996.05.26	夫婦別姓でも不自由はない（声）	賛成
	33	1996.05.30	理解できない夫婦別姓による「家族崩壊」説（声）	賛成
	40	1996.08.29	「夫婦別姓」を求める妻に困惑（人生相談…）大阪	賛成
	45	1996.12.10	「夫婦別姓論」もうやめては（声）	反対
	50	1996.12.19	相手の人生を尊重する夫婦別姓（声）	賛成
	51	1996.12.20	夫婦別姓（かたえくぼ）	中立
1997	24	1997.05.05	夫婦別姓選択制　家族のきずな変わらず…宮城	賛成
	28	1997.05.25	「家」か幸せか、夫婦別姓望む（声）	賛成
	43	1997.11.24	夫婦別姓選択性　地方から働きかけ期待　棚村行政　宮城	賛成
1998	3	1998.04.01	夫婦別姓　水田珠枝（私空間）	賛成
	10	1998.12.18	夫婦別姓の年賀状（ひととき）大阪	賛成
1999	9	1999.12.07	夫婦別姓（かたえくぼ）	反対
	12	1999.12.27	新しい家族の時代　夫婦別姓（社説）	賛成
2000	8	2000.03.30	別姓法を望む娘夫婦の選択（声）	賛成
	10	2000.04.06	心の中にある婚外子差別も（声）	賛成
	13	2000.05.05	ずっと旧姓使いたいのに　不便な結婚後の「通称」使用	賛成
	14	2000.05.11	別姓か同姓か自由に選んで（声）	賛成
	20	2000.06.06	「別姓選択」に民法の改正を（声）【西部】	賛成
	21	2000.06.13	「私が候補者」ならこう訴えこうする（総選挙2000）／香川	賛成
	22	2000.06.13	別姓できずに不便ますます（声）	賛成

	26	2000.06.23	旧姓を使える裏ワザないか　私の名前は（声）	賛成
	35	2000.07.15	夫婦別姓いつになれば（ひととき）【西部】	賛成
	37	2000.08.08	マンネリ国会、女性力で正せ（声）【西部】	賛成
	38	2000.08.12	夫婦別姓制度、早く実現して（声）【大阪】	賛成
2001	4	2001.01.11	メール　／滋賀	賛成
	6	2001.01.23	孫娘から来たあて名の順番　賀状で知った（声）【大阪】	賛成
	16	2001.02.23	「女は引っ込んでろ」に納得（トコの言わせて紙上…）【西部】	賛成
	21	2001.03.02	結婚後に悩んでも手遅れサ（トコの言わせて紙上…）【西部】	賛成
	33	2001.05.12	ナゴヤマル【名古屋】	賛成
	35	2001.05.16	ナゴヤマル【名古屋】	反対
	36	2001.05.17	夫婦別姓旅券、手続きは簡単（声）【西部】	賛成
	39	2001.06.08	父母　ひとこと言いたい　／埼玉	賛成
	52	2001.07.02	別姓兄弟ではだめですか？（声）	賛成
	55	2001.07.08	安心し働ける環境づくりを　専業主婦（声）【名古屋】	賛成
	56	2001.07.08	安心し働ける環境づくりを　専業主婦：上（声）	賛成

❖ 日本の既婚女性の氏についての研究

付表5.『全国世論調査の現況』（平成元年版～平成12年版）に見た「夫婦別姓」整理表

主題	機関・年時	問題	回答	
中央区婦人問題意識調査	東京都中央区 元.6	1－1、現行法の是非について 問10. 日本の民法では、夫婦同姓といって、夫婦は夫、または妻のどちらかの姓を名乗ることになっています。あなたは、夫婦が別々の姓を名乗ることについてどうお考えですか。この中ではどうでしょうか。	夫婦が別々の姓を名乗ることを認めた方がよい	7.6%
			同姓でも別姓でも選べるようにした方がよい	32.0
			いままでどおり夫婦は同姓でよい（別々の姓を名乗る必要はない）	52.7
			どちらともいえない・わからない	7.7
家庭に関する世論調査	東京都情報連絡室（(株)日本リサーチセンター）2.2	3、婚姻による姓の変更に対する意識 問18.(6) 結婚後も日常生活では旧姓で通す	賛成	2.5%
			どちらかといえば賛成	5.5
			どちらかといえば反対	20.9
			反対	50.8
			わからない	20.2
女性に関する世論調査	内閣総理大臣官房広報室（(社)中央調査社）2.9	1－1、現行法の是非について 問4. 婚姻の際、現在は夫婦が同じ姓（みょうじ）を名乗ることになっていますが、夫婦が同じ姓（みょうじ）を名乗るかを、法的に選択できるようにする方がよいと思いますか、それともそうは思いませんか。	そう思う	29.8%
			そうは思わない	52.1
			どちらともいえない	14.7
			わからない	3.4
読売全国世論調査（3年5月）	読売新聞社 3.5	3、婚姻による姓の変更に対する意識 問9.ところで、結婚した後も、仕事などで結婚前の姓（みょうじ）をそのまま使い、夫婦で別々の姓（みょうじ）を名乗る、いわゆる「夫婦別姓」の問題についてお聞きします。失礼ですが、あなたは、結婚しておられますか。	(ア) 既婚（離・死別を含む）	85.7%
			(イ) 未婚	14.2
			答えない	0.1
		3、婚姻による姓の変更に対する意識 SQ1.((ア)の人に) お宅では、ふだんご夫婦が仕事などの関係で、別々の姓（みょうじ）を使っておられますか。	使っている	1.6%
			それ以外	94.4
			答えない	4.0
		3、婚姻による姓の変更に対する意識 SQ2.((イ)の人に) あなたが結婚するとしたら、夫婦でどの姓（みょうじ）を名乗りたいと思いますか。次の中から、一つだけあげてください。	二人とも夫の姓	58.9%
			二人とも妻の姓	1.6
			どちらでもよいが夫婦で同じ姓	31.1
			夫婦で別々の姓	4.2
			その他	1.3
			答えない	2.9

付表一覧

		2、夫婦別姓に対する賛否 問10. あなたは、仕事などで夫婦が別々の姓（みょうじ）を名乗る最近の傾向に、抵抗がありますか、ありませんか。	非常に抵抗がある	22.7%
			多少は抵抗がある	32.2
			あまり抵抗はない	28.8
			全く抵抗はない	13.4
			答えない	2.9
		2、夫婦別姓に対する賛否 問11. あなたは、いまの法律のまま、夫婦は必ず同じ姓を名乗る方がよいと思いますか、法律を改正して、夫婦が同じ姓を名乗るか、別々の姓を名乗るかを選べようにする方がよいと思いますか、それとも、必ず別々の姓を名乗る方がよいと思いますか。	（ア）必ず同じ姓を名乗る方がよい	59.5%
			（イ）同じ姓か、別々の姓かを選べる方がよい	36.7%
			（ウ）必ず別々の姓を名乗る方がよい	0.5%
			答えない	3.3%
		2－1、夫婦別姓に賛成する原因 SQ1. （（ア）の人に）そう思う理由を、次の中から、いくつでもあげてください。〔リスト〕（M.A.）	夫婦の姓が違うと、夫婦や家族の一体感が弱まるから	48.7%
			夫婦の姓が違うと、他の人がみて、夫婦だとわかりにくいから	36.0
			子供と親、子供同士で姓が異なると、子供がかわいそうだから	48.8
			夫婦の姓が違うと、子供の姓や相続などでトラブルが生じかねないから	34.3
			夫婦同姓はすでに定着した制度だから	44.1
			伝統的な家についての考え方や家名を守る上で、夫婦同姓は必要だから	26.2
			その他	0.4
			答えない	1.4
			計（M.T.）	239.9
		2－2、夫婦別姓に反対する原因 SQ2. （（イ）（ウ）の人に）そう思う理由を、次の中から、いくつでもあげてください。〔リスト〕（M.A.）	姓が変わると、違和感や自分が失われた感じをもつ人もいるから	19.5%
			姓が変わると、それまでの仕事や交際などで支障のある人もいるから	53.3
			姓の変更届けなどのわずらわしい事務手続きをしなくてよいから	14.4
			一方の姓を名乗ると、夫婦が不平等だと感じる人もいるから	16.9

❖ 日本の既婚女性の氏についての研究

				一方の姓を名乗るのは、家制度の名残であり、家への従属感を感じる人もいるから	24.4
				結婚、離婚というプライバシーを知られたくない人もいるから	22.5
				女性でも家名を継ぐことができるから	26.9
				その他	4.1
				答えない	6.7
				計（M.T.）	188.7
			1－4、配偶者が夫婦別姓を選択したらどう考える 問12．将来、もし、法律上、夫婦が別々の姓を名乗ることを選べるようになったとしたら、あなたご自身は、どうしたいと思いますか。次の中から、一つだけあげてください。	二人とも夫の姓	81.3%
				二人とも妻の姓	1.3
				夫婦で別々の姓	7.6
				その他	4.1
				答えない	5.6
			1－3、子供の姓について 問13．同様に法律上、夫婦が別々の姓を名乗ることを選べるようになった場合、もし、あなたに結婚前の息子さんがいるとしたら、結婚後、どの姓を選んでほしいと思いますか。次の中から、一つだけあげてください。 （調査員注意：問13、問14は、問9で（ア）「既婚」と答えた人だけに聞きます）	二人とも夫の姓	64.0%
				二人とも妻の姓	0.6
				どちらでもよいが夫婦で同じ姓	23.3
				夫婦で別々の姓	2.1
				その他	6.4
				答えない	3.6
			1－2、子供が夫婦別姓を選択したらどう考える 問14．同様に、もし、あなたに結婚前の娘さんがいるとしたら、結婚後、どの姓を選んでほしいと思いますか。次の中から、一つだけあげてください。 （調査員注意：問13、問14は、問9で（ア）「既婚」と答えた人だけに聞きます）	二人とも夫の姓	54.7%
				二人とも妻の姓	2.1
				どちらでもよいが夫婦で同じ姓	29.8
				夫婦で別々の姓	2.5
				その他	6.2
				答えない	4.7
栃木県政世論調査	栃木県企画部（（社）中央調査社）3.6		1－1、現行法の是非について 問10．現在、日本の法律では、夫婦が同じ姓を名乗ることになっていますが、夫婦が同じ姓を名乗るか、別々の姓を名乗るかを、法的に選択できるようにする方がよいと思いますか、それともそうは思いませんか。	そう思う	25.1%
				そうは思わない	59.8
				どちらともいえない	12.7
				わからない	2.3

付表一覧

調査名	実施機関	設問	回答	%
「日本人と憲法」に関する意識調査（全国16歳以上の者）	日本放送協会放送文化研究所（同）4.3	3、婚姻による姓の変更に対する意識 問5. ではあなたは、次にあげるリストの（A）から（F）までの考え方についてはどう思いますか。一つ一つについて「そう思う」か、「そうは思わない」かお答えください。 （A）結婚したら夫婦は同じ姓（名字）を名乗るべきだ （B）～（F）略	そう思う	73.8%
			そうは思わない	23.4
			わからない、無回答	2.8
男女共生社会に向けての文京区民の意識調査	東京都文京区（（社）新情報センター）4.8	3、婚姻による姓の変更に対する意識 問10. 日本の民法では「夫婦同姓」といって、夫婦は夫または妻のどちらかの姓を名乗ることになっています。あなたは、このことについてどう思いますか。	夫の姓を名乗る方がよい	37.6%
			妻の姓を名乗る方がよい	—
			夫婦が別々の姓を名乗ることを認めた方がよい	7.7
			同姓でも別姓でも選べるようにした方がよい	51.3
			その他	2.1
			無回答	1.4
名古屋市政世論調査（第33回）	名古屋市市民局（（株）ビデオ・リサーチ）5.9	1－1、現行法の是非について 問16. 現在の法律では、夫婦は夫または妻のどちらかの姓を名乗ることになっていますが、あなたは、夫婦が別々の姓を名乗ることを認める方がよいと思いますか、それとも別々の姓は認めない方がよいと思いますか。	認めた方がよい	22.8%
			認めない方がよい	38.9
			どちらともいえない	36.4
			わからない・無回答	1.9
「日本人の意識'93」に関する世論調査（全国16歳以上の者）	日本放送協会放送文化研究所（同）5.10	3、婚姻による姓の変更に対する意識 問11. 一般に、結婚した男女は、名字をどのようにしたらよいとお考えですか。リストの中から、お答えください。	当然、妻が名字を改めて、夫の方の名字を名乗るべきだ（当然、夫の姓）	36.2%
			現状では、妻が名字を改めて、夫の方の名字を名のった方がよい（現状では夫の姓）	27.1
			夫婦は同じ名字を名乗るべきだが、どちらが名字を改めてもよい（どちらでもよい）	26.3
			わざわざ一方に合わせる必要はなく、夫と妻は別々の名字のままでよい（別姓でよい）	7.8
			その他	0.3
			わからない・無回答	2.3
「時事問題」に関する全国世論調査	毎日新聞社（同）5.12	1－1、現行法の是非について 問19. 法律で夫婦同姓が義務づけられていますが、結婚してもそれぞれ別の姓をなのれる「夫婦別姓」を求める声がでています。あなたはどう思いますか。	夫婦別姓を選択できるようにすべきだ	26%
			これまで通り夫婦同姓とすべきだ	49
			どちらともいえない	23
			無回答	2

❖ 日本の既婚女性の氏についての研究

女性問題に関する意識調査	福岡県企画振興部（西日本新聞社情報開発センター）6.7	3、婚姻による姓の変更に対する意識 問7. 結婚後の「姓」のあり方についてあなたはどう思いますか。	妻の姓を名乗った方がよい	0.5%
			夫の姓を名乗った方がよい	43.5
			夫婦とも同じであれば、どちらの姓を名乗ってもよい	39.7
			夫婦で別々の姓を名乗ってもよい	15.9
			無回答	0.3
「くらしと政治'94.7」に関する世論調査	日本放送協会放送文化研究所（(社)中央調査社）6.7	1－1、現行法の是非について 問25. 戸籍などを定めた民法という法律を改正して、夫婦の姓を別々にすることができるようにするという動きが出ています。あなたは、夫婦が別々の姓を名乗ることに賛成ですか。それとも反対ですか。	賛成	32.7%
			反対	54.2
			わからない・無回答	19.1
		3、婚姻による姓の変更に対する意識 問26. もし、法律が改正されて、夫婦の姓を別々にすることができるようになったら、あなたご自身と配偶者は姓を別々にすることになると思いますか。今結婚されていない方は結婚した場合のことを考えてお答えください。リストの中から、一つだけお答えください。	別々にする可能性が強い	1.7%
			別々にする可能性がある	3.6
			配偶者や配偶者になる人とよく相談して決める	11.7
			別々にする可能性は少ない	14.1
			別々にする可能性はない	62.3
			結婚するつもりはない	1.7
			わからない・無回答	5.0
		1－1、現行法の是非について 問27. 民法という法律を改正して夫婦別々の姓を認める場合、A「夫婦とも結婚前の姓のままとすることを原則とするが、同じ姓にすることも認める」、B「夫婦は結婚の際同じ姓にすることを原則とするが、別々の姓にしてもよいことにする」、C「夫婦は結婚の際同じ姓にするが、呼称―呼び名として結婚までの姓を使ってもよいことにする」の3つの案を採用すべきだと思いますか。リストの中から、1つだけお答えください。	A案―別姓が原則、同姓も認める	9.8%
			B案―同姓が原則、別姓も認める	40.5
			C案―同姓が原則、呼称として別姓も認める	31.3
			その他	2.8
			わからない・無回答	15.6

付表一覧

調査名	実施機関	設問	選択肢	%
東大和市女性問題に関する市民意識調査	東大和市（（株）サーベイリサーチセンター）6.8	1−1、現行法の是非について 問16.民法では結婚すると、夫又は妻のどちらかの姓を選ぶことになっていますが、現在、法制審議会民法部会では、『夫婦別姓』についての検討が続けられています。あなたは、夫婦別々の姓を名乗ることについて、どのようにお考えですか。この中から1つだけ選んでください。	夫婦別姓の方がよい	1.5%
			同姓か別姓かを自由に選べるようにした方がよい	28.9
			今のまま、夫婦同姓がよい	43.4
			特別な事情がある場合は夫婦別姓を認めてもよい	22.6
			その他	0.2
			わからない	3.3
基本的法制度に関する世論調査	内閣総理大臣官房広報室（（社）新情報センター）6.9	1−1、現行法の是非について 問7.我が国の法律（民法）では、現在、婚姻の際、夫婦が同じ名字（姓）を名乗ることが義務付けられていますが、当人たちが希望する場合には、夫婦が別々の名字（姓）を名乗ることができるように、法律を変える方がよいと思いますか、それともそう思いませんか。	（ア）そう思う	27.4%
			（イ）そうは思わない	53.4
			（ウ）どちらともいえない	17.0
			わからない	2.2
		2−1、夫婦別姓に反対する原因 SQa1.（（ア）の人に）そう思われる理由を、この中から2つまで、お答えください。（2M.A.）（N＝579）	婚姻の際に、いままで慣れ親しんだ名字（姓）を変えることには苦痛があるから	13.8%
			現在の制度では、ほとんどの場合、女性が名字（姓）を変えることになり、男女平等に反するから	26.9
			婚姻の際に、名字（姓）を変えると、それまでに得ていた仕事上の信用を失うなどの不利益があるから	29.2
			現在の制度では、一人っ子同士の婚姻などの際に、家の名前を残すために婚姻が難しくなる場合があるから	24.4
			別々の名字（姓）を名乗りたいという夫婦がいるのなら、これを禁止するまでの必要はないから	58.7
			外国でも夫婦が別々の名字（姓）を名乗ることを認める国が多いから	7.4
			その他	0.5
			わからない	1.6
			計（M.T.）	162.5

235

❖ 日本の既婚女性の氏についての研究

		3、婚姻による姓の変更に対する意識 SQa2.（SQa1につづけて）希望すれば、夫婦が別々の名字（姓）を名乗れるように法律が変わった場合、あなたは、夫婦で別々の名字（姓）を名乗ることを希望しますか。あなたが、結婚なさっている、いないにかかわらず、お答えください。(N＝579)	希望する	19.3%
			希望しない	52.0
			どちらともいえない	21.2
			わからない	7.4
		2－2、夫婦別姓に反対する原因 SQb.（（イ）の人に）そうは思わない理由を、この中から2つまで、お答えください。(2M.A.)（N＝1,128）	名字（姓）は、家族の名前なので、夫婦は同じ名字（姓）を名乗るべきだから	45.0%
			夫婦、親子が同じ名字（姓）を名乗ることによって、家族の一体感が強まるから	54.4
			夫婦、親子が同じ名字（姓）を名乗ることによって、他の人からも、その人達が家族だとわかるから	30.9
			夫婦が同じ名字（姓）を名乗るという制度は、日本の社会に定着しているから	28.7
			その他	1.3
			わからない	0.8
			計（M.T.）	161.3
		4－1子供への影響 問8. 希望すれば、夫婦が別々の名字（姓）を名乗れるように法律が変わった場合を想定してお答えください。別々の名字（姓）を名乗っている夫婦に二人以上の子供がある場合、子供同士（兄弟・姉妹）の名字（姓）が異なってもよいという考え方について、あなたは、どのようにお考えになりますか。	子供同士の名字（姓）が異なっても構わない	14.2%
			子供同士の名字（姓）は同じにすべきである	68.9
			どちらともいえない	11.1
			わからない	5.8
「夫婦別姓、社会党の政策変更、国連常任理事国入り」に関する世論調査	朝日新聞社（同）6.9	3、婚姻による姓の変更に対する意識 問20. 結婚すると、夫の名字を名乗るのが普通ですが、あなたは、それを当然と思いますか。そうは思いませんか。	当然と思う	65%
			そうは思わない	28
			その他・答えない	7

付表一覧

		設問	選択肢	%
		3、婚姻による姓の変更に対する意識 問21. あなたは、夫と妻がそれぞれ結婚前の名字を名乗る夫婦がいてもいい、と思いますか。そうは思いませんか。	いてもいい	61%
			そうは思わない	35
			その他・答えない	4
		1、選択的夫婦別姓制度に対する態度 問22. 夫と妻が、それぞれ別々の名字を名乗る夫婦別姓を、法律で認めようという動きがでています。夫婦別姓の問題を考えるとき、あなたのお気持ちに近いものはどれですか。	結婚前の名字が使え、仕事などがしやすい	12%
			嫁という立場に縛られなくなる	4
			夫婦が尊重しあっている表れ	13
			子供の名字が問題になりそう	41
			家族・夫婦の一体感が薄れていく	14
			近所付き合いや職場で戸惑いそうだ	3
			日本の伝統、習慣にそぐわない	9
			その他・答えない	4
		3、婚姻による姓の変更に対する意識 問23. あなたの名字は、次の中では、どのケースに当たりますか。	（ア）結婚して、相手の名字に変えた	45%
			（イ）結婚したが、名字を変えなかった	39
			（ウ）結婚していない	15
			その他・答えない	1
		3、婚姻による姓の変更に対する意識 SQ1.（（ア）の人に）結婚して名字を変えたとき、あなたは、抵抗を感じましたか。特に感じませんでしたか。	感じた	6%
			特に感じなかった	39
			その他・答えない	0
			小計	45
		3、婚姻による姓の変更に対する意識 SQ2.（SQ1につづけて）夫婦別姓を選べるようになったら、あなたは、結婚前の名字を名乗りたい、と思いますか。そうは思いませんか	名乗りたい	6%
			そうは思わない	36
			その他・答えない	3
			小計	45
		2、夫婦別姓に対する賛否 SQ3.（（イ）の人に）夫婦別姓を選べるようになり、相手の人が、仮に、結婚前の名字を名乗りたい、と言ったら、あなたは、賛成しますか。反対しますか。	賛成する	13%
			反対する	22
			その他・答えない	4
			小計	39
		3、婚姻による姓の変更に対する意識 SQ4.（（ウ）の人に）あなたは、結婚しても、いまの自分の名字を名乗り続けたい、と思いますか。相手の名字に変えたい、と思いますか。どちらでもこだわりませんか。	自分の名字	5%
			相手の名字	3
			こだわらない	6
			その他・答えない	1
			小計	15

❖ 日本の既婚女性の氏についての研究

		1－1、現行法の是非について 問24. 法律を改正して、夫婦が同じ名字でも、別々の名字でも、自由に選べるようにすることに、賛成ですか。反対ですか。	賛成	58%
			反対	34
			その他・答えない	8
		1－1、現行法の是非について 問25. 夫婦別姓の法律改正を検討している政府の審議会は、いま、三つの考え方を示しています。あなたは、この中ではどの考えが一番よい、と思いますか。	「夫婦別姓」を原則とし「同姓」も認める	12%
			「夫婦同姓」を原則とし「別姓」も認める	51
			「別姓」は認めないが、旧姓も呼称（通称）として認める	30
			その他・答えない	7
		4－1子供への影響 問26. 夫婦が別々の名字を名乗っている場合、子供の名字をどちらか一方にそろえるべきだ、と思いますか。兄弟姉妹で異なるケースがあってもよい、と思いますか。	そろえるべきだ	75%
			異なるケースがあってもよい	18
			その他・答えない	7
		5、その他 問27. あなたは、名字からどんなことを思い浮かべますか。	呼称	9%
			印鑑	5
			人格	4
			家族	41
			親類	5
			家系	31
			故郷	2
			その他・答えない	3
時事世論調査（6年9月）	時事通信社（（社）中央調査社）6.9	1－1、現行法の是非について 問15. ところで、現在、夫婦は同じ姓・名字を名乗ることが民法という法律で定められています。今年の7月にこの法律の改正案が発表され、夫婦の姓・名字についても見直す案が出されました。このことについてご意見を伺います。夫婦は同じ姓・名字を名乗るのが当然だと思いますか、それともそうは思いませんか。この中からあなたの考えに最も近いものを1つあげてください。	夫婦は同じ姓・名字を名乗るべきだ	50.7%
			夫婦は同じ姓・名字を名乗った方がよい	20.4
			夫婦で別々の姓・名字を名乗ってもかまわない	25.1
			夫婦は別々の姓・名字を名乗るべきだ	0.6
			わからない	3.2

		3、婚姻による姓の変更に対する意識 問 18. 結婚によって自分の姓を変えることについてどう思いますか。この中からあてはまるものをいくつまで選んでください。改姓した経験のない人は改姓したと想像してお答えください。（M.A.）	仕事や交際の上で不便だ	20.4%
			自分の存在が失われた感じがする	10.6
			自分が配偶者や、配偶者の家に支配されたような気がする	11.6
			自分の姓が好きだったので、改姓するのは嫌だ	5.2
			結婚したという実感がする	35.7
			自分の姓が好きではなかったので、姓が変わってうれしい	2.7
			結婚したことが分かりやすい	27.0
			なんとも思わない	25.1
			その他	0.8
			わからない	5.1
			計（M.T.）	144.2
		3、婚姻による姓の変更に対する意識 問 19. では、夫婦で別々の姓が名乗れるように法律が改正されたとしたら、あなたはどうしますか。現在結婚していない方は結婚した場合のことを考えてこの中から一つお答えください。	夫婦で同じ姓にしたい	68.3%
			できれば同じ姓にしたいが、相手が希望すれば別々の姓にしてもかまわない	11.7
			できれば別々の姓にしたいが、相手が希望すれば同じ姓にしてもかまわない	3.3
			別々の姓にしたい	1.2
			同じ姓にするが、仕事などでは旧姓を通称として使う	3.1
			相手の姓によって考える	1.2
			どちらでもよい	7.8
			わからない	3.4
		4－1 子供への影響 問 20. また、夫婦が別々の姓を名乗った場合、子供の姓はどうしたらよいと思いますか。この中からあなたの意見に最も近いものを一つお答えください。	夫・妻どちらの姓にするか法律で決めておく	26.7%
			夫・妻どちらの姓にするかは結婚する時に決めておき、どちらかに統一する	39.0
			子供が生まれたらそのつど考える。きょうだいで姓が統一しなくてもよい	14.0
			わからない	20.2
		5、その他 問 21. ところで、自分や自分の家の姓を子孫に継いでもらいたいと感じることはありますか。この中からお答えください。	強く感じる	36.1%
			やや感じる	29.5
			あまり感じない	25.5
			まったく感じない	6.7
			わからない	2.2

❖ 日本の既婚女性の氏についての研究

		4－1 子供への影響 問22.7月に発表された改正案では、A、B、C、3つの案が出ました。（中略）A案では夫婦は同姓と別姓のどちらでも選べます。夫婦が別姓を選んだ場合、子供の姓は（中略）夫か妻のどちらか一方の姓に統一します。子供の姓をどうするかは結婚する時に届け出ておきます。また、別姓を選んだ後で同姓に変えることはできますが、その逆は出来ません。（中略）B でも、夫婦は同姓と別姓の両方が選べます。夫婦が別姓を選んだ場合、子供の姓は夫・妻どちらの姓でもよく、生まれるつど、決めていきます。（中略）C案では旧姓を「呼称」として使えますが、戸籍上はこれまで通り同姓です。結婚するときに夫婦の一方が旧姓を「呼称」として登録することができます。子供は（中略）戸籍上の姓になります。（中略）以上の説明で、採用するとしたらA、B、C、のどの案が最もよいと思うか、この中からお答えください。	A案	19.8%
			B案	10.7
			C案	18.2
			現行法のままでよいと思うので、どれにも賛成できない	43.3
			わからない	8.0
		4－1 子供への影響 問23. それでは夫婦や子供の姓について法律を改正するにあたり、どんなことを重視してほしいと思いますか。この中からいくつでもお答えください。（M.A.）	いろいろ選べるようにすること	15.3%
			混乱や争いが起きないようにすること	54.4
			子供への影響	42.2
			男女の平等	15.2
			姓の重み	12.0
			時代の流れ	10.0
			その他	0.6
			わからない	11.4
			計（M.T.）	161.1
足立区政に関する世論調査（第23回－2）（東京都足立区20歳～65歳未満の女性）	足立区（日本EDP（株））6.10	3、婚姻による姓の変更に対する意識 問5. 夫婦別姓についてどう思いますか。	夫婦とも同じ姓を名乗る方がよい	48.9%
			夫婦で別々の姓がよい	1.9
			別姓も同姓もどちらでも選べる方がよい	43.8
			わからない	4.9
			無回答	0.5

付表一覧

調査名	実施機関	設問	選択肢	%
新座市政世論調査（第9回）	新座市（（社）新情報センター）7.6	1－1、現行法の是非について 問23. 夫婦別姓についてどのような考えをお持ちですか。この中から一つだけお答えください。	別姓も同姓も選べる選択制がいい	25.4%
			どちらの姓でもいいが、夫婦とも同じ姓を名乗る方がいい	41.7
			夫の姓を名乗る方がいい	27.9
			妻の姓を名乗る方がいい	0.3
			その他	0.1
			わからない	4.5
目黒区世論調査（第27回）	目黒区（日本EDP（株））7.7	問9.（略）		
新潟市政に関する世論調査	新潟市（（社）中央調査社）7.8	1－1、現行法の是非について 問27. あなたは、結婚や家庭生活などについての次のような考え方をどう思いますか。 （注：回答は（ア）「そう思う」、（イ）「どちらかといえばそう思う」、（ウ）「どちらかといえばそうは思わない」、（エ）「そうは思わない」の4分類と（オ）「無回答」とであるが、（ア＋イ）を「そう思う」、（ウ＋エ）を「そうは思わない」として掲げた） 夫婦別姓（夫婦が別々の名字を名乗ること）を選択できるようにした方がよい （部分略）	（ア＋イ）	32.0%
			（ウ＋エ）	60.5
			（オ）	7.5
鹿児島の男女の意識に関する調査	鹿児島県県民福祉部（（株）鹿児島総合研究所）7.9	2、夫婦別姓に対する賛否 問9. 結婚したとき「夫婦は同じ姓を名乗る」か、または「夫婦は別々の姓を名乗る」か選択できるようにした方がよいという考え方がありますが、このことについてあなたはどう思いますか。	そう思う	21.6%
			そう思わない	38.4
			どちらとも言えない	32.6
			わからない	4.8
			無回答	2.5
那覇市市民意識調査	那覇市（沖縄計画機構）7.10	1－1、現行法の是非について 問43. 次のそれぞれの項目について、あなたの意見にいちばんちかいものに○をつけてください。 （2）夫婦別姓について （部分略）	賛成	8.9%
			反対	46.4
			どちらでもよい	35.3
			わからない	6.0
			不明	3.3
夫婦別姓についての意識調査（首都30km圏20歳～69歳の者）	（株）明治生命フィナンシュアランス研究所（（株）マーケティングセンター）7.10	1、選択的夫婦別姓制度に対する態度 問1. あなたは、「夫婦別姓」という言葉から、どのような事柄を連想しますか。次の中からあなたが連想する事柄をいくつでもお知らせください。（M.A.）	男女平等・男女同権	43.7%
			選択の自由	57.0
			民主的	11.2

241

❖ 日本の既婚女性の氏についての研究

			進歩的	17.8
			東洋的	1.6
			西洋的	6.2
			複雑	28.6
			面倒	18.0
			もめごとの種	23.5
			家系	14.7
			家族	11.2
			未婚の同居	18.7
			離婚	13.2
			親子関係	25.0
			その他	2.4
			計（M.T.）	292.8
		4、家族の一体感への影響 問2. では、夫婦別姓が認められると、「家」意識はどうなると思いますか。	強まると思う	4.0%
			弱まると思う	56.7
			今までと同じだと思う	24.6
			わからない	14.7
		4－1 子供への影響 問3. 夫婦別姓が認められると、姓を聞いただけでは結婚しているのかしていないのかわからなくなったり、姓の異なる親子が現れたりします。そこで次の(1)～(4)について、あなたは今後どうなっていくと思いますか。		
		4、家族の一体感への影響 (1) 夫婦別姓が認められると、未婚のまま同居するカップルの数は	増えると思う	55.0%
			減ると思う	4.5
			今までと同じだと思う	32.2
			わからない	8.3
		4、家族の一体感への影響 (2) 夫婦別姓が認められると、結婚しない女性の数は	増えると思う	35.0%
			減ると思う	10.4
			今までと同じだと思う	45.8
			わからない	8.9
		4、家族の一体感への影響 (3) 夫婦別姓が認められると、離婚する夫婦の数は	増えると思う	39.4%
			減ると思う	6.2
			今までと同じだと思う	45.2
			わからない	9.2
		4－1 子供への影響 (4) 夫婦別姓が認められると、親子の絆は	増えると思う	1.3%
			減ると思う	37.0
			今までと同じだと思う	48.1
			わからない	13.7
		3、婚姻による姓の変更に対する意識 問4. あなたは、夫婦別姓が認められた場合は、別姓に変更したいと思いますか。	（ア）別姓に変更したい	7.8%
			（イ）別姓に変更したくない	92.2

付表一覧

		2－1、夫婦別姓に賛成する原因 SQ1.（（ア）の方に）別姓に変更したい理由を、次の中からいくつでもお知らせください。（M.A.）（N＝41）	自分と配偶者のそれぞれの家系を大切にしたい	53.7%
			結婚しても、自分は自分、配偶者は配偶者だから	51.2
			結婚前の姓が気に入っているので	14.6
			現在の姓が気に入らないので	4.9
			職場で旧姓を使用している（したい）ので	12.2
			将来離婚してもそれが周囲にわからなくてすむ	0.0
			嫁・姑意識を払拭できる	14.6
			親や祖父母などが望むので	9.8
			その他	9.8
			計（M.T.）	170.8
		2－2、夫婦別姓に反対する原因 SQ2.（（イ）の方に）別姓に変更したくない理由を、次の中からいくつでもお知らせください。（M.A.）（N＝488）	同一の姓は結婚・夫婦・家族の証だから	51.0%
			同一の姓に慣れているので	33.6
			家族は一家の主の姓を名乗るべきだと思うから	29.5
			親と子の姓が違うのはいやだ（困る）から	47.7
			別姓にすると他人から変に勘ぐられそうだから	5.9
			今の姓が気に入っているから	5.7
			別姓にする理由や必要性がないから	67.0
			結婚していることが周囲にわかってもらえない	3.3
			別姓にするための役所などの手続きが面倒だから	18.2
			その他	1.6
			計（M.T.）	263.5
		1－4、配偶者が夫婦別姓を選択したらどう考える 問5.では、あなたの配偶者が、夫婦別姓を望んだらどうしますか。	（ア）賛成する	27.2%
			（イ）反対する	72.8

243

❖ 日本の既婚女性の氏についての研究

		2−1、夫婦別姓に賛成する原因 SQ．（（ア）の方に）あなたが配偶者の別姓希望に賛成する理由は、次の2つの意見のうちどちらの意見により近いですか。あなたのお考えに近い方をお知らせください。（N＝144）	自分も夫婦別姓が望ましいと考えているので	20.8%
			自分の意見はともかく、配偶者の意見を尊重したいので	79.2
		3、婚姻による姓の変更に対する意識 問6.仮に、あなたが新たに結婚するとした場合、別姓を選択したいと思いますか	（ア）別姓を選択したい	16.8%
			（イ）別姓は選択したくない	83.2
			不明	＊
		2−1、夫婦別姓に賛成する原因 SQ1．（（ア）の方に）別姓を選択する理由を、次の中からいくつでもお知らせください。（M.A.）（N＝89）	自分と配偶者のそれぞれの家系を大切にしたい	38.2%
			結婚しても、自分は自分、配偶者は配偶者だから	62.9
			結婚前の姓が気に入っているので（今の姓が）	9.0
			職場では姓が変わらない方が便利だから	21.3
			結婚した・しないが周囲にわからなくてすむから	7.9
			嫁・姑意識を払拭できる	13.5
			生まれたときの姓が変わること自体に抵抗感があるので	27.0
			その他	5.6
			計（M.T.）	185.4
		2−2、夫婦別姓に反対する原因 SQ2．（（イ）の方に）別姓を選択しない理由を、次の中からいくつでもお知らせください。（M.A.）（N＝440）	同一の姓は結婚・夫婦・家族の証だから	61.4%
			家族は一家の主の姓を名乗るべきだと思うから	32.5
			（子供が生まれたときに）親と子で姓が違うのはいやだ（困る）から	52.0
			別姓にする理由や必要性がないから	63.2
			別姓にすると他人から変に勘ぐられそうだから	4.3
			別姓にするのは配偶者や配偶者の親に気が引けるから	1.8
			結婚した・しないが周囲にわかってもらえないから	4.5

			現在の姓が気に入らないから	*
			その他	1.1
			不明	0.5
			計（M.T.）	221.3
		3、婚姻による姓の変更に対する意識 問7. 仮に、夫婦別姓が認められた場合、あなたは、将来結婚する際に別姓を選択したいと思いますか。	（ア）別姓を選択したい	16.3%
			（イ）別姓は選択したくない	82.5
			不明	1.2
		2－1、夫婦別姓に賛成する原因 SQ1.（（ア）の方に）別姓を選択する理由を、次の中からいくつでもお知らせください。（M.A.）（N＝27）	自分と配偶者のそれぞれの家系を大切にしたい	33.3%
			結婚しても、自分は自分、配偶者は配偶者だから	59.3
			結婚前の姓が気に入っているので（今の姓が）	29.6
			職場では姓が変わらない方が便利だから	29.6
			結婚した・しないが周囲にわからなくてすむから	7.4
			嫁・姑意識を払拭できる	0.0
			生まれたときの姓が変わること自体に抵抗感があるので	7.4
			その他	0.0
			計（M.T.）	166.6
		2－2、夫婦別姓に反対する原因 SQ2.（（イ）の方に）別姓を選択したくない理由を、次の中からいくつでもお知らせください。（M.A.）（N＝137）	同一の姓は結婚・夫婦・家族の証だから	56.9%
			家族は一家の主の姓を名乗るべきだと思うから	24.8
			（子供が生まれたときに）親と子で姓が違うのはいやだ（困る）から	63.5
			別姓にする理由や必要性がないから	48.9
			別姓にすると他人から変に勘ぐられそうだから	5.1
			別姓にするのは配偶者や配偶者の親に気が引けるから	4.4
			結婚した・しないが周囲にわかってもらえないから	11.7
			現在の姓が気に入らないから	2.9

				その他	2.9
				不明	*
				計（M.T.）	221.1
			1－4、配偶者が夫婦別姓を選択したらどう考える 問8. では、結婚相手が、夫婦別姓を望んだらどうしますか。	（ア）賛成する	42.8%
				（イ）反対する	55.4
				不明	1.8
			2－1、夫婦別姓に賛成する原因 SQ.（（ア）の方に）あなたが結婚相手の別姓希望に賛成する理由は、次の２つの意見のうちどちらの意見により近いですか。あなたのお考えに近い方をお知らせください。（N＝71）	自分も夫婦別姓が望ましいと考えているので	23.9%
				自分の意見はともかく、結婚相手の意思を尊重したいので	74.6
				不明	1.4
			問9〜問12はお子様のことをお伺いしますが、現在、未婚の方・お子様がいらっしゃらない方・すでにお子様が結婚されている方も、これから結婚するお子様がいる場合を想定してお答えください。		
			1－2、子供が夫婦別姓を選択したらどう考える 問9. あなたの息子さんが結婚なさるときには、姓はどのようにしてもらいたいですか。	夫婦同一姓で、現在の姓を名乗ってほしい	50.6%
				夫婦別姓でもよいから、現在の姓を名乗ってほしい	12.5
				夫婦同一姓を名乗ってくれるなら、相手の姓に変わっても構わない	7.2
				どちらの姓を名乗っても構わない	29.6
			1－2、子供が夫婦別姓を選択したらどう考える 問10. あなたの希望を、息子さんに伝えたり説得したりすると思いますか。	希望を伝えたり説得したりすると思う	49.4%
				希望を伝えたり説得したりしないと思う	50.6
			1－2、子供が夫婦別姓を選択したらどう考える 問11. では、娘さんが結婚なさるときには、姓はどのようにしてもらいたいですか。息子さんのときと同様に現在、独身の娘さんがいらっしゃらない方はいらっしゃると想定してお知らせください。	夫婦同一姓で、現在の姓を名乗ってほしい	12.4%
				夫婦別姓でもよいから、現在の姓を名乗ってほしい	4.0
				夫婦同一姓を名乗ってくれるなら、相手の姓に変わっても構わない	36.4
				どちらの姓を名乗っても構わない	47.2

		1－2、子供が夫婦別姓を選択したらどう考える 問12. あなたの希望を、娘さんに伝えたり説得したりすると思いますか。	希望を伝えたり説得したりすると思う	35.0%
			希望を伝えたり説得したりしないと思う	65.0
		1、選択的夫婦別姓制度に対する態度 問13. あなたが別姓を名乗っている夫婦だと想定して、家にかかってきた電話を取ったとき、あなたはまず初めにどういう言葉で対応しますか。	夫の姓を名乗る	35.8%
			妻の姓を名乗る	4.7
			夫婦両方の姓を名乗る	8.2
			夫婦別々に電話を持ち、電話に対応した姓を名乗る	15.7
			こちらからはしゃべらないで、相手が「〇〇さんのお宅ですか」と言うのを待つ	33.5
			その他	2.0
		1、選択的夫婦別姓制度に対する態度 問14. 同様に別姓夫婦だと想定して、門や玄関などに掲げる「表札」の表示はどうしますか。なお、現在「表札」を掲げていない世帯の方は、郵便受け用の家族名とは別に、「表札」を掲げることが可能だと想定してお答えください。	夫の姓のみ表示する	11.8%
			妻の姓のみ表示する	0.0
			夫婦両方の姓を表示する	84.7
			表札は掲げないようにする	2.9
			その他	0.6
		1、選択的夫婦別姓制度に対する態度 問15. ご近所に別姓のお宅がある場合、そのお宅のことをあなたはどう呼びますか。	基本的にはご主人の姓だけで呼ぶ（佐藤さん）	39.4%
			基本的には妻の姓だけで呼ぶ（鈴木さん）	0.7
			夫婦両方の姓で呼ぶ（「佐藤・鈴木さん」、または「鈴木・佐藤さん」）	7.1
			親しさの度合いに応じて、基本的には親しい方の姓だけで呼び、双方とも親しいときには両方の姓で呼ぶ	50.2
			その他	2.6

❖ 日本の既婚女性の氏についての研究

			1、選択的夫婦別姓制度に対する態度 問16. あなたのお子様の同級生（佐藤君）の両親が別姓の場合、その同級生の姓と異なる姓の親（鈴木）のことをどう呼びますか。（○はいくつでも）（M.A.）	同級生の姓だけで呼ぶ（佐藤さん）	36.5%
				同級生の姓の後に、父親・母親の別をつけて呼ぶ（「佐藤君のお父さん」または「佐藤君のお母さん」）	50.5
				同級生の親なので正確な姓で呼ぶ（鈴木さん）	14.2
				その他	1.4
				計（M.T.）	102.6
			1、選択的夫婦別姓制度に対する態度 問17. あなたが別姓を名乗っている夫婦だと想定して、披露宴に夫婦ともども招かれたとします。妻の名前を座席表にどのように表示してほしいと思いますか。（注：男性は自分が望む名前の表示のしかたを、女性は自分が望む名前の表示のしかたをお答えください。）	夫の姓名の後に「令夫人」と表示してほしい	24.6%
				夫の姓名の後に「令夫人」と表示して、（）書きで妻の姓名を表示してほしい	21.7
				妻の姓名を表示して、（）書きで夫の姓名の後に「令夫人」と表示してほしい	28.1
				妻の姓名のみ表示してほしい	24.3
				その他	1.0
				不明	0.3
			1、選択的夫婦別姓制度に対する態度 問18. 同様に別姓夫婦だとして、これから新たにお墓を建てるとします。墓柱や墓石にはよく「○○家の墓」という記載が見受けられますが、あなたならどのように記載したいと思いますか。	夫の姓のみ記載したい	34.4%
				妻の姓のみ記載したい	1.2
				夫婦双方の姓を記載し、代が変わるごとに墓柱や墓石を建て替える	20.1
				姓の記載はしないで、お題目や念仏（南無妙法蓮華経や南無阿弥陀仏）といった不変のものを記載したい	36.7
				その他	6.9
				不明	0.7
衆議院選挙を控えた沖縄県内有権者の政治意識調査	琉球大学庶務部（同）7.12		問19.（略） 1－1、現行法の是非について 問3. 次のそれぞれの質問について、あなたのお考えにもっとも近いものを選んでください。 B. 夫婦別姓は認められるべきである。	そう思う	20.7%
				どちらかといえば、そう思う	13.5
				どちらかといえば、そうは思わない	14.0
				そうは思わない	34.9
				わからない	16.8

付表一覧

調査	実施	設問	選択肢	%
読売全国世論調査（8年3月）	読売新聞社（同）8.3	1－1、現行法の是非について 問14. ところで、政府の法制審議会が、民法の改正案をまとめました。この中で、夫婦が希望すればそれぞれ結婚前の姓を名乗ることができる「夫婦別姓」の導入が提案されています。あなたは、「夫婦別姓」の導入に賛成ですか、反対ですか。	(ア) 賛成	17.7%
			(イ) どちらかといえば賛成	19.4
			(ウ) どちらかといえば反対	26.7
			(エ) 反対	30.0
			答えない	6.2
		3、婚姻による姓の変更に対する意識 問15. 夫婦別姓が認められた場合、あなたは、夫婦で別々の姓にしたいと思いますか。そうは思いませんか。未婚の方は仮に結婚するとしたらどうしたいかでお答えください。	そう思う	7.9%
			そうは思わない	78.1
			どちらとも言えない	12.4
			答えない	1.6
		1－3、子供の姓について 問16. 夫婦別姓が認められた場合、あなたは、別姓を選んだ夫婦の子供の姓は、婚姻届を出すとき予め決めておくのがよいと思いますか、それとも、子供が生まれたときに決めればよいと思いますか。	予め決めておく	30.8%
			生まれたときに決める	30.6
			どちらとも言えない	32.0
			答えない	6.6
時事世論調査（8年3月）	時事通信社（（社）中央調査社）8.3	1－1、現行法の是非について 問13. ところで、「選択的夫婦別姓」（結婚の時に、同姓にするか別姓にするか、子供はどちらの姓に統一するかを届ければ、夫婦別姓が可能になる）の採用を盛った民法改正案が今の国会に提案されますが、これに関連してご意見を伺います。夫婦は同じ姓・名字を名乗るのが当然だと思いますか、それともそうは思いませんか。この中からあなたの考えに最も近いものを1つあげてください。	夫婦は同じ姓・名字を名乗るべきだ	55.1%
			夫婦は同じ姓・名字を名乗った方がよい	16.1
			夫婦で別々の姓・名字を名乗ってもかまわない	24.3
			夫婦は別々の姓・名字を名乗るべきだ	0.6
			わからない	4.0
		3、婚姻による姓の変更に対する意識 問15. 結婚によって自分の姓を変えることについてどう思いますか。この中からあてはまるものをいくつでも選んでください。改姓した経験のない人は改姓したと想像してお答えください。（M.A.）	仕事や交際の上で不便だ	20.2%
			自分の存在が失われた感じがする	12.0
			自分が配偶者や、配偶者の家に支配されたような気がする	9.5
			自分の姓が好きだったので、改姓するのは嫌だ	4.9
			結婚したという実感がする	31.9

249

❖ 日本の既婚女性の氏についての研究

			自分の姓が好きでなかったので、姓が変わってうれしい	1.1
			結婚したことが分かりやすい	22.3
			なんとも思わない	25.7
			その他	0.5
			わからない	6.1
			計（M.T.）	134.2
		3、婚姻による姓の変更に対する意識 問16. では、夫婦で別々の姓が名乗れるように法律が改正されたとしたら、あなたはどうしますか。現在結婚していない方は結婚した場合のことを考えて、この中から１つお答えください。	夫婦で同じ姓にしたい	68.8%
			できれば同じ姓にしたいが、相手が希望すれば別々の姓にしてもかまわない	10.8
			できれば別々の姓にしたいが、相手が希望すれば同じ姓にしてもかまわない	1.9
			別々の姓にしたい	1.1
			同じ姓にするが、仕事などでは旧姓を通称として使う	2.5
			相手の姓によって考える	1.1
			どちらでもよい	11.0
			わからない	2.7
		1－3、子供の姓について 問17. また、夫婦が別々の姓を名乗った場合、子供の姓はどうしたらよいと思いますか。この中からあなたの意見に最も近いものを１つお答えください。	夫・妻どちらの姓にするか法律で決めておく	26.1%
			夫・妻どちらの姓にするかは結婚するときに決めておき、どちらかに統一する	40.4
			子供が生まれたらその都合考える。きょうだいで姓が統一しなくてもよい	12.4
			わからない	21.1
		4－1 子供への影響 問19. それでは夫婦や子供の姓について法律を改正するにあたり、どんなことを重視してほしいと思いますか。この中からいくつでもお答えください。（M.A.）	いろいろ選べるようにすること	21.7%
			混乱や争いが起きないようにすること	55.1
			子供への影響	38.6
			男女の平等	14.0
			姓の重み	11.1
			時代の流れ	10.8
			その他	0.6
			わからない	8.5
			計（M.T.）	160.4

付表一覧

調査名	実施機関	質問	選択肢	%
「家族計画」に関する全国世論調査（全国16歳〜49歳の女性）	毎日新聞社（同）8.5	1－1、現行法の是非について 問16. 政府は「選択的夫婦別姓」などを含む「民法改正案」を検討していますが、以下のことについて、あなたはどう思いますか。 a) b) （略） c) 既婚夫婦は施行後1年以内、未婚者は結婚時に「同姓」か「別姓」かを選択できる	賛成	24.6%
			どちらかといえば賛成	31.4
			どちらかといえば反対	27.8
			反対	11.7
			無回答	4.5
		3、婚姻による姓の変更に対する意識 d)「選択的夫婦別姓」が認められたら、あなたは改姓（既婚者）、あるいは別姓（未婚者）にしたいと思いますか。	（ア）改姓、別姓にしたい	14.5%
			（イ）改姓、別姓にしたくない	80.5
			無回答	5.0
		2－1、夫婦別姓に賛成する原因 e) （dで（ア）の方に）改姓、別姓にしたい理由は何ですか。（2つ以内）(2M.A.)（N＝509）	家に嫁ぐわけではないから	54.0%
			仕事をする上で都合がよいから	31.0
			結婚前の自分の姓に愛着があるから	29.9
			生まれる子供の姓をどちらかに選ぶことができるから	17.9
			実家の家名を大切にしたいから	19.4
			結婚したことが周囲にわからなくてすむから	5.5
			その他	5.5
			無回答	1.6
			計 (M.T.)	164.8
		1－4、配偶者が夫婦別姓を選択したらどう考える f) (eにつづけて) 改姓、別姓を選ぶにあたっては、双方の意見が必要となります。あなたは夫の了解を得ることができますか。（N＝509）	得られると思う	52.5%
			得られないと思う	34.8
			無回答	12.8
		2－2、夫婦別姓に反対する原因 g) (dで（イ）の方に) 改姓、別姓にしたくない理由は何ですか。(2つ以内)(2M.A.)（N＝2,815）	家族の一体感が損なわれるから	45.4%
			姓が変わると結婚したという自覚ができるから	21.1
			経済問題などでトラブルが増えそうだから	9.8
			子供の姓をどちらかに決めることは難しいから	60.3

❖ 日本の既婚女性の氏についての研究

			離婚をしたと誤解されるから	3.8
			同姓の方が便利だから	17.2
			同姓は日本の社会に定着している制度だから	16.6
			その他	3.8
			無回答	0.7
			計（M.T.）	178.7
家族法に関する世論調査	内閣総理大臣官房広報室（社）中央調査社）8.6	4－2、配偶者の父母との関係 問9. あなたは、夫婦の名字（姓）が違うと、自分と違う名字（姓）の配偶者の父母との関係に何か影響が出てくると思いますか。次の中から1つだけお答えください。	名字（姓）が違うと、配偶者の父母との関係を大切にしなくなると思う	24.1%
			名字（姓）が違っても、配偶者の父母との関係には影響はないと思う	69.1
			その他	0.2
			わからない	6.5
		4－1子供への影響 問10. あなたは、夫婦の名字（姓）が違うと、夫婦の間の子供に何か影響が出てくると思いますか。次の中から1つだけお答えください。	子供にとって好ましくない影響があると思う	68.1%
			子供に影響はないと思う	25.8
			その他	0.3
			わからない	5.8
		1－1、現行法の是非について 問11. 現在は、夫婦は必ず同じ名字（姓）を名乗らなければならないことになっていますが、「現行制度と同じように夫婦が同じ名字（姓）を名乗ることのほか、夫婦が希望する場合には、同じ名字（姓）ではなく、それぞれの婚姻前の名字（姓）を名乗ることができるように法律を改めた方がよい。」という意見があります。このような意見について、あなたはどのように思いますか。次の中から1つだけお答えください。	（ア）婚姻する以上、夫婦は必ず同じ名字（姓）を名乗るべきであり、現在の法律を改める必要はない	39.8%

付表一覧 ❖

			（イ）夫婦が婚姻前の名字（姓）を名乗ることを希望している場合には、夫婦がそれぞれ婚姻前の名字（姓）を名乗ることができるように法律を改めてもかまわない	32.5
			（ウ）夫婦が婚姻前の名字（姓）を名乗ることを希望していても、夫婦は必ず同じ名字（姓）を名乗るべきだが、婚姻によって名字（姓）を改めた人が婚姻前の名字（姓）を通称としてどこでも使えるように法律を改めることについては、かまわない	22.5
			わからない	5.1
		3、婚姻による姓の変更に対する意識 SQ.（（イ）の人に）希望すれば、夫婦がそれぞれの婚姻前の名字（姓）を名乗れるように法律が変わった場合、あなたは、夫婦でそれぞれの婚姻前の名字（姓）を名乗ることを希望しますか。あなたが、結婚なさっている、いないかにかかわらず、お答えください。（N＝701）	希望する	16.3%
			希望しない	51.5
			どちらともいえない	31.1
			わからない	1.1
		1－3、子供の姓について 問12．希望すれば、夫婦がそれぞれの婚姻前の名字（姓）を名乗れるように法律が変わった場合を想定してお答えください。それぞれの婚姻前の名字（姓）を名乗っている夫婦に二人以上の子供がある場合、子供同士（兄弟・姉妹）の名字（姓）が異なってもよいという考え方について、あなたは、どのようにお考えになりますか。次の中から1つだけお答えください。	子供同士の名字（姓）が異なってもかまわない	9.5%
			子供同士の名字（姓）は同じにすべきである	72.5
			どちらともいえない	16.0
			わからない	2.0

253

❖ 日本の既婚女性の氏についての研究

練馬区民意識意向調査（平成8年度-2)	練馬区（(株)富士経済）8.7	1-1、現行法の是非について問6. 現在、民法改正論議の中で、夫婦が希望すれば、それぞれの結婚前の姓を名乗ることができる「夫婦別姓」の導入が検討されています。あなたは「夫婦別姓」の導入に賛成ですか、反対ですか。	(ア) 賛成	15.9%
			(イ) どちらかといえば賛成	12.5
			(ウ) どちらともいえない	24.9
			(エ) どちらかといえば反対	22.1
			(オ) 反対	20.1
			無回答	4.5
沖縄県における女性の生活実態と意識調査	沖縄県総務部（(株)沖縄計画研究所）8.10	3、婚姻による姓の変更に対する意識 問22. 結婚したとき、「夫婦は同じ姓を名乗る」か、あるいは「夫婦は別々の姓を名乗る」か選択できるようにした方がよいという考え方がありますが、このことについてあなたはどう思いますか。次の中から1つ選んで○印をつけてください。	(ア) そう思う	17.3%
			(イ) そう思わない	41.5
			(ウ) どちらともいえない	27.9
			わからない	7.5
			無回答	5.8
		3、婚姻による姓の変更に対する意識 SQ.（(ア)の方に）法律的に夫婦別姓が認められたら、あなたは別姓にしたいと思いますか。次の中から1つだけ選んで○印をつけてください。 （N = 260)	(ア) そう思う	30.0%
			(イ) そう思わない	48.8
			(ウ) どちらともいえない	15.8
			わからない	3.5
			無回答	1.9
女性に関する意識調査	北海道環境生活部（(株)北海道リサーチセンター）9.6	1-1、現行法の是非について問7. 婚姻の際、現在は夫婦が同じ姓（名字）を名乗ることが義務づけられていますが、夫婦が同じ姓を名乗るか、別々の姓を名乗るかを法的に選択できるようにする方がよいと思いますか、それともそうは思いませんか。次の中から1つだけお選びください。	そう思う	28.3%
			そうは思わない	42.5
			どちらともいえない	23.7
			わからない	5.4
			無回答	0.1
		3、婚姻による姓の変更に対する意識 SQ.（「そう思う」の方に）あなたは、法的に夫婦別姓を選択できるとしたら、別姓にしたいと思いますか。次の中から1つだけお選びください。 （N = 500)	そう思う	19.2%
			そうは思わない	46.0
			どちらともいえない	31.2
			わからない	3.4
			無回答	0.2

付表一覧

調査名	実施主体	設問	選択肢	%
男女平等社会実現に向けての渋谷区民の意識と実態調査（東京都渋谷区16歳以上の者）	渋谷区（（社）興論科学協会）9.7	3、婚姻による姓の変更に対する意識 問11. 結婚によってあなた自身の姓が変わるとしたら、不都合や抵抗感があると思いますか。または、結婚によって姓が変わったとき、不都合や抵抗感がありましたか。	非常にあると思う（非常にあった）	12.3%
			少しあると思う（少しあった）	28.7
			あまりないと思う（あまりなかった）	28.8
			まったくないと思う（まったくなかった）	26.8
			その他	1.9
			無回答	1.6
		1－1、現行法の是非について 問12. 現在、夫婦は必ず同じ姓（名字）を名乗らなければならないことになっていますが、希望すれば別々の姓を名乗ることができる「選択制夫婦別姓」について、どう思いますか。	すぐにでも実施した方がよい	21.6%
			もう少し詳細に検討した上で実施した方がよい	43.5
			実施しない方がよい	28.1
			その他	4.6
			無回答	2.1
男女共同参画社会づくりのための佐賀県民意識調査	佐賀県生活環境部（西日本新聞社）9.8	3、婚姻による姓の変更に対する意識 問2. 結婚後の「姓」のあり方についてはどうお考えですか。次の中からあなたのお考えに最も近いものを1つ選んでください。	夫の姓を名乗った方がよい	47.3%
			妻の姓を名乗った方がよい	0.1
			夫婦とも同じ「姓」を名乗るならどちらの姓でもよい	33.6
			夫婦別々の姓を名乗ってもよい	11.4
			わからない	6.4
			その他	1.0
			無回答	0.2
男女の意識と生活実態調査	秋田県生活環境部（同）9.9	5、その他 問7.（ア、イ、ウ、オ、カ略）エ　次の女性に関する法律や制度などについて、知っているものの番号をいくつでも選んで〇印をつけてください。（M.A.）	離婚しても、そのまま離婚前の姓を名乗ってもよい	66.5%
			妻の相続分が1/3から1/2になった	49.5
			母が日本人であれば、父が外国人であっても、その子供は日本国籍を取得できる	34.2
			男女雇用機会均等法ができた	64.4
			日本が、女子差別撤廃条約を批准した	11.8
			秋田県では、女性行政推進計画「あきた'女と男のハーモニープラン」をつくり、いろいろな事業を行っている	8.8

❖ 日本の既婚女性の氏についての研究

			国では「男女共同参画2000年プラン」を策定し、男女共同参画社会の形成をめざしている	6.6
			国連は、「国際婦人年」、「国連婦人の十年」などを定め、世界女性会議を開催するなど、世界的なレベルで女性の地位向上をはかってきた	37.3
			夫婦別姓の選択制を推し進めようという動きがある	67.0
			育児・介護休業法が制定され、男女共に育児休業がとれるようになった	54.1
			セクハラ（性的いやがらせ）については、県内でも裁判で争われるなど、意識が高まっている	47.2
			秋田県では青少年に有害な図書類を指定している	20.0
			無回答	5.2
			計（M.T.）	472.6
		5、その他 問8. あなたが今一番関心のある女性問題は何ですか。あてはまるものを1つだけ選んで番号に○印をつけてください。	雇用の機会均等	12.5%
			政治参加を含む女性の登用	6.1
			育児問題	9.8
			介護問題	25.9
			性別役割分担	4.2
			選択的夫婦別姓問題	5.5
			社会参加活動（ボランティア活動）	4.6
			団体・グループ活動	0.7
			女性の人権・権利の問題	8.5
			教育（いじめ・エイズ問題等を含む）	12.0
			環境問題	6.8
			その他	1.5
			無回答	1.8

付表一覧

調査名	実施機関	質問	選択肢	%
札幌市政世論調査（平成9年度）	札幌市総務局（（株）日経リサーチ）9.9	1-1、現行法の是非について 問題17.婚姻する際、現在は夫婦が同じ姓（名字）を名乗ることになっていますが、夫婦が同じ姓（名字）を名乗るのか、別々の姓（名字）を名乗るのかを、法的に選択できるようにする方がよいと思いますか。次の中からあてはまるものに1つ○をつけてください。	現状のまま、夫婦は同じ姓（名字）にすべきだと思う	41.0%
			法的に選択できるようにする方がよいと思う	26.0
			仕事などで旧姓を通称として使用できるようにすればよいと思う	23.3
			どちらともいえない	9.5
			無回答	0.2
男女共同参画社会に向けての長崎県民意識調査	長崎県生活環境部（西日本新聞社）9.10	3、婚姻による姓の変更に対する意識 問4.あなたは結婚後の「姓」をどのように考えますか。1つだけ選んでください。	結婚後は夫婦とも「夫の姓」を名乗る方がよい	61.3%
			結婚後は夫婦とも「妻の姓」を名乗る方がよい	0.1
			結婚後は夫婦とも同じ姓であれば、夫、妻どちらの姓を名乗ってもよい	26.7
			結婚しても、夫、妻とも「今までの姓」を変える必要はない	7.4
			その他	4.0
			無回答	0.5
男女が共に支える社会に関する岩手県民意識調査	岩手県生活環境部（同）10.6	1-1、現行法の是非について 問20.婚姻の際、現在は夫婦が同じ姓（名字）を名乗ることが義務づけられていますが、夫婦が同じ姓を名乗るか、別々の姓を名乗るかを法的に選択できるようにする方がよいと思いますか。	そう思う	男性 27.9%
			そうは思わない	44.0
			どちらともいえない	19.3
			わからない	6.3
			無回答	2.4
		3、婚姻による姓の変更に対する意識 問21.あなたは、法的に夫婦別姓を選択できるとしたら別姓にしたいと思いますか。	そう思う	男性 8.2%
			そうは思わない	66.4
			どちらともいえない	16.1
			わからない	6.7
			無回答	2.7

❖ 日本の既婚女性の氏についての研究

新宿区政世論調査（第26回）	新宿区（（株）エスピー研）10.6	1－1、現行法の是非について問17.民法の改正案として次のようなものがあります。あなたはどう考えますか。以下の各項目についてそれぞれお答えください。 （注：回答は（ア）「賛成である」、（イ）「どちらかといえば賛成である」、（ウ）「どちらかといえば反対である」、（エ）「反対である」の5分類と（オ）「無回答」とであるが、（ア＋イ）を「賛成である」、（ウ＋エ）を「反対である」として掲げ、（カ）は省略）希望すれば夫婦が別々の姓を名乗ることができる「夫婦別姓選択制」について（部分略）	（ア＋イ）	45.8%
			（ウ＋エ）	36.9
			（オ）	17.2
男女共同参画に関する意識と生活実態調査	杉並区（（株）サーベイリサーチセンター）10.7	3、婚姻による姓の変更に対する意識 問5.あなたは、同姓・別姓、いずれも選択可能になった場合、どういう選択をしますか。	夫の姓（名字）を選択する《夫婦同姓》	66.6%
			妻の姓（名字）を選択する《夫婦同姓》	0.9
			夫婦で別の姓を名乗り、子供は夫の姓にする《夫婦別姓》	6.5
			夫婦で別の姓を名乗り、子供は妻の姓にする《夫婦別姓》	1.9
			その他	9.5
			わからない	13.8
			無回答	0.8
福岡市女性問題基本調査	福岡市市民局（（株）総合経済研究所）10.7	1－1、現行法の是非について問11.現在の法律では、夫婦は夫または妻のどちらかの姓を名乗ることになっていますが、「夫婦別々の姓を名乗ることを認める方がよい」という意見があります。あなたはこの意見についてどう思いますか。	そう思う	男性17.9%
			思わない	40.6
			どちらともいえない	41.3
			不明	0.1
読売全国世論調査（10年7月）	読売新聞社（同）10.7	3、婚姻による姓の変更に対する意識 問20.（6）「夫婦が希望すれば、それぞれ結婚前の姓を名乗ってもかまわない」と思いますか、そうは思いませんか。（（1）、（2）、（3）、（4）、（5）略）	そう思う	53.8%

			そうは思わない	43.2
			答えない	3.0
第6回「日本人の意識・1998調査」（全国16歳以上の者）	日本放送協会放送文化研究所（同）10.10	3、婚姻による姓の変更に対する意識 問11. 一般に、結婚した男女は、名字をどのようにしたらよいとお考えですか。リストの中からお答えください。	当然、妻が名字を改めて、夫の方の名字を名乗るべきだ	32.6%
			現状では、妻が名字を改めて、夫の方の名字を名乗った方がよい	24.6
			夫婦は同じ名字を名乗るべきだが、どちらが名字を改めてもよい	29.2
			わざわざ1方に合わせる必要はなく、夫と妻は別々の名字のままでよい	11.5
			その他	0.4
			わからない、無回答	1.6
世田谷区民意識調査	世田谷区（(株)総研）10.11	3、婚姻による姓の変更に対する意識 問10. 男性と女性の役割分担などについて、次のような意見があります。以下のそれぞれの意見について、あなたの考えを（ア）～（オ）の中からお答えください。（注：回答は（ア）「そう思う」、（イ）「ややそう思う」、（ウ）「どちらともいえない」、（エ）「あまりそう思わない」、（オ）「そう思わない」の5分類であるが、（ア＋イ）を「そう思う」、（エ＋オ）を「そう思わない」として掲げた） 夫婦が別々の姓を名乗るのを認めてもよい（部分略）	（ア＋イ）	36.8%
			（ウ）	27.2
			（エ＋オ）	36.0
「家族・脳死と臓器移植・ガイドライン・日米関係」に関する世論調査	朝日新聞社（同）11.3	1－1、現行法の是非について 問15. 夫と妻それぞれが、結婚前の名字を名乗りたいと希望する夫婦がいます。あなたは希望する夫婦には、別々の名字を認めるよう、法律を変えた方がよいと思いますか。そうは思いませんか。	法律を変えた方がよい	39%
			そうは思わない	53
			その他・答えない	8

❖ 日本の既婚女性の氏についての研究

富山県男女協同社会に関する意識調査（平成11年度）	富山県生活環境部（（株）スカイインテック）11.9	3、婚姻による姓の変更に対する意識 問4.現在、結婚すると、夫婦が同じ名字（姓）を名乗ることが義務付けられていますが、法律が変わり夫婦が別々の名字（姓）を名乗ることができるとしたらあなたはどのようにしたいですか。現在あなたが未婚でこれから結婚すると仮定してお答えください。	夫婦で別々の姓にしたい（自分の姓は変えたくない）	7.1%
			夫婦で同じ姓にしたい（配偶者には自分の姓を名乗ってほしい）	38.4
			夫婦で同じ姓にしたい（自分の姓を変え、配偶者の姓を名乗ってもよい）	37.9
			夫婦で同じ姓にしたい（自分の姓を変え、配偶者の姓を名乗ってもよいが職場では旧姓を名乗りたい）	6.3
			わからない	10.3
男女共同参画社会に向けての意識調査	福岡県生活労働部（（株）総合経済研究所）11.9	1－1、現行法の是非について 問8.現在、結婚すると夫婦は同じ姓を名乗ることになっていますが、「夫婦が別々の姓を名乗ることができる夫婦別姓を選択できるようにすべきだ」という考え方があります。あなたはこのことについて、どのように思いますか。	そう思う	14.1%
			どちらかといえばそう思う	16.1
			どちらかといえばそう思わない	22.1
			そう思わない	35.3
			わからない	12.4
足立区政に関する世論調査（第28回）（東京都足立区20歳～79歳の者）	足立区（（社）中央調査社）11.9	1－1、現行法の是非について 問13.あなたは、夫婦別姓についてどう思いますか。この中から1つお答えください。	夫婦とも同じ姓を名乗る方がよい	56.6%
			夫婦で別々の姓がよい	4.3
			別姓も同姓もどちらでも選べる方がよい	37.1
			わからない	2.0
男女共同参画社会に関する岡山県民意識調査	岡山県女性政策課（（株）電通西日本）12.1	1－1、現行法の是非について 問2.結婚や離婚、夫婦別姓等についておうかがいします。次にあげるような考え方について、あなたのご意見に最も近いものをそれぞれ一つずつお答えください。（注：回答は（ア）「賛成」、（イ）「どちらかといえば賛成」、（ウ）「どちらかといえば反対」、（エ）「反対」、（オ）「どちらともいえない」の5分類と（カ）「無回答」とであるが、（ア＋イ）を「賛成」、（ウ＋エ）を「反対」として掲げ、（カ）は省略） 夫婦が別々の姓を名乗ることを、認める方はよい	（ア＋イ）	23.7%
			（ウ＋エ）	52.6
			（オ）	22.2

260

主要参考文献

A.
* 我妻栄『戦後における民法改正の経過』日本評論新社 1956 年。
* 明石一紀「日本古代家族研究序説」『歴史評論』三四七 1979 年。
* 網野善彦『中世荘園の様相』塙書房 1966 年。
* 有賀喜左衛門『日本の家族』至文堂 1965 年。
* 朝日新聞社「朝日新聞社の有料記事検索サービスデータベース」アドレス：http://www.asahi.com/information/webdb.html

B.
* 唄孝一『戦後改革と家族法』日本評論社 1992 年。

H.
* 春原源太郎「和泉、河内の宗門人別帳：資料紹介」『関西大学法学論集』第 4 集第 3 号 関西大学法学会 1954 年。
* 林董一「徳川幕府戸籍法研究序説（一）」『名古屋大学法政論集』3 巻 1 号 1955 年。
* 樋口清之『姓氏』秋田書店 1970 年。
* 平田耿二『日本古代籍帳制度論』吉川弘文館 1986 年。
* 平田耿二「古代の戸籍（二七）」『戸籍時報』三九二号 日本加除出版 1990 年。
* 久武綾子『氏と戸籍の女性史 ―わが国における変遷と諸外国との比較―』世界思想社 1988 年。
* 久武綾子「家族と氏 古代の戸籍 (2) 古代における氏・姓・戸・家（附・同姓不婚の習俗）」『時の法令』1560 巻 1997 年。

❖ 日本の既婚女性の氏についての研究

* 洞富雄「江戸時代の一般庶民は苗字を持たなかったか」『日本歴史』50号 1952年。
* 洞富雄「明治民法施行以前における妻の姓」『日本歴史』137号 1959年。
* Francis, L.K.Hsu, The Study of Literate Civilizations. Holt, Rinehart & Winston Inc., 1969.
* Francis, L.K.Hsu, Americans and Chinese. University Press of Hawaii, 1981.

I.
* 井戸田博史『家族の法と歴史―氏・戸籍・祖先祭祀―』世界思想社 1993年。
* 井戸田博史「家族と氏-3- 夫婦別氏か夫婦別姓か」『時の法令』1554巻 1997年。
* 井戸田博史「家族と氏-5-戦後の民法改正と夫婦の氏」『時の法令』1557巻 1997年。
* 石井良助「苗字」『法学セミナー』31号 1958年。
* 石井良助『明治文化資料叢書 第参巻 法律編上』風間書房 1959年。
* 石井良助「江戸の人別帳」『家と戸籍の歴史』創文社 1981年。
* 石川栄吉『シリーズ 家族史四 家と女性』三省堂 1989年。

K.
* 貝塚茂樹『角川漢和中辞典』角川書店 1959年。
* 川上多助『日本古代社会の研究』川出書房 1947年。
* 岸俊男『日本古代籍帳の研究』塙書房 1973年。
* 熊谷開作『日本の近代化と「家」制度』法律文化社 1987年。
* 黒板勝美 国史大系編集会『日本書紀 前篇』吉川弘文館 1989年。

* 黒板勝美 国史大系編集会『日本書紀 後篇』吉川弘文館 1988 年。
* 黒木三郎『シリーズ家族史 3 家の名・族の名・人の名 ―氏―』三省堂 1988 年。

M.
* 宮沢俊義『法律タイムズ』法律タイムズ社 1947 年。

N.
* 日本史研究会『講座日本歴史 二』東京大学出版会 1984 年。
* 西沢武彦「松代藩の宗門改帳と人詰改帳（一）」『信濃』9 − 4 信濃史学会 1957 年。
* 西沢武彦「松代藩の宗門改帳と人詰改帳（二）」『信濃』9 − 5 信濃史学会 1957 年。
* 丹羽基二『姓氏』秋田書店 1970 年。
* 丹羽基二『姓氏の語源』角川書店 1981 年。
* 能坂利夫『姓氏の知識一〇〇』新人物往来社 1977 年。
* 布村一夫『正倉院籍帳の研究』刀水書房 1994 年。

O.
* 大石慎三郎『近世村落の構造と家制度』御茶の水書房 1968 年。
* 大石慎三郎「近代以前の家族―近世」『講座 家族 I』弘文堂 1974 年。
* 大竹秀男「江戸時代後期人別改考」『神戸法学雑誌』22 巻 1 号 1972 年。
* 折井美耶子「『夫婦別姓』を歴史的に考える」『歴史地理教育』11 月号 1997 年。

❖ 日本の既婚女性の氏についての研究

S.
* 坂田聡『日本中世の氏・家・村』校倉書房 1997 年。
* 外岡茂十郎『明治前期家族法資料』早稲田大学出版部 1967 年。
* 総理府内閣総理大臣官房広報室『全国世論調査の現況』1989 年。
* 総理府内閣総理大臣官房広報室『全国世論調査の現況』1990 年。
* 総理府内閣総理大臣官房広報室『全国世論調査の現況』1991 年。
* 総理府内閣総理大臣官房広報室『全国世論調査の現況』1992 年。
* 総理府内閣総理大臣官房広報室『全国世論調査の現況』1993 年。
* 総理府内閣総理大臣官房広報室『全国世論調査の現況』1994 年。
* 総理府内閣総理大臣官房広報室『全国世論調査の現況』1995 年。
* 総理府内閣総理大臣官房広報室『全国世論調査の現況』1996 年。
* 総理府内閣総理大臣官房広報室『全国世論調査の現況』1997 年。
* 総理府内閣総理大臣官房広報室『全国世論調査の現況』1998 年。
* 総理府内閣総理大臣官房広報室『全国世論調査の現況』1999 年。
* 総理府内閣総理大臣官房広報室『全国世論調査の現況』2000 年。

T.
* 高島正人「古代籍帳からみた氏と家族」『家族史研究2』大月書店 1980 年。
* 竹内理三『土地制度史Ⅰ』山川出版社 1973 年。
* 竹内理三『古代から中世へ』吉川弘文館 1978 年。
* 富岡恵美子「どうなっている民法改正」『歴史地理教育』11 月号 1997 年。
* 東京都立大学『創立十周年記念論文集〔法経篇〕』1960 年。
* 虎尾俊哉『班田収授法の研究』吉川弘文館 1961 年。
* 豊田武『苗字の歴史』中央公論社 1971 年。

Y.
* 山中永之佑『婚姻法の研究 上』有斐閣 1976 年。
* 義江明子『日本古代の氏の構造』吉川弘文館 1986 年。

Z.
* 女性史総合研究会『日本女性史 第 2 巻 中世』東京大学出版会 1982 年

日本の既婚女性の氏についての研究

作　　　者／魏世萍	出版者／Airiti Press Inc.
總 編 輯／張　芸	臺北縣永和市成功路一段 80 號 18 樓
責任編輯／古曉凌	電話／(02)2926-6006　傳真／(02)2231-7711
版面構成／吳雅瑜	服務信箱／press@airiti.com
封面編輯／吳雅瑜	帳戶／華藝數位股份有限公司
文字校對／陳怡穎	銀行／國泰世華銀行　中和分行
	帳號／045039022102
	法律顧問／立暘法律事務所　歐宇倫律師
	ＩＳＢＮ／978-986-6286-13-1
	出版日期／2010 年 6 月初版
	定　　價／NT$ 400 元

版權所有・翻印必究　　Printed in Taiwan